인생과 관상

인생과 관상

초판 1쇄 인쇄일 2014년 1월 29일
초판 1쇄 발행일 2014년 2월 5일

지은이 홍성남
펴낸이 양옥매
디자인 오현숙
교정 조준경

펴낸곳 도서출판 책과나무
출판등록 제2012-000376
주소 서울특별시 마포구 월드컵북로 44길 37 천지빌딩 3층
대표전화 02.372.1537 **팩스** 02.372.1538
이메일 booknamu2007@naver.com
홈페이지 www.booknamu.com
ISBN 979-11-85609-02-7(03180)

이 도서의 국립중앙도서관 출판시도서목록(CIP)은 서지정보유통지원 시스템
홈페이지(http://seoji.nl.go.kr)와 국가자료공동목록시스템
(http://www.nl.go.kr/kolisnet)에서 이용하실 수 있습니다.
(CIP제어번호 : CIP2014003314)

인생과 관상

홍 성 남 지음

책과나무

관상은 무엇인가. 필자는 통계統計와 융합融合이라고 정의한다. 통계는 수집된 자료를 정리하고 그 내용을 특징짓는 수치를 산정하여 일정한 체계에 따라 숫자로 나타낸다. 또 융합은 서로 섞이거나 조화되어 하나로 합쳐진다. 이러한 관점으로 볼 때 관상은 통계와 융합의 학문이다. 특히 과거와 현재의 기억을 모아서 만드는 미래의 기억이란 통계의 사회성에서는 더욱 더 그렇다. 통계는 미래에 대한 예측을 위해 이뤄져 왔다. 관상은 그런 통계의 대표적인 일례이다. 관상은 오랜 시간 많은 사람의 얼굴을 관찰하여 그 얼굴이 인생에 어떤 영향을 미치는지를 연구하고, 그것을 바탕으로 미래를 예측했다. 현대사회의 통계와 같다.

관상은 얼굴의 이목구비만 보는 단순한 작업이 아니다. 얼굴 외의 다른 여러 곳도 본다. 일상생활을 통해서 드러나는 반복적인 습관을 취합해야 보다 정확하다. 반복적인 습관이 곧 그 사람의 사고방식이며 마음이기 때문이다. 그 반복되는 생각은 세월이 흐르면서 얼굴을 통해 드러나므로 당사자의 미래를 예측할 수 있다. 또한 관상이 융합인 것은 어느 한 부위만 보지 않기 때문이다. 관상에서는 얼굴 각 부위 간의 조화와 균형을 중시한다. 135부위로 나눠진 얼굴 각 부위 간의 조화와 균형을 종합적으로 봐서 판단한다. 여기에 주름살, 사마귀, 점, 모발 등과 동작의 언어, 호흡, 식사습관, 걸음걸이, 앉은 모양, 누운 모양 등도 관찰한다. 조화와 균형은 융합이다. 융합적인 고난도의 관찰이 이뤄질 때 상相을 제대로 볼 수 있다.

현대인들은 통계적 과학성을 강조하는 교육을 받았다. 그런데도 이 같은 통계와 융합의 과학인 관상을 미신으로 치부해 버리는 경향이 있다. 관상에 대한 지식과 이해가 부족한 상태에서 풍수와 작명과 사수와 관상과 수상 등 동양의 철학을 미신으로 치부하는 것은 합리적 사고의 객관성이 결여된 결과이다.

어떤 경우이든 통계에 의한 미래의 예측은 100% 맞지 않는다. 최첨단 현대 사회에서도 예측이 빗나갈 때가 많다. 관상도 마찬가지이다. 100% 맞지 않는 다른 통계는 통계로 인정하면서 관상이 100% 맞지 않는다고 하여 관상을 미신으로 치부하는 것은 합리적이지 않다.

추길피흉趨吉避凶과 지인택술知人擇術

관상의 목적은 무엇인가. 크게 두 가지로 나눠 볼 수 있다. 실용적인 측면에서 추길피흉과 지인택술이다.

추길피흉은 운명을 알아내 재앙을 피하여 근심을 덜어주고 복을 받는 것이다. 『수경집水鏡集』상설에 "예전의 현인들이 사람들에게 방향을 잡을 수 있는 길을 가르쳐 재앙을 피해 길한 곳으로 가게 하였다."고 말하고 있다. 이는 길흉을 함께 걱정하여 바꾼다는 뜻으로 관상이 사람을 구제하고 만물을 이롭게 하는 방법이었다는 것이다. 관상은 사람들의 앞날에 도움을 주는 방법을 찾아내는 것이 목적이었다.

관상은 수천년 동안 전해져온 경험을 바탕으로 한 통계와 융합의 학문으로서 지인택술의 한 방법이기도 하다. 지인택술은 사람을 알아보고 선택하고 기용하는 기술이다. 옛날부터 사람을 평가한다는 것은 무척 중요한 일이었다. 위나라 명신 유소劉邵는 『인물지人物志』에서 시종일관 올바른 인사를 위해 재질과 상황에 따라 인재를 적절하게 배치할 것을 주장했다.

"신하는 수신하여 관직에 나아가는 것을 재능으로 삼지만, 군주는 사람을 적재적소에 잘 쓰는 것을 재능으로 삼는다. 신하는 말을 잘하는 것을 재능으로 삼지만, 군주는 잘 듣는 것을 재능으로 삼는다. 신하는 일을 잘 실천하는 것을 재능으로 삼지만, 군주는 적절하게 상벌을 내리는 것을 재능으로 삼는다."

오늘날 인재 채용에서 적성과 능력 등을 평가하기 위하여 이력서와 필기시험 그리고 적성검사와 면접 등을 시행한다. 사람의 적성이나 능력 등을 파악하기 위해서이다.

관상은 사람의 성격과 능력, 적성, 건강상태 그리고 성패의 시기 등을 파악할 수 있기 때문에 인재 등용과 대인관계에서 좋은 활용법이다.

만상 불여심상萬相 不如心相

관상에 대해 이야기를 하면 대부분 심상心相이 중요하다고 말한다. 상이 좋아도 마음의 상보다 못하다는 말이다.

그럼 심상이란 무엇인가. 인상이 좋지 않아도 마음가짐이 바르면 나쁜 운명을 좋은 길로 전환시킬 수 있으며, 반대로 타고 난 상이 좋아도 심상이 바르지 않으면, 어느 때인가는 그것이 화가 되어 일신을 망치게 된다는 것이다.

맞는 말이다. 문제는 각기 다른 기질을 갖고 태어난 사람들이 어떤 방법으로 심상을 하느냐이다. 방법은 여러 가지일 수 있다. 필자는 여러 방법 중 관상을 그 하나로 본다. 효율성에 대한 가치판단은 사람마다 다를 수 있기 때문에 논외로 친다.

관상연구의 기본은 편견에서 벗어나 상대를 인정하고 자신을 아는 데 있다. 상을 알게 되면 획일성에서 벗어날 수 있다. 그러므로 심상으로 가는 길목에서 상(相)에 대한 지식과 이해가 필요하다. 먼저 자신이 타고난 기질을 알아야 한다. 마음으로는 화를 내지 말자 하면서도 몸은 이미 화가 나 있는 경우가 많다. 마음과 몸이 따로인 것이다. 바른 마음과 착한 행동의 심상이 되기 위해선 먼저 자신의 상을 알고 불리한 점을 좋은 점으로 바꿀 수 있는 훈련이 필요하다. 그런 다음 상대방의 상을 알아 충돌하지 않고 서로 상생할 수 있는 지혜를 발휘해야 한다. 상대방 행동이 어떤 기질에서 나오고 있는지를 파악하면 심상된 자신이 상대의 기질을 심상으로 견인할 수 있다.

필자는 20여 년의 언론활동을 하면서 사람들 대부분이 타고난 기질을 바꾸지 못하고, 그 기질의 근저에서 살다 생을 마감하는 것을 자주 보았다. 타고난 기질 중 불리한 부분을 심상으로 극복하는 사람들은 극히 소수에 불과하다. 많은 사람들이 심상을 위한 노력을 경주한다. 하지만 타고난 자신의 기질을 보지 못하기 때문에 마음에서는 그렇게 하지 말자 하면서도 몸은 이미 그렇게 하고 있다.

따라서 심상으로 가는 길목에 먼저 자신의 기질을 아는 것이 중요하고 그 시기가 빠르면 빠를수록 심상이 앞당겨질 것이다.

관상의 실용적 편리성

우리는 묻지 않는 것을 말하지 않고, 말하지 않는 것을 묻지 않는 시대에 살고 있다.

관상은 추길피흉과 지인택술에서 보듯 실용적인 데에 그 의미가 있다. 그리고 여기에 편리성까지 갖춰져 있다.

명리학에서는 상대의 생년월일시가 반드시 필요하다. 그러나 관상에서는 몰라도 된다. 기문이나 자미두수 또는 육임 등과 같이 복잡한 포국도 하지 않는다. 겪어 보지 않은 사람을 보고도 그 사람의 성품과 적성 그리고 능력과 운을 알 수 있다.

정치, 경제, 사회, 문화의 각 분야에서 성공하려는 사람들에게 관상은 그 뜻을 이루는 데 실질적인 도움이 된다. 추길피흉과 지인택술의 실용성에서 관상의 효력은 상당하다. 관상은 지식으로 아는 게 중요하지 않다. 배운 것을 실제로 활용하는 것이 중요하다.

관상은 골상으로 그 사람의 면면을 알아볼 수 있다. 또 많은 사람들이 말하는 심상도 눈빛과 얼굴 색깔, 걸음걸이, 목소리, 웃음소리 등으로 알 수 있다. 관상법을 알고 관찰하는 훈련이 쌓이면 상대의 속마음까지도 읽을 수 있다.

눈썹의 형태와 숱의 짙고 옅음 그리고 점과 흉터를 보고 상대의 성격이 어떻다는 것을 알 수 있다. 또 콧대의 휘어짐과 뼈의 드러남 그리고 콧구멍의 크기와 생긴 모양을 보고도 마음을 알 수 있다.

입의 생김새와 입술의 두께 그리고 치아의 형태 등을 보고도 알 수 있다. 그 밖에 주름과 턱, 광대뼈의 생긴 형태, 얼굴의 조화와 균형에서 성격을 알 수 있다. 상대에게 묻지 않고도 그냥 보고 알 수 있는 편리함이다.

상대의 심리상태도 눈빛과 혈색을 보고 가늠한다. 대화하면서 귀로는 말을 듣지만, 눈은 상대를 보면서 기의 흐름과 작은 동작까지 포착하여 그 진위를 감지하고 판별해 낸다. 일례로 눈의 경우 좋은 눈은 흑과 백이 분명해야 한다. 질시와 원망의 눈에는 살기가 돌고, 어떤 것에 미쳐 있는 광신의 눈을 보면 번뜩이는 광기의 기운을 느낄 수 있다. 이처럼 관상은 상대방의 골상과 움직임 등을 보고 특징과 심상까지 알 수 있는 편리성이 있다.

아리스토텔레스의 관상학physiognomics

관상은 동양에만 있는 것인가. 아니다. 서양에도 관상학이 있었다. 서양에서도 아주 오래 전부터 관상학이 학문으로 인정받고 있다.

메소포타미아 문명기에 관상에 대한 생각은 운명론적인 것이었다. 기원전 2000년 전의『관상학』서판에는 "비뚤어진 얼굴에 오른쪽 눈이 튀어나와 있다면 그는 고향에서 멀리 떨어진 곳에서 개떼에게 잡아먹힐 운명이다"라고 나와 있다. 이런 운명론적 관념들을 학문으로 정립한 사람은 고대 그리스의 철학자 아리스토텔레스(기원전 384-322)였다. 정신과 육체를 하나로 보았던 그는 관상학이란 책을 썼다. 아리스토텔레스는 "관상을 보고 성격을 추론할 수 있다"고 했다.

"도박에 중독된 사람은 족제비처럼 팔이 짧다. 동정심이 많은 사람은 얼굴선이 섬세하고 얼굴색이 창백하다. 수다쟁이는 상체가 유달리 크고 배가 똥똥하고, 배 둘레에 굵은 털이 무성하다. 기억력이 좋은 사람은 상체가 매우 작고, 뼈대는 가늘며 살집이 적당하다. 이마가 좁으면 돼지같이 멍청하고, 너무 넓으면 소처럼 무식하며, 이마가 둥글면 당나귀처럼 감각이 무디고 이마가 균형이 있으면 사자처럼 자존심이 강하다."

그는 이처럼 동물과 인간을 비교하여 신체의 특성과 성품을 추론했다. 일례로 "누구는 사자를 닮았다. 사자는 용맹하다. 따라서 그 사람은 용맹하다"는 식이다.

아리스토텔레스의 스승인 플라톤(기원전 427-347)도 "사자형의 인간은 도량이 크고 용감하다"는 말로 동물과 비교하여 관상학을 설명했다.

현대의학의 아버지로 불리는 히포크라테스(기원전 460-370)도 관상학을 의술에 적용했다. 몸의 건강상태가 얼굴 등 신체에 나타나고 신체 형태에 따라 질병이 온다는 것을 밝혀냈다. 또한 얼굴색에 따라 성격과 질병상태가 다르다는 것을 알았다. 히포크라테스는 아리스토텔레스와 함께 고대 서양 관상학의 2대 인물로 불린다.

그리스의 철학자 피타고라스(기원전 580-490)는 친구를 사귀거나 제자를 뽑을 때 관상을 보고 결정했다고 한다.

서양의 관상학은 19세기 골상학으로 이어졌다. 독일 해부학자 프란츠 갈은 라마르크의 용불용설에서 착안해 두개골 모양만으로 살인자를 가려낼 수 있다고 주장했다. 27개 조각으로 나뉜 뇌 모양으로 인간의 심성을 구분할 수 있으며, 그 뇌 모양은 두상 골격에 그대로 드러난다는 것이다. 나치는 아리아인종의 우월성을 과시하는 근거로 골상학을 써먹었다.

18~19세기에는 관상학이 범죄성향을 추정하는 수단으로 제안되기도 했다. 하지만 실험 결과 잘못이 있는 것으로 나타나 실제로 사용되지는 않았다.

관상은 오늘날에도 우리나라를 비롯한 동양에만 있는 것이 아니다. 독일과 프랑스 등 유럽의 대중 잡지에 점과 관상, 수상手相 등에 관한 기사와 광고가 있다. 미국과 캐나다 등의 도시에 가도 점, 관상, 수상 등을 본다는 광고가 많다.

관상 등은 철학적 입장에서 본 인간의 존재 양식과 정신분석학적인 시각에서 본 개개인의 정신 상황 그리고 심리학에서 본 대중의 심리상태 등의 측면에서 고대로부터 현대까지 발전되어 온 하나의 학문이다. 문제는 그 활용과 활용자의 자세에서 긍정과 부정이 바뀌는 것이다.

본서는 편저編著이다. 일천한 관상 공부와 관상을 업으로 하지 않는 현실 정치인으로서 관상책을 쓴다는 것은 쉽지 않은 작업이다.

그럼에도 관상책을 쓴 이유는 두 가지이다. 첫째는 언론활동이었다. 수많은 사람을 만나고 인터뷰하면서 사람을 보는 나름의 스펙트럼이 생겼다. 대부분 사람들이 그 스펙트럼에서 벗어나지 않았다. 그런데 가끔 그 스펙트럼을 벗어나는 사람이 있었다. 스펙트럼에 의한 예측이 빗나가는 사람들이다. 이유가 무엇일까. 평소 단편적으로 관심을 갖고 공부했던 관상을 공부하면 도움이 될 수 있다는 생각이 들었다.

둘째는 돈이었다. 언론은 공익적 부분이 강조되는 문화사업으로서 돈이 벌리는 분야가 아님은 잘 알고 있었지만, 매번 인쇄비를 걱정해야 하는 형편이 너무도 힘이 들었다. 열심히 사는데 왜 그럴까. 이유가 무엇일까를 생각하면서 관상을 공부하게 되었다. 관상에 대한 관심과 공부는 아쉬움을 푸는 데 큰 도움이 되었다. 하지만 관찰이 부족한 상태에서 책으로만 하는 관상 공부는 궁금함의 근원을 푸는 데 부족했다. 그래서 관상을 제대로 공부해 보기로 했다.

필자에게 관상을 가르쳐 준 분은 수원의 팔달산인 이문학 선생님이다. 인연의 시작은 선생님이 쓴 책『복 있는 얼굴, 덕 있는 얼굴, 돈 있는 얼굴』을 통해서였다. 평소 관상책을 보면서 선생님이 쓴 책이 이해도 쉽고 공부의 진척도 빨랐다. 이문학 선생님께 충분히 배우지 못한 아쉬움이 있었지만 나름 관상의 깊이를 알 수 있었다. 이후 여러 관상 서적을 보고 관찰의 기회를 많이 가지려 노력했다.

본서는 여러 선생님들의 책을 참조했다. 그중 마의천 선생님의 『복 있는 관상은 어떤 얼굴인가』『너의 운명 얼굴에 있다』와 엄기현 선생님의『복을 부르는 관상, 화를 부르는 관상』그리고 이문학 선생님의 강의내용 등이다.

이외에도 중국의 관상서『수경집水鏡集』『마의상법麻衣相法』『금쇄부金鎖賦』『신이부神異賦』『은시가銀匙歌』『신상전편神相全篇』『유장상서柳莊相書』『상리형진相理衡眞』『옥장기玉掌記』『태구진인太九眞人』등 다양한 책들을 참고 하였다.

현대 독자들의 기호에 맞춘 목차

대개 관상서의 목차는 관상 이론과 얼굴 부위, 신체 부위 그리고 기색편 위주로 되어 있다.

필자의 『인생과 관상』은 먼저 얼굴 부위와 신체 부위를 배열하고, 뒤에 관상 이론을 배열했으며, 기색편은 제외했다.

독자들이 먼저 알고 싶어 하는 것은 얼굴의 눈과 코와 입 등 관상서를 펴든 시점에서 자신의 얼굴에 대한 궁금증이다. 궁금한 부분이 어느 정도 풀리고 난 다음에야 관상의 이론과 기색과 정기신 등에 관심을 갖게 된다. 기존의 관상서는 앞부분에 배열된 관상의 이론 부분을 읽다 지쳐 정작 자신이 알고 싶은 부분에서는 흥미를 잃게 되기 십상이다. 이는 초반에 관상에 대한 관심을 떨어뜨리게 한다. 그러므로 개괄적인 궁금함이라도 풀게 하려면 얼굴과 신체 부위를 앞부분에 놓는 것이 효율적이라고 판단했다.

기색과 정기신 부분을 제외한 것은 분량과 더불어 공부가 미치지 못했기 때문이다. 얼굴색을 보고 현재의 정신상태나 처한 상황을 감별해 낼 수 있는 기색은 관상법 중에서도 차원이 높고 방대한 설명이 따르기 때문에 별도의 책에서 다룰 생각이다.

아쉬움이 있지만 기색과 정기신 부분에 대한 부분은 다음 기회로 미루고 그 부분에 대한 공부와 관찰을 더욱 더 열심히 하고자 한다.

2014년 1월
서울 강북구 송중동 백서제白書齋에서
홍성남

Ⅲ. 신체 부위

Ⅶ. 종합적 관찰 방법

Ⅷ. 관상과 음양오행

I. 관상 개론

1. 통계統計와 융합融合의 관상학觀相學

관상觀相은 상相을 봐서 운명재수를 판단하여 앞으로 닥쳐올 흉사를 예방하고 복을 부르는 점법占法의 하나이다.

관상에서는 얼굴의 골격과 색택色澤 그리고 주요 부위가 중요하게 여겨진다. 그 밖에 주름살과 사마귀, 점, 모발, 상처 유무, 손발의 형상, 신체 거동의 특징과 음성 등도 함께 본다. 따라서 신체의 상은 얼굴, 뼈, 손, 눈썹, 코, 입, 귀, 가슴, 발의 생김새에 따라 면상面相, 골상骨相, 수상手相, 미상眉相, 비상鼻相, 구상口相, 이상耳相, 흉상胸相, 족상足相으로 나누어진다.

동작에 있어서도 언어와 호흡, 걸음걸이, 앉은 모양, 누운 모양, 먹는 모양 등이 관찰되어 각기 그 특징에 따라 판단된다. 또한 사주를 함께 보기도 하고 기색氣色을 아울러 보며 심상心相마저 헤아리므로 관상은 인간의 운명을 판단하고 대처하는 종합적인 점법이라고 할 수 있다. 이러한 점법은 본래 우리나라를 비롯하여 여러 나라에 고유한 형태로 있었을 것으로 추측된다. 현재 동아시아에서 널리 통용되는 상법은 중국에서 체계화되었다.

문헌을 고찰하면 중국의 인상학人相學은 주나라까지 올라간다. 노나라의 내사^{內史} 숙복^{叔服}은 재상 공손교^{公孫敎}의 두 아들의 상을 보았는데, 그의 예언이 뒷날 적중하였다 해서 관상법의 창시자로 여겨진다.

춘추시대 진나라의 고포자경^{姑布子卿}이 공자의 상을 보고 장차 대성인이 될 것을 예언하였고, 전국시대 위나라의 당거^{唐擧}도 상술^{相術}로 이름이 높았다고 한다. 그러나 이들의 상법^{相法}이 기록으로 후세에 전해온 것은 없다.

그 밖에 유방^{劉邦}의 상을 보고 왕이 될 것을 예언한 여공^{呂公}과 삼국시대의 관로^{管輅}가 관상가로서 이름을 드날렸다. 인상학 관계의 저술로 전해오는 것은 주나라 말 한신^{韓信}의 상을 봐주고 권세와 재력을 누렸다는 허부^{許負}의 『인륜식감^{人倫識鑑}』이 있다. 남북조시대에는 달마^{達磨}가 인도에서 중국에 들어와 선종을 일으킨 동시에 『달마상법^{達磨相法}』을 써서 후세에 전하였다.

종래 관상가를 선가^{仙家}라 하였는데, 이로부터 상학의 용어가 자연히 선가와 불가^{佛家}의 차이를 보였다. 일례로 눈을 선가에서는 신^神 또는 용궁^{龍宮}이라고 했는데 불가는 그것을 정함^{精含} 또는 광전^{光殿}이라고 했다.

그 뒤 송나라가 일어서기 직전 화산^{華山}의 마의도사^{麻衣道士}가 그때까지 구전이나 비전^{祕傳}으로 내려오던 여러 계통의 상법을 종합하여 『마의상법^{麻衣相法}』을 창안하였다.

그 결과 관상학은 체계화되었다. 『마의상법』은 『달마상법』과 함께 오늘날 상학의 2대상전^{二大相典}을 이룬다. 그 밖에 『수경집^{水鏡集}』

『신상전편神相全篇』『풍감원리風鑑原理』『면상비급面上秘芨』『금쇄부金鎖賦』
『신이부神異賦』『은시가銀匙歌』『유장상서柳莊相書』『상리형진相理衡眞』『옥
장기玉掌記』『태구진인太九眞人』등이 상서로서 오늘날까지 전해지고
있다.

우리나라의 상학은 고대 신교神敎의 융성과 역사로 볼 때 오래전
부터 존재하였음을 알 수 있다. 그러나 중국의 도교가 전해지면서
그 방면의 상학이 전해지게 되었다. 백제의 왕인王仁과 아직기阿直岐
는 4세기에 일본에 학문을 전해준 시조로 손꼽힌다. 도교 또한 이들
을 통하여 일본으로 전해졌다.

중국의 관상학이 본격적으로 우리나라에 전해진 것은 7세기 초 신
라의 선덕여왕 때로 짐작된다. 당시 승려들이 달마의 상법을 받아
유명한 사람들의 상을 보고 미래의 일을 점쳤다는 일들이 전한다.

고려 말 혜징惠澄이 이성계李成桂의 상을 보고 장차 군왕이 될 것을
예언한 일과 세조 때 영통사靈通寺의 한 도승이 한명회韓明澮를 보고
재상이 될 것을 예측했다는 이야기는 우리나라 상학이 불교적인 전
통이 강했음을 보여주는 사례이다.

민간의 상학도 전통이 깊다. 『대동기문大東奇聞』에는 관상가들이 고
관대작의 대문을 수시로 드나들었음을 전한다.

관상의 중심은 얼굴이었다. 『마의상법』에 의하면 얼굴에 오관五官,
육부六府, 삼재三才, 삼정三停, 오성五星, 육요六曜, 오악五嶽, 사독四瀆,
십이궁十二宮, 사학당四學堂, 팔학당八學堂 등의 부위를 잡고 그것을 관

찰함으로써 상을 본다.

오관은 귀, 눈썹, 눈, 코, 입을 가리키고, 육부는 얼굴을 좌우로 양분한 뒤 각기 상, 중, 하부로 나누어 관상한다.

삼재는 이마, 코, 턱을 천天, 지地, 인人으로 구분하고, 삼정은 삼재와 같은 부위를 상, 중, 하정으로 나눈다.

오성은 금, 목, 수, 화, 토성을 각기 왼쪽 귀, 오른쪽 귀, 입, 이마, 코에 배치한다.

육요는 태양성太陽星, 월패성月孛星, 자기성紫炁星, 태음성太陰星, 나후성羅喉星, 계도성計都星으로 나눈다.

오악은 오른쪽 광대뼈, 왼쪽 광대뼈, 이마, 턱, 코를 각기 동, 서, 남, 북, 중으로 잡아 거기에 태산泰山, 화산華山, 형산衡山, 항산恒山, 숭산嵩山을 배치한다.

사독은 귀, 눈, 코, 입을 강江, 하河, 회淮, 제濟에 비교하여 정한다.

얼굴 각 부위는 십이궁으로 나눈다. 명궁命宮, 재백궁財帛宮, 형제궁兄第宮, 전택궁田宅宮, 남녀궁男女宮, 노복궁奴僕宮, 처첩궁妻妾宮, 질액궁疾厄宮, 천이궁遷移宮, 관록궁官祿宮, 복덕궁福德宮, 부모궁父母宮으로 관상한다.

사학당에서는 눈, 귀, 이마, 입을 관학당官學堂, 외학당外學堂, 녹학당祿學堂, 내학당內學堂으로 한다.

팔학당은 눈썹, 눈, 이마, 입술, 귀, 윗이마, 인당印堂, 혀를 반순학당班笋學堂, 명수학당明秀學堂, 고광학당高廣學堂, 충신학당忠信學堂, 총명학당聰明學堂, 고명학당高明學堂, 광대학당光大學堂, 광덕학당廣德學堂으로 나눠 부귀와 복덕, 관록, 수명 등을 판단한다.

관상은 얼굴빛의 청탁淸濁 즉, 기색氣色으로도 감정한다. 맑으면 부귀하거나 벼슬하는 사람이고, 탁하면 노고가 많은 사람으로 본다. 청격淸格은 얼굴빛이 윤택하고 선명하며 눈에 광채가 있고 눈썹이 청수하다. 그리고 이마의 뼈가 나와 넓으며 입과 귀와 코가 잘생긴 얼굴이다.

관상은 우리 사회에 널리 퍼지면서 얼굴과 사람을 판단하는데 많은 영향을 미치고 있다. 간혹 기업체의 신입사원 채용에서 관상을 보기도 한다.

속담에도 '귀가 보배다' '밥이 얼굴에 덕적덕적 붙었다'는 등 얼굴의 각 부위를 두고 상의 길흉을 말한 것이 적지 않다. 그 만큼 관상은 우리의 생활에 깊숙이 내재되어 있다. 따라서 관상학은 터부시할 대상이 아니라 삶에 영향을 미치는 존재로 봐야 할 때이다.

2. 관상의 목적

관상의 목적은 보는 사람에 따라 다를 수 있다. 하지만 추길피흉趨吉避凶과 지인택술知人擇術이라는 공통점이 있다. 추길피흉은 운명을 미리 앎으로써 재앙을 피하고 복을 추구하는 것이다. 『수경집』상설에는 "예전의 현인들은 방향을 잡지 못하는 사람들에게 길을 알려줌으로써 재앙을 피해 길한 곳으로 가게 하였다"고 전한다. 추길피흉은 사람을 구제하고 만물을 이롭게 하는 방법이다. 이처럼 관상은 사람들에게 도움을 주는 방법을 찾아내는 데 목적이 있는 것이다.

그 다음으로는 지인택술이다. 이것은 사람을 알고 택하여 쓰는 것이다. 사람을 평가한다는 것은 무척 중요한 일이다. 유소劉邵의 『인물지人物志』에는 "무릇 성현이 아름답게 여기는 것 가운데 총명함보다 아름다운 것이 없으며, 총명함이 귀하다고 여겨지는 것 가운데 인물을 잘 판별하는 일보다 귀한 것이 없다. 인물을 판별하는 일에 지혜롭다면 많은 인재가 각자의 자질에 따라 자리를 얻게 되고 여러 업적을 쌓게 될 것이다"라고 하였다.

유소는 위나라의 명신이었다. 그는 올바른 인사를 위해서는 재질과 상황에 따라 인재를 적절하게 배치할 것을 강조했다. 『인물지』의 재능 장에서 신하의 재능과 비교하여 군주의 재능을 다음과 같이 말하고 있다.

"신하는 수신하여 관직에 나아가는 것을 재능으로 삼으나 군주는 사람을 적재적소에 잘 쓰는 것을 재능으로 삼는다. 그리고 신하는 말을 잘하는 것을 재능으로 삼는 반면 군주는 잘 듣는 것을 재능으로 삼는다. 또 신하는 일을 잘 실천하는 것을 재능으로 삼지만 군주는 적절하게 상벌을 내리는 것을 재능으로 삼는다."

어느 시대를 막론하고 사람을 기용하는 데 적성과 능력을 평가한다. 오늘날에는 그 평가 방법으로 이력서를 받고 서류전형과 시험, 적성검사, 면접 등을 거친다.

관상은 사람의 성격과 능력, 적성, 건강, 성패의 시기 등을 파악하는 데 많은 도움을 준다. 수천 년 동안 전해져온 경험이 체계적으로 쌓인 학문이기 때문이다.

관상을 통해 상대를 아는 일은 사회활동과 개인 간의 만남에서도 많은 도움이 된다. 이처럼 관상은 추길피흉과 지인택술의 목적으로 발전되어 왔다.

관상은 실용적인 측면에서 편리성이 뛰어난 학문이다. 사주 명리학처럼 필요한 생년월일을 알지 못하고, 기문둔갑이나 자미두수, 육임 등과 같이 복잡한 포국을 하지 않아도 겪어 보지 않은 사람의 성격과 적성, 능력과 운, 현재의 상황 등을 알 수 있다.

지인택술과 관련하여 옛날부터 전해오는 유명한 실례들이 많다. 한나라의 고조 유방은 황제가 되기 전 사수泗水의 말단직으로 노름과 주색잡기로 세월을 보내고 있었다. 훗날 그의 장인이 된 당대의 부호 여공呂公이 유방의 상을 알아봤다. 여공은 관상학에 통달한 인물이었는데 유방이 장래 큰 인물이 될 것을 알고 자신의 딸을 유방과 결혼시켰다. 유방은 이때부터 마음에 큰 이상을 품어 여공의 말대로 한나라를 일으켜 황제가 되었다.

고려 말엽에 관상가 혜증은 조선을 창업한 이성계의 얼굴을 보고 장래 나라를 일으킬 것을 예언했다. 또한 조선 초기 세조 때 영통사의 도승이 칠삭둥이 한명회의 상을 보고 장래 재상이 될 것을 예언하기도 했다. 이 같은 실례에서 보듯 관상학은 지인택술에 많은 도움이 되는 통계와 융합의 학문이다.

3. 상유오불가相有五不可

　관상을 보지 않아야 할 때가 있다. 이는 정확하게 판단할 수 없는 상황에서는 상을 보지 말라는 뜻인데, 다음의 다섯 가지 상황이 그렇다.

　상을 본다는 것은 한 사람의 운명과 길흉을 판단하는 것으로 신중하면서도 온 정성을 쏟아야 한다. 잘못된 판단을 할 수 있는 상황이라면 상을 보지 않는 것이 현명하다.

　飮酒後不看　酒氣入眼　吉凶難分
　음주후불간　주기입안　길흉난분

　술을 마신 다음에는 상을 보지 않는데 술기운이 눈에 들어가기 때문이다. 눈이 충혈되므로 길흉을 분별하기 어렵다. 술에 취하면 눈이 충혈되고 안색도 변하기 때문에 기색을 볼 수 없게 된다.

　色慾過多不看　氣色靑暗　吉凶莫變
　색욕과다불간　기색청암　길흉막변

　남녀관계를 가진 뒤에는 상을 보지 않는다. 길흉의 변화가 없으면서 기색이 검푸르게 되기 때문이다. 성행위를 통하여 신장이 기

운을 쓰기 때문이다. 나쁜 기색과 혼동이 될 수 있으므로 상을 보지
않는다.

暴怒後不看 靑藍呈面 陰騭不明
폭 노 후 불 간　청 남 정 면　음 즐 불 명

화가 몹시 났을 때는 상을 보지 않는다. 얼굴에 기색이 파랗게 나
타나 정확하지 않기 때문이다. 기색을 정확히 판단할 수 없으므로
상을 보지 않는다. 화가 난 사람에게 운명에 대한 이야기를 하는 것
은 실효성이 없다.

人多不看 神難分注
인 나 불 간　신 난 분 주

사람이 많은 곳에서는 상을 보지 않는다. 주변의 소란스러움으로
정신이 산만해져 정확한 판단을 하기 어렵기 때문이다.

自己有事不看 心父在言 視而不見
자 기 유 사 불 간　심 부 재 언　시 이 불 견

상을 보는 사람이 신변에 무슨 일이 있을 때에는 상을 보지 않는
다. 살펴 볼 마음의 여유가 없어 상을 봐도 보이지 않기 때문이다.

4. 상유삼불령相有三不靈

상相을 보고 그 내용을 알게 되어도 말하지 않아야 할 금기 사항이 세 가지가 있다.

無運者不可謂無 恐他尋死 誤我陰德
무 운 자 불 가 위 무　공 타 심 사　　오 아 음 덕

운이 없는 사람에게 운이 없다는 말을 하지 않아야 한다. 그 사람을 두려움에 빠지게 하여 절망과 죽음으로 내몰 수 있기 때문이다. 말로서 다른 사람을 해치는 것은 자신의 음덕에도 좋지 않은 영향을 준다.

凶暴者不可說明 恐他忌我看破 反被他害
흉 포 자 불 가 설 명　공 타 기 아 간 파　반 피 타 해

흉포한 것에 대해서 설명하지 않아야 한다. 다른 사람이 자기를 꺼리는 것을 알게 되면 다른 사람에게 피해를 준다.

命將盡者 不可直言 恐他自己心忙 而家人婦子悲傷 於我實屬無益
명 장 진 자　불 가 직 언　공 타 자 기 심 망　이 가 인 부 자 비 상　어 아 실 속 무 익

생명이 다 된 사람에게는 직접 말하지 않아야 한다. 다른 사람에게 스스로 두려운 마음을 갖게 만들고, 집안의 부인과 자식들을 비통한 마음에 빠지게 하기 때문이다.

5. 관상의 판단기준

관상에서 좋고 나쁨의 판단기준은 무엇이며 관찰의 기준은 무엇인가. 아래의 기준은 관상에서 좋고 나쁨을 평가하는 기준이다. 그 외에도 기골奇骨의 유무는 중요한 변수이다. 또한 음성도 잘 분별하여야 한다. 격국론과 물형론, 오행형 등의 종합적인 판단도 잘 활용하여야 한다. 그리고 얼굴의 여러 부위에 기氣가 끊이지 않고 잘 연결되어 흐르고 있는지도 봐야 한다.

따라서 관상의 판단 기준은 간단히 무엇이라고 말할 수 없다. 다만 요약하면 균형과 조화와 청탁후박清濁厚薄이라고 할 수 있다.

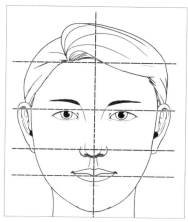

안면균형도

장단長短

관상에서는 얼굴이나 몸의 길이가 중요하다. 얼굴은 삼정을 통해 길이가 균등한가를 본다. 눈과 눈썹, 귀, 코, 입의 길이도 관찰한다. 전체적으로 얼굴 길이도 본다. 부위에 따라 길고 짧아야 하며 또한 어디는 길고 어디는 짧아야 한다는 것이 판단의 기준이다.

그렇다면 길고 짧음이 어느 정도 되어야 하는가. 눈은 길어야 하는데 길다면 어느 정도 길어야 하는가. 입은 커야 한다는데 폭이 얼마나 되어야 하는가 등이다.

일정한 길이로 규정할 수 없다. 얼굴의 크기는 사람마다 다르기 때문이다. 얼굴의 길이와 폭에 따라 그리고 눈, 코, 귀, 입의 길이가 서로 균형과 조화를 이루면 좋다. 얼굴의 크기에 따라 각 부위의 길고 짧음의 기준은 달라진다. 어느 부위의 길이가 얼마이어야 좋다는 모범 답안은 없다.

후박厚薄

일반적으로 피부와 살이 두터운 게 좋다. 하지만 오행형에서는 각 형에 맞춰 살이 찐 것과 마른 것이 각각 좋고 나쁨이 달라진다.

또한 뼈대가 굵고 가늚에 따라 살이 적당하게 균형을 이뤄야 한다. 콧등도 도톰하고 살집이 있어야 좋다. 살이 없고 좁아 날카로운 것은 좋지 않다. 귀도 살이 두툼한 것이 좋다. 머리에도 살이 두터운 것이 좋다. 두터움과 얇음을 부위에 따라 수치화하면 용이할지 모른다. 그러나 관상을 하면서 부위의 길이와 두께를 재는 것은 용이하지 않다.

광협廣狹

넓어야 할 곳은 넓어야 하고 좁아야 할 곳을 좁아야 한다. 이마가 삼정이 균등하면서 폭도 넓으면 여러 가지 면에서 좋다. 인당도 넓어야 한다. 그러나 인당이 너무 넓은 것은 오히려 좋지 않다. 입술도 적당히 넓고 두꺼우며 길어야 한다. 귀도 길이가 길고 폭이 적당히 넓어야 한다. 콧등도 넓어야 하고 귓구멍도 넓어야 좋다. 하지만 콧구멍이 너무 넓으면 재물이 새는 것이고, 반대로 너무 좁으면 인색해진다. 배꼽 또한 넓은 것이 좋다. 물론 오행형에 따라서 넓고 좁은 것에 대한 길흉의 판단은 조금씩 달라진다.

평곡平谷

가장 좋은 이마는 입벽立壁이다. 벽이 서있는 것 같은 형태가 좋다. 평평한 이마가 좋지만 중간에 우묵하게 들어간 것은 나쁘다. 반듯하게 서지 않고 뒤로 기운 것 같은 형태도 좋지 않다.

눈은 튀어나온 것과 움푹 들어간 것 모두 나쁘다. 약간 불룩한 것이 좋다. 붕긋하게 둥근 모습으로 나온 것이 이상적이다.

광대뼈가 웅장하게 나온 것이 좋다. 하지만 주변과 조화가 이뤄져야 한다. 얼굴에서 제일 높게 솟아야 하는 것은 코다. 주변의 이마와 양쪽 광대뼈와 턱은 적당히 높아야 한다.

선線의 종횡縱橫

부드러운 선은 좋고 각이 지고 예리한 선은 좋지 않다. 눈의 형태에서 갸름하면서도 외곽선이 부드러운 것이 좋다. 눈은 직선을 이루는 것은 좋지 않다.

코는 앞에서 볼 때 콧등의 선이 직선이라야 한다. 옆에서 볼 때도 코의 선은 직선을 이루는 것이 좋다. 눈썹은 전체적으로 부드러운 곡선이 좋고 직선적인 것은 좋지 않다.

얼굴에서 가로로 길어서 좋은 것은 눈과 눈썹 그리고 입이다. 그 밖에는 가로로 퍼지는 형상은 좋지 않다. 광대뼈가 옆으로 너무 퍼지는 횡골橫骨은 좋지 않다. 또 턱이 양쪽으로 너무 튀어나오는 형상도 좋지 않다.

상하上下

눈과 눈썹 그리고 입은 전체적으로 수평을 이루는 것이 좋다. 눈과 눈썹이 위로 치켜 올라가거나 아래로 숙여진 것은 좋지 않다. 눈과 입은 꼬리가 약간 위로 향한 것이 좋다.

귀는 전체적으로 앞에서 봐서 눈이나 눈썹보다 위쪽에 자리 잡은 것이 좋다. 귓불은 앞쪽으로 약간 들린 듯 한 것이 좋다.

눈과 눈썹 그리고 입이 아래로 처지는 것은 좋지 않은 형상이다. 올라가면 양적인 성향으로 보고, 내려가면 음적인 성향으로 본다. 위에 있는가와 아래에 있는가도 판단의 기준이다.

바름과 틀어짐

얼굴이나 몸의 형태가 전체적으로 바른 것이 좋다. 눈과 눈썹, 입은 가로로 수평을 이루어야 하고 코와 귀는 수직으로 내려와야 좋다. 전체적으로 한쪽으로 치우치는 것은 나쁘다. 좌우의 균형이 깨진 것도 좋지 않다.

거침과 매끄러움

머리털이나 눈썹, 피부는 모두 윤이 나고 매끄러워 보여야 좋다. 피부와 털이 거칠고 먼지가 낀 듯한 것은 좋지 않다. 항상 얼굴과 몸의 모양만 봐서는 안 된다. 윤이 나는지를 잊지 말고 살펴야 한다. 이는 청탁과 밀접한 관계가 있다.

단단함과 부드러움

뼈대는 단단한 것이 좋다. 각지고 약한 것과 가벼운 것은 좋지 않다. 살은 만졌을 때 부드럽고 탄력이 있어야 좋다. 살이 너무 단단하면 좋지 않다. 또한 반대로 너무 물러도 좋지 않다.

살이 북의 가죽과 같이 팽팽하면 명이 짧다. 부드럽고 따뜻하면 재앙이 적다. 늘어지면 성격이 유약하고 막힘이 많다.

흉터, 점, 흑지

얼굴에 있는 흉터나 검은사마귀, 반점, 검은깨, 기미 등은 일반적으로 좋지 않다. 하지만 옷으로 가려지는 몸의 점은 대체로 좋은 것으로 여긴다. 각 부위의 길흉 해석과 12궁, 유년운기 등을 판단할 때 나쁜 것으로 풀이한다. 점의 위치와 형상, 색상 등에 따라 좋고 나쁨을 판단한다.

조응朝應

조응이란 서로 응하는 것이다. 일례로 오악에서 좌우 광대뼈가 코를 향해 모이는 듯한 형상은 좋다. 서로 등을 돌리듯 밖으로 향하는 것은 좋지 않다. 또한 이마와 턱의 형태도 살펴야 한다. 이마가 평평하거나 붕긋하게 나온 것과 턱이 약간 앞으로 나오는 형상 그리고 귀의 위치가 높은 것도 조응되는 것이다. 귀의 귓불도 앞을 향해 약간 들린 듯한 것이 좋은 조응이다.

기골氣骨

기골의 유무는 중요한 변수이다. 기골이 있으면 좋은 상을 지닌 사람에게는 더욱 강한 운이 있다. 상이 조금 좋지 않더라도 일시적으로 크게 발전할 수 있다. 얼굴의 복서골이나 금성골 등은 대표적인 기골이다. 얼굴과 머리에 기골이 있는 것은 중요한 판단기준이 된다.

체취體臭

『마의상법』「상육相肉」편에 "귀한 사람은 향기 나는 풀을 몸에 지니지 않아도 자연히 향기가 난다"라고 하였다. 관상에서는 사람의 몸에서 나는 냄새까지도 좋고 나쁨을 판단하는 데 활용한다. 후각으로 느껴지는 몸 냄새도 판단의 기준이다.

청탁淸濁

맑고 탁함은 매우 중요하다. 맑고 밝은 것은 좋으나 탁하고 어두운 것은 나쁘다. 피부와 털이 맑은 것은 좋고 탁한 것은 좋지 않다. 눈빛이 맑은 것은 좋고 눈빛이 탁한 것은 나쁘다. 음성이 맑은 것은 좋고 탁한 것은 꺼린다. 눈썹 털이 너무 굵으면서 많아서 숯검정 같아 보이는 것도 탁한 것으로 본다. 일반적으로 기색이 청한 것이 좋고 탁한 것은 좋지 않다. 또 한 가지 더욱 판단에 신중을 기해야 할 것은 너무 청한 것은 오히려 좋지 않다. 탁한 가운데 청한 것은 좋아도 청한 가운데 탁한 것은 나쁘다. 전체적으로 청淸한 기를 많이 받은 사람은 복록福祿과 수명壽命이 많고, 탁濁한 기운이 많으면 복록과 수명이 적다.

균형과 조화

얼굴과 신체가 전체적으로 균형이 맞는 것이 좋다. 얼굴에서 어떤 한곳만 너무 크거나 작은 것, 높거나 낮은 것, 넓거나 좁거나 한 것은 모두 균형이 깨진 것으로 좋지 못하다. 관상에서 균형과 조화는 현대인들이 아름답다고 느끼는 얼굴과는 다르다. 얼굴이 균형 잡히고 조화가 잘 이루어진 것을 보면 정말 잘생긴 얼굴이라는 느낌이 든다. 그런 얼굴에는 복이 따른다.

묵직함과 가벼움

앉은 자세가 묵직한 것은 좋다. 묵직하지 못하고 가볍게 동요하는 것은 좋지 않다. 걸음걸이도 묵직하면서 날렵한 면이 있어야 한다. 걸음이 급하고 가볍게 튀는 느낌은 좋지 않다. 또 전체적인 분위기가 묵직한 것이 좋다. 반대로 전체적인 느낌이 가볍고 안정됨이 부족한 것은 좋지 않다. 예외는 오행형에 따라 판단을 달리할 수 있다.

완급

걸음걸이나 식사하는 모든 동작들이 너무 급한 것은 좋지 못하다. 느긋하고 여유 있는 것이 좋다. 또 말이나 의사표현 등도 급한 것은 좋지 않다. 앉아 있거나 누워 있을 때에도 느긋하고 오랫동안 안정된 자세를 유지하는 것이 좋다. 사람의 동작상태도 판단의 기준이 된다.

관인팔법觀人八法

관인팔법은 사람의 기세를 관찰하는 여덟 가지 방법이다. 관인팔법은 전체적인 분위기까지도 느껴야 된다는 것이다. 위엄이 있고 청수하고 후중하며 고괴한 상은 좋다. 그러나 외롭고 쓸쓸해 보이는 고한지상과 박약한 것과 완악한 것 그리고 속탁한 것은 좋지 않다.

균형

길이의 균형은 얼굴을 세로로 셋으로 나누어 길이가 균등한 것을 보는 삼정三停을 말한다. 삼정은 기본조건이다. 하지만 삼정이 균등해도 꼭 복이 많은 것은 아니다.

면적의 균형은 삼첨격三尖格을 보면 이마와 코와 턱이 뾰족한 것이 좋지 못하다. 삼정의 길이 뿐 아니라 얼굴 각 부위의 형태가 좋아야 한다. 또 삼정 좌우의 균형과 면적 비율의 균형도 중요하다.

음양의 균형에서는 나올 곳은 나오고 들어갈 곳은 들어가야 한다. 나와야 할 곳이 꺼져서 들어가거나 너무 불거져 나온 것은 좋지 않다. 또 들어가야 할 곳이 나왔거나 너무 깊이 들어간 것도 나쁘다. 균형이 깨졌기 때문이다. 대표적으로 오악五嶽과 사독四瀆을 들 수 있다. 이마, 코, 턱 그리고 양 광대뼈는 나와 있으므로 양이다. 반면 눈, 귀, 입은 들어가 있어 음이다.

음양을 말할 때는 여성과 남성을 구별해야 한다. 여성은 음체陰體이다. 따라서 여성에게 양적인 형태는 좋지 않다. 오악이 너무 웅장한 것은 여성에게는 꺼린다. 그러므로 이마, 코, 턱 그리고 양쪽 광대뼈가 너무 웅장한 것은 좋지 않게 본다. 반면 남성에게 음의 요소가 많으면 좋지 못하다. 또한 여성에게 너무 음적인 것이나 남성에게 지나치게 양적인 것도 균형이 어긋나 조화롭지 못하다.

음양의 균형에서 빼놓을 수 없는 것이 뼈와 살의 균형이다. 뼈와 살의 균형은 관점에 따라 음양에 대한 판단을 달리할 수도 있다. 외양내음으로 하였을 때는 살이 밖이고 뼈가 안이므로 살이 양이고 뼈가 음이다.

몸과 얼굴의 균형이다. 머리가 몸에 비하여 너무 크거나 작으면 좋지 못하다. 얼굴과 머리의 상만 좋다고 해서 다 좋은 것이 아니다. 몸이 받쳐주지 못하면 복이 없다. 양인 머리 부분이 나무의 줄기와 잎이라면, 몸은 음으로 뿌리와 같다고 할 수 있다. 따라서 얼굴의 삼정과 더불어 몸의 삼정도 본다.

조화

조화가 이루어진 것은 무엇으로 판단할 수 있는가. 얼굴 전체와 이목구비가 서로 잘 조화롭게 생겨야 한다. 또 얼굴 각 부분 역시 각각 자체의 형상이 조화가 이루어져야 한다.

오행형은 사람을 목형木形, 화형火形, 토형土形, 금형金形, 수형水形의 다섯 가지로 분류하여 본다. 오행형은 얼굴의 윤곽과 몸의 형태와 살이 찐 정도 그리고 골격의 형태와 음성, 자세와 동작 등을 종합하여 판단한다.

언행 태도

관상에서는 언어의 사용 습관이나 어조 등도 구별한다. 걷고 서고 앉고 눕는 동작과 태도도 중요한 판단기준이 된다. 일례로 곁눈으로 보면 투기를 잘한다. 위를 보는 사람은 귀하고 높은 벼슬을 할 수 있다. 항상 밑을 보는 사람은 남모르는 독함이 있다. 높은 곳을 보는 사람은 마음에 물결이 부닥치는 것처럼 격돌하는 것이고, 낮은 곳을 보는 사람은 모질며, 기울게 보는 사람은 사악하고, 보는 것이 어딘지 모르게 어지러운 것은 음란하다.

노려보듯 용맹스럽게 보는 사람은 사납고, 멀리 내다보는 사람은 목적한 뜻이 많은 사람이다. 밑을 보는 사람은 꾀를 많이 부리는 사람이고, 높은 곳을 보는 사람은 정직한 사람이 많다. 이 같은 언행과 태도도 관상의 판단기준이 된다.

기색氣色

기색은 얼굴에 나타나는 색의 변화를 관찰하는 것이다. 색에 따라 어떤 일의 발생과 좋고 나쁨을 알 수 있다. 상황 판단에 아주 중요하다. 계절별로 기색의 변화가 있음도 유념해야 한다. 그리고 기체氣滯의 경우 길면 10년까지도 어려움을 겪기도 한다. 십대천라十大天羅는 나쁜 기색의 대표적인 부분들이다. 그리고 기색을 정확히 판단하기 위해서는 전체적인 골상과 유년운기流年運氣를 복합적으로 살펴야 한다.

안신眼神

안신은 눈빛을 말한다. 눈빛은 그 사람의 운이 좋고 나쁨을 판단하는 데 아주 중요한 단서가 된다. 제일 좋은 눈빛은 신장이다. 아울러 눈빛의 좋고 나쁨을 볼 때 강약만이 아니라 눈빛에 측은지심惻隱之心이 있는가를 살펴야 한다.

정기신精氣神

정精과 기氣와 신神의 유여함과 부족함을 잘 살펴야 한다. 고서에도 다루는 분량이 적고 매우 어려운 단계로 잘 연구해야 한다.

심상心相

관상에서는 골상骨相보다 심상이라고 말한다. 하지만 심상에 대한 내용은 많지 않다. 심상편의 이러이러한 사람은 어떻다 하는 것은 심상 자체를 논하는 것이 아니다.

사람의 태도에 대하여 많이 논하고 있다. 마음속에 아무리 좋은 생각이 있다고 해도 실제로 마음을 좋게 쓰지 않으면 의미가 없다. 마음속의 생각이 성실하고 또 그 마음이 행동으로 나타날 때에 진정한 복록이 있다. 그래서 골상보다 심상이 중요하고 심상보다 심술心術이 중요하다고 했다.

6. 관인팔법

관상은 형태만 보지 않는다. 사람의 분위기도 본다. 이를 관인팔법이라고 한다. 관인팔법에 익숙해져야 관상을 정확히 볼 수 있다.

위맹지상威猛之相

권위가 있어 가볍게 상대하기 어렵다. 첫눈에 지도자의 품격이 느껴진다. 신색神色이 엄숙하므로 모든 사람이 자연스럽게 머리를 숙이게 된다. 경외감이 들게 하는 상으로 권세를 잡게 된다. 고위관료나 무관으로 성공한다. 위맹해 보여도 인자함이 없으면 위맹지상이라고 할 수 없다.

一曰 威 威猛之相 尊嚴可畏謂之威主權勢也
일 왈 위 위 맹 지 상 존 엄 가 외 위 지 위 주 권 세 야

형상이 존엄하여 대하면 저절로 두려운 마음이 생기는 것을 '위'라고 하며 주로 권세를 누리게 된다.

如豪應搏兎 而百鳥自驚 如怒虎出林 而百獸自戰
여 호 응 박 토 이 백 조 자 경 여 노 호 출 림 이 백 수 자 전

날렵한 매가 토끼를 잡는 것을 보고 온갖 새들이 스스로 두려워하

고, 성난 호랑이가 산 속에 나타나면 온갖 짐승들이 두려워 벌벌 떠는 것과 같다.

蓋神色嚴肅 而人所自畏也
개 신 색 엄 숙 이 인 소 자 외 야

신색이 엄숙하여 사람들이 스스로 두려워한다.

후중지상厚重之相

묵직하고 푸근하다. 포용력과 도량이 넓어 웬만한 일에는 동요됨이 없다. 몸집도 풍만하고 부드러워 보인다. 복록이 넉넉하여 사업가가 되는 경우가 많다. 학자가 되어도 좋다. 후중해 보여도 청수한 기운이 없으면 후중지상이라고 할 수 없다.

二曰 厚 厚重之相 體貌敦重謂之厚 主福祿也
이 왈 후 후 중 지 상 체 모 돈 중 위 지 후 주 복 록 야

체모體貌가 도탑고 무거운 것을 후厚라고 하며 주로 복록을 누리게 된다.

其量如滄海 其器如萬斛之舟 引之不來 而搖之不動也
기 량 여 창 해 기 기 여 만 곡 지 주 인 지 불 래 이 요 지 부 동 야

그의 도량이 바다와 같이 넓으며, 그 그릇은 만 가마를 실은 배와 같아서 당겨도 끌려오지 않고 흔들어도 움직이지 않는다.

청수지상清秀之相

사람이 맑고 빼어나 보인다. 정신력이 뛰어나고 기백이 있다. 선비나 청렴한 관리 또는 학자의 모습이다. 청수해 보여도 묵직함이 없으면 청수지상이라고 할 수 없다.

三曰 淸 淸秀之相 淸者 精神翹秀謂之淸
삼 왈 청 청 수 지 상 청 자 정 신 교 수 위 지 청

정신이 뛰어남을 청이라고 한다.

如桂林一枝 崑山片玉 灑然高秀 而塵不染
여 계 림 일 지 곤 산 편 옥 쇄 연 고 수 이 진 불 염

或淸而不厚 則近乎薄也
혹 청 이 불 후 즉 근 호 박 야

비유하자면, 계수나무의 숲에서 돋보이는 하나의 가지와 같으며, 곤륜산의 빛나는 옥조각과도 같은 것이다. 물에 씻은 듯이 깨끗하고 존귀하며 빼어나다. 그리고 흙먼지에 더럽혀지지 않은 듯하다. 맑고 빼어나 보이더라도 후한 것이 없으면 박약한 상에 가까운 것이다.

고괴지상古怪之相

얼굴에 기골이 솟아 기인처럼 보인다. 특이하게 생겼으면서도 맑은 느낌을 준다. 괴이한 상이기도 하다. 종교가나 철학가가 되는 것이 좋다. 고괴해 보여도 맑지 못하고 탁해 속물 같아 보이거나 메마른 인상이라면 고괴지상이라고 할 수 없다.

四曰 古 古怪之相 古者 骨氣岩稜謂之古
사 왈 고 고 괴 지 상 고 자 골 기 암 릉 위 지 고

古而不淸 則近乎俗也
고 이 불 청 즉 근 호 속 야

얼굴의 뼈가 솟아있거나 모가 나 있으면 고古라고 한다. 만약에
고하더라도 청淸하지 않으면 속된 상에 가까운 것이다. 모양이 보
통 사람과는 달라서 괴이하게 생겼으면서도 어딘지 모르게 속되
지 않고 천박하게 보이지 않아야 고에 해당한다.

고한지상孤寒之相

외롭고 쓸쓸해 보인다. 형골形骨이 목이 길고 어깨는 움츠리며 다
리는 굽어 있다. 머리는 한쪽으로 치우쳐 있고 앉아 있는 모습이 흔
들리는 듯하며 걷는 모습은 무엇인가를 붙잡는 듯하다. 물가에 홀
로 선 학이나 비 맞으며 서있는 해오라기 같다.

五曰 孤 孤寒之相 孤者 形骨孤寒 而項長肩縮 脚斜腦偏
오 왈 고 고 한 지 상 고 자 형 골 고 한 이 항 장 견 축 각 사 뇌 편

형골이 쓸쓸한 모습으로 목이 길고 어깨는 오그라들고, 다리가
굽어 있으며, 머리가 치우쳐 있다.

其坐如搖 其行如攫 又如水邊獨鶴 雨中鷺鷥 生成孤獨也
기 좌 여 요 기 행 여 확 우 여 수 변 독 학 우 중 노 자 생 성 고 독 야

그 앉은 모습이 흔들리는 듯하며, 그 행위가 급히 빼앗아 움키는
듯하다. 또 물가에 혼자 서있는 학과도 같다. 비를 맞고 서있는
백로와 같아 고독이 생겨나게 한다.

박약지상薄弱之相

 몸집과 외모가 허약해 보이며 겁이 많아 보인다. 언사에 자신감이 없다. 얼굴의 색이 어둡고 눈빛을 갈무리하지 못한 형상으로 일엽편주가 거친 파도에 떠 있는 것과 같다.안정감이 없어 약해 보이고 가난하다. 부유하게 되더라도 단명한다.

六曰 薄 薄弱之相 薄者 體貌劣弱 形輕氣怯
육 왈 박 박약지상 박자 체모열약 형경기겁

色昏而暗 神露不藏
색 혼 이 암 신 로 부 장

 몸과 얼굴이 열약하다. 형체가 가볍고 겁을 먹은 듯하다. 기색이어둡고 컴컴하다. 신神이 드러나 잘 갈무리되지 않았다.

如一葉之舟 而泛重波之上
여 일 엽 지 주 이 범 중 파 지 상

 마치 일엽편주가 거친 파도 위에 있는 것과 같다.

見之皆知其微薄也 主貧下 縱有食必夭
견 지 개 지 기 미 박 야 주 빈 하 종 유 식 필 요

 누가 보아도 그 작고 가벼움을 알 수 있다. 주로 가난하고 낮은상으로, 만약 의식이 족하면 수명이 짧게 된다.

완악지상頑惡之相

 외모가 약해 보인다. 성격이 모질게 보이고 눈빛도 사납다. 골격이 거칠고 음성은 늑대나 이리 같아 착하지 않다. 척 보면 악당 같

아 모든 것이 흉포하고 아름다워 보이지 않는다.

七曰 惡 惡頑之相
칠 왈 악 악 완 지 상

惡者 體貌兇頑 如蛇鼠之形 豺狼之聲
악 자 체 모 흉 완 여 사 서 지 형 시 랑 지 성

或性暴神驚 骨傷節破 皆主其兇暴 不足爲美也
혹 성 폭 신 경 골 상 절 파 개 주 기 흉 폭 부 족 위 미 야

체모가 흉악하고 모질어 마치 뱀이나 쥐를 보는 것과 같다. 목소
리가 승냥이나 이리의 소리와 같으며, 성질은 포악하며 신神은 놀
란 듯하다. 골절骨節이 상하고 깨진 것 같다. 이 모든 것은 흉포한
것이니 아름다움에는 부족한 것으로 여긴다.

속탁지상俗濁之相

체형과 외모가 혼탁하다. 마치 먼지 속의 물건같이 속되고 천하
다. 의식에 부족함이 없더라도 속물 같아 막힘이 많다.

八曰 俗 俗濁之相
팔 왈 속 속 탁 지 상

俗者 形貌昏濁 如塵中之物 而淺俗 縱有衣食 亦多迍也
속 자 형 모 혼 탁 여 진 중 지 물 이 천 속 종 유 의 식 역 다 둔 야

생긴 모양이 혼탁한 것을 말한다. 마치 티끌 속의 물건과도 같은
것이다. 천하고 속된 것이다. 가령 의식의 구애가 없을지라도 머
뭇거림이 많은 것이다.

    사람의 모습은 대략 위맹지상, 후중지상, 청수지상, 고괴지상, 고한지상, 박약지상, 완악지상, 속탁지상 등 여덟 가지 상으로 나누어 말해진다. 사람을 볼 때 볼 수 있는 것은 얼굴만이 아니다. 언어와 행동에 나타난 것들이 실제 그 사람을 볼 수 있는 것이다.

7. 관상학의 기원

관상은 의문에서 시작된다. 관상은 무엇이고, 언제 시작되었으며 실용적 가치는 어느 정도인가 하는 것이다.

인류의 역사는 세월이 흐르면서 발달했다. 상고시대에 모든 인간의 생활은 다른 동물과 크게 다르지 않았다. 동굴이나 나무 위에 집을 짓고 수렵과 채집생활을 했다. 이후 인류가 점차 번성하면서 인간의 생활도 작은 집단을 이루게 되었다. 공동생활이 시작된 것이다. 차츰 도시의 형태가 갖춰지고 자연스레 생존경쟁이 치열해졌다. 이 과정에서 질서와 도덕이 필요했다.

이때를 약 6000년 전으로 본다. 성인 복희씨는 인류의 이 문제를 걱정한 나머지 백성들의 편안한 삶을 위해 나타났다. 그는 팔괘八卦라는 우주와 기본수의 원리를 발명하여 인간의 미래를 알 수 있는 역도易道를 만들었다. 약 4800년 전이다. 당시 모든 백성들은 이에 힘입어 태평성대의 편안한 삶을 누리며 살게 되었다.

그 후 약 4100년 전 우禹나라에 이르러 우주의 천지도수인 하도낙서河圖洛書가 출현하여 한 단계 발전하게 되었다. 이어 하夏나라와 은殷나라를 거쳐 주周나라 문왕에 이르러 『귀장歸藏』을 『주역周易』이라고 고쳐 세상에 알리자 사람들이 점복占卜의 도를 더욱 더 연구하게 되었다.

궁궐은 물론 민가에서도 점복에 대한 관심이 증가했다. 대략 이 시대가 점복이 완성된 시대로 볼 수 있다. 하지만 학설적인 체계는 미비하였다.

이러한 때 동주시대 숙복叔服이 점복을 면밀하게 연구하기 시작했다. 2500년 전 숙복은 공자보다도 100년 앞서 출생하여 내사內史 벼슬을 지낸 학자였다. 숙복은 고대 천문학의 태두이며 점성술의 원조이다.

노나라 문공 14년 7월에 성괘星卦가 북두에 침입하였다. 후원을 산책하던 숙복은 문득 이것을 보고 "향후 7년 이내에 송, 제, 진의 세 나라 왕이 죽고 군웅이 할거하는 전국시대가 도래할 것이다"라고 했다. 그의 예언은 적중했다.

이를 효시로 천문학과 점성술이 발달하게 되었고 이때부터 관상학은 세인들의 깊은 관심을 모으게 되었다.

송의 『좌전左傳』에 의하면 노나라 문공 원년에 문공이 부왕 희공喜公을 장묘할 때 주나라 천자는 내사內史 숙복을 보내 무덤 관리를 감독하게 하였다고 한다. 당시 이 같은 일은 대단한 영광으로서 이때부터 관상학자의 사회적 위상이 부각 되었다.

한편 노나라 재상 공손오公孫敖는 숙복이 관상을 잘 본다는 말을 듣고 그를 궁중에 초대했다. 자신의 두 아들의 상을 보였다. 뒷날 두 아들에 대한 숙복의 예언은 적중했다. 그 후 관상학은 더욱 더 번성하게 됐다.

숙복의 뒤를 이어 관상학을 계승한 사람은 고포자경姑布子卿이다. 고포자경의 경력은 정확히 알려져 있지 않다. 하지만 이름 끝에 경

卿자가 붙은 것으로 미뤄 볼 때 주나라 왕실의 고관으로 보인다.

「공자세가孔子世家」를 보면, 공자의 이름이 공구孔丘로 불리게 된 연유가 기록되어 있는데 고포자가 공자의 상을 보고 난 뒤 붙인 이름이라고 한다. 실제 공자의 부친은 숙량흘叔梁紇이고 모친은 안징재顏徵在로서 공씨와는 무관하다.

고포자경 이후로는 초나라에 이르러 당거唐擧라는 사람이 등장한다. 당거는 사마천이 쓴 『사기史記』의 「채택범수열전蔡澤范睢列傳」에도 등장하는 인물이다. 당거는 채택과 진나라 장군 이태李兌와 재상 이사李斯의 상을 본 뒤 정확히 적중했다 하여 유명하다.

『순자荀子』의 「비상非相」편에도 "옛적에 고포자가 있더니 지금은 당거가 있다"라고 기록되어 있는 것으로 보아 당거의 유명세를 알 수 있다. 특히 당거는 골상을 넘어 처음으로 기색 보는 법을 창안하여 관상학의 학문적 체계를 완성하였다. 이로써 당거는 초대 숙복, 2대 고포자와 더불어 관상가의 3대 명가로 불리게 되었다.

이후 주나라가 망하고 진秦나라가 천하를 통일하고 진시황의 분서갱유焚書坑儒가 있었다. 그런 상황에서도 몇 권의 의학서적과 관상서적은 남게 되어 오늘날까지 전해오고 있다.

8. 관상학의 발전

진나라가 멸망한 후 전국은 다시 도처에서 군웅이 할거하였다. 암흑의 시대에 백성들은 불안했다. 이때 곳곳에서 도사들이 나타났고 관상학도 부흥했다.

한나라가 천하를 통일한 후 한고조 유방이 관상학을 신봉하여 관상가들을 널리 등용시켰다. 유방이 관상학을 신봉하게 된 데는 이유가 있다. 그는 천자가 되기 전 한낱 하릴없는 사수泗水의 말단으로 노름과 주색잡기에 골몰하고 있었다. 그런데 여공呂公이란 당대 부호가 유방의 상을 알아보고 장래 황제가 될 것을 예견했다. 그는 자신의 딸을 유방에게 내주면서 유방을 사위로 삼았다.

여공은 관상학을 통달했었다. 나이 마흔에 한 고을의 일개 정장亭長(한 마을의 이장쯤 되는 벼슬)에 불과한 유방의 앞날을 명확히 내다본 점은 놀라운 일이다. 이런 연유로 유방은 천하통일 후 관상가들을 등용시켜 정사를 함께 논했던 것이다.

관상가들의 궁궐 출입이 자유스럽고 황가의 비밀마저도 알게 되면서 그들은 세력으로 형성되어 갔다. 당시 사람들은 이를 선망하여 관상가를 선가仙家라고 부르기도 했다.

명장 한신韓信의 상을 봐줘 이름을 드러내고 큰 부를 이룬 허부許負

는 관상 명가 4대째로 기록되고 있다. 그는 상서相書의 이목구비 모형이 기록된『인륜식감人倫識鑑』을 지은 사람으로 알려지고 있다.

5대는 겸도鎌徒로 그의 문하에서도 많은 명사가 배출되었다. 동방삭東方朔도 겸도의 제자였다. 후한 시대에는 관상학에 대한 명사들이 더욱 더 많이 배출되었다. 관로官輅와 허교許敎의 사적은『유림전儒林傳』과『삼국지』는 물론이고, 손성이 쓴『이동잡어異同雜語』에까지도 기록되어 있다.

후한 멸망 후 들어선 동진東晉과 서진西晉의 시대에도 관상학은 더욱 더 발전했다. 관상학 연구는 선술仙術이라 할 만큼 비술秘術로 많은 사람들이 선망했다. 평범한 문외거사門外居士로서는 엿볼 수 없었다.

남북조 시대에서는 인도에서 건너온 달마대사가 등장한다. 양梁나라 무제 원평 3년에 불교전파를 위해 중국에 온 그는 포교의 방편으로 관상학을 공부하게 되었다. 달마대사의 저서『달마상법達磨相法』은 그가 숭산崇山 소림굴에서 9년 동안 면벽 정진한 뒤 제자들에게 비전秘傳으로 전수한 것이다.

이때부터 관상학 연구는 두 갈래로 나뉜다. 선가仙家는 선가적으로, 불가佛家는 불가적으로 연구되면서 명칭과 술어가 달라졌다.

원元나라에는 태조 황제의 스승이었던 벽안碧眼이 유명했다. 명明나라에 들어서는 문학의 발달과 더불어 관상학에 대한 연구도 매우 활발했다. 유명한 관상가들도 수없이 많았다. 그중『유장상서柳莊相書』를 쓴 원충철袁忠徹이 유명하다.

청淸나라에서는 학설적인 체계가 수립되어 많은 관상학자들이 배출되었다. 이처럼 당, 송 이후 관상학은 학문으로 완성되어 갔다.

화산계곡에 마의선생이 살았다. 그는 겨울철에도 삼베옷만 입었다. 사람들은 그가 어떤 인물인지 몰랐으며 삼베옷을 입었기 때문에 마의선생으로 불렀다.

마의선생의 제자 중 진박은 10년간 스승을 공경했다. 그런 사이당이 멸망하고 송이 들어섰다. 송의 태종은 진박의 명성을 듣고 그를 불렀다. 진박은 평소 복장대로 갔고 그 점을 높이 평가한 태종은 진박을 간의대부諫議大夫라는 높은 벼슬에 등용하려 했다.

하지만 진박은 태종의 호의를 정중히 물리치고 마의선생이 있는 화산華山의 석실石室로 돌아갔다. 이에 태종은 그에게 '희이希夷'라는 시호를 하사하며 공명에 초연한 그의 모습을 기렸다고 한다. 희이선생은 종전에 비전으로 전해오던 상서의 금기를 깨고 『상리형진相理衡眞』과 『신상전편神相全編』을 저술하여 대중에게 전파했다.

관상학이 대중적으로 보급되기까지는 2500년이라는 긴 세월이 필요했다. 그동안 관상학은 학자들이 학문적 입장에서 연구하고 체계를 세웠다. 이처럼 그 어떤 학문보다 오랜 역사를 가졌다.

『흠정고금도서집성欽定古今圖書集成』을 보면 시대별로 관상가의 이름과 상을 본 사람의 이름이 기록된 서적의 목록을 적고 있다. 이를 요약하여 시대별로 이름이 전해진 관상가를 살펴보면 다음과 같다.

주周나라: 고포자경姑布子卿, 오시리吳市吏, 당거唐擧
한漢나라: 허부許負
후한後漢: 주건평朱建平

송宋나라: 위수韋曳(춘추전국시대 주나라 제후국)

북제北齊: 황보옥皇甫玉, 오사吳士

수隋나라: 위정韋鼎, 래화來和

당唐나라: 원천강袁天綱, 장경장張憬藏, 을불홍례乙弗弘禮, 김양봉金梁鳳,
진소陳昭, 하영夏榮, 낙산인駱山人, 용복본龍復本, 정중丁重

후당後唐: 주원표周元豹

송宋나라: 마의도자麻衣道者, 진희이陳希夷, 승묘응僧妙應, 부옥傳珏,
유허백劉虛白, 포포도자布袍道者, 묘응방妙應方, 경청성耿聽聲.

원元나라: 이국용李國用, 채괴蔡槐

명明나라: 오국재吳國才, 원공袁珙, 원충철袁忠徹, 이괴李槐, 풍학록馬
鶴鹿, 승여란僧如蘭, 장전張田, 왕인미王仁美, 유감劉鑑, 조해
趙楷, 최면崔勉, 고절顧節, 당고풍唐古風, 오종선吳從善, 모동
毛童 등이 있었다.

9. 우리나라의 관상 역사

우리나라에 관상이 언제쯤 들어왔는지 기록된 문헌은 없다. 『관상보감觀相寶鑑』에 의하면 약 1400년 전 신라 선덕여왕 때에 당나라에 유학 간 승려들이 포교의 방편으로 달마대사의 상법을 배워온 것으로 알려진다. 『동국야사東國野史』를 보면 승려도자僧侶道者들이 유명한 위인들의 관상을 보아 미래의 일을 예언했다고 전한다.

고려 말엽에 관상가 혜증은 이성계의 얼굴을 보고 장래 군왕이 될 것을 예언하였다. 도선국사와 무학대사도 관상가로서 매우 유명했다. 조선 초기 세조 때 영통사 도승이 한명회의 상을 보고 장래 재상이 될 것을 예언한 것이 『한씨보응록韓氏報應錄』에 기록되어 있다. 또한 『대동기문大東奇聞』에 의하면 관상가들이 고관대작과 사대부가에 출입하여 한 예언이 적중했다는 기록이 있다.

그런데 관상가들이 관상학을 체계적으로 기록하여 후대에 전수하지 않고 구전으로 전하다 보니 당시의 관상학을 제대로 파악하지 못하게 됐다.

그러나 다행히도 허준의 『동의보감』과 이제마의 『사상의학』, 이지함의 『토정비결』 등이 남아 있다. 그리고 관상가로는 남사고, 이천년李千年, 정인홍鄭仁弘, 이서계, 정북창鄭北昌 등이 유명하였다. 일제시대에는 배상철裵相哲, 강남월姜南月, 최운학崔雲鶴 등이 이름을 날렸다.

현재에도 관상가들은 많다. 그런데 관상학을 영리적으로 하다보니 학문적 연구가 부족하다. 그 결과 관상이 대중들에게 과학적인 관상철학으로 제대로 인식되지 못하고 있다. 그런 부분이 관상학을 잘 알지 못하는 사람들에게는 미신으로 취급하는 단초가 되고 있다.

II. 얼굴 부위

1. 머리

머리는 몸의 가장 높은 곳의 부위로 몸 전체에서 존귀한 것으로 여기며 모든 뼈의 주인이다. 하늘의 상上으로 여기므로 머리는 둥글어야 한다. 남자의 머리가 둥글면 부유하고 장수한다. 여자의 머리가 둥글면 좋은 자식을 둔다. 모든 양기가 모이는 곳으로 백회百會가 집중되어 있는 곳이다.

상서에 보면 "머리는 오행의 백맥百脈이 열려 있는 영거靈居(신령이 거처하던 신성한 곳)이며 오장五臟이 통하는 길"이라고 했다.

머리는 일신의 득실과 성패를 정하는 심성기관心性機關이다. 따라서 머리는 둥글고 크며 꺼진 곳이 없어야 하고 빛깔이 깨끗하고 맑아야 한다.

머리가 크면서 두각頭角이 없다면 비루한 일에 종사한다. 어깨가 없으면 외롭고, 목이 짧으면 수명이 짧다.

두피가 두터워야 복록과 수명이 있다. 두피가 얇은 것은 가난하고 사회적 신분이 낮으며 수명도 길지 못하다.

머리가 작고 목이 길면 가난하거나 수명이 짧다. 머리가 기울면 좋지 않다. 하늘을 떠받치는 기둥이 쇠약하여 기울어진 격이다.

머리가 작아도 둥글고 반듯하며 꺼진 곳이 없으면, 크고 납작하여 꺼진 곳이 많은 머리보다 훨씬 좋다. 다만 좋게 생긴 경우는 큰 머리가 상대적으로 좋다.

머리가 네모지고 정수리가 높으면 존귀하다. 정수리가 불룩하게 높으면 귀하다. 하지만 정수리가 볼록 나오되 뼈가 드러난 것은 외롭고 가난한 상이다.

남자의 머리가 뾰족하면 끝까지 목표를 이룰 수 없다. 상법에 의하면 뾰족한 머리의 관리는 없으므로 뾰족한 머리는 귀하지 않다. 또 뾰족한 머리로 재물을 주관하는 경우도 드물므로 뾰족한 머리는 부유하지 않다. 그리고 남자의 머리가 뾰족하면 복록이 온전하지 않다. 머리가 뾰족하면서 두각頭角이 없으면, 어려서 가난하고 보잘 것 없다. 무릇 머리를 하늘로 여기니 하늘이 둥글지 않으면 만상萬象이 불능不能한 것과 같다.

전두골이 발달하면 직각력과 관찰력이 매우 뛰어나다. 후두골 상층부가 발달하면 의지가 강해 추진력이 좋다. 후두골 하층부가 발달하면 애정심이 많고 성욕이 넘쳐 매사 본능적으로 행동하기 쉽다.

머리 좌우 횡부가 발달한 사람은 허영심이 많고, 권모술수가 뛰어나 임기응변에 능하며 거짓말을 잘한다.

머리의 좌우가 틀어지면 부모운이 불길하고, 머리털이 드물고 살가죽이 얇으면 반한 상이다.

머리 위의 뼈가 아미산처럼 모가 나면 높은 지위에 오를 수 있고, 머리 뒷골이 두둑하여 산과 같으면 부귀하다. 또한 머리 뒷골에 베개와 같은 모양의 뼈가 있으면 일생 복록이 그치지 않고, 두상이 위가 뾰족하고 아래가 짧으면 천한 상이다.

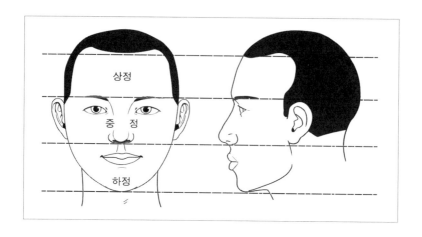

머리뼈가 거칠게 드러나는 것은 근심하고, 노역하는 것이 닥쳐오며 선대를 일찌감치 형극한다. 머리뼈에 결함이 있는 것은 수명이 짧으면서 부귀하기 어렵다.

머리가 뾰족한 여자는 남편이 왕성하지 못해 남편의 사회적 신분이 낮고 주로 형극한다.

천중天中, 천정天庭, 사공司空, 중정中正은 모두 이마에 있다. 이마가 네모나고 정수리가 일어난 사람은 귀함에 이른다. 천중은 귀한 것을 주재한다. 천중에서 뼈가 일어나면 부귀한 것을 주관한다. 천정에서 뼈가 일어나서 붉고 윤이 나면 귀해진다. 이로써 사람의 귀천을 분별한다. 산림山林이 일어나지 않으면 조상의 업業이 기우는 것이 있다. 산림이 열리면 귀하고, 좁으면 가난하며, 깨지면 천하다.

천정이 위로 오르지 않으면 공명을 얻는 것에 막힘이 많다. 무너진 것은 극하고 실패한다. 낮은 것은 형벌을 받고 어리석다. 치우친 것은 넘어지고 멈춘다. 왼쪽이 꺼진 것은 부친을 잃는다. 오른쪽이 꺼진 것은 모친을 잃는다.

이마 안에 힘줄이 있거나 주름살이 어지럽거나, 뼈가 횡하면 모두 불리하다.

처妻는 부드러움을 근본으로 여긴다. 이마가 지나치게 네모지고 크고 높은 것은 모두 남편을 극한다. 발제髮際가 지나치게 높이 있는 것은 화염火焰이 하늘에서 불타오르는 격이니 결혼을 못하거나 과부로 산다. 일월각日月角이 지나치게 높으면 살기가 강해 남편을 극剋한다.

주름살이 침범하거나 사마귀가 깨트리거나 결함이 있는 것 역시 배우자를 극해 홀아비나 과부가 된다. 이마가 뾰족하고 귀가 뒤집히면 세 번 시집가는 것으로도 멈출 수 없다. 또 이마가 뾰족하고 광대뼈가 튀어나온 삼권면三面權 즉 얼굴에 세 개의 주먹이 있는 듯한 여자는 남편 셋을 형한다.

큰 귀함은 두골에 있다. 기이한 뼈가 있는 사람은 오관五官인 귀, 눈썹, 눈, 코, 입이 바르지 않더라도 귀해진다. 신골神骨이 있는 사람은 형체가 부드럽고 약하더라도 장수한다.

내부內府의 뼈가 일어난 것은 변경의 요새를 진압한다. 내부가 평평하게 가득 차면 크게 부유하고, 높게 솟으면 크게 귀하다.

보각골補角骨이 일어난 것은 무번撫藩을 맡는다. 뼈가 없으면 관직이 없고, 뼈가 크면 관직도 크다. 변지골邊地骨이 논두렁처럼 일어나면 임금을 호위할 수 있게 귀해진다.

일월각의 뼈가 천정天庭에 응한 것은 재상의 권세를 얻는다. 사공司空에 뼈가 있으면 공경公卿(삼공三公과 구경九卿을 비롯한 높은 관리)이 되고, 보각에 뼈가 있으면 왕과 제후이다. 중정中正은 2, 3품의 직급이고 복당福堂은 4, 5품의 관직이다.

인당에는 금성골金星骨이 있는데 뼈가 다섯 손가락을 편 것 같이 붕긋하게 솟은 것이다. 바로 위쪽으로 발제에 다다른 것은 옥주골玉柱骨이라 하는데 크게 귀하다.

금성은 특히 귀하다. 귀 위에는 옥침골이 있고 귀 뒤에는 수골壽骨이 있다. 뼈가 많으면 외롭다. 옥침을 영화롭게 여긴다.

코에는 콧기둥을 따라 인당을 꿰뚫은 복서伏犀와 준두에서 정수리까지 이어진 뼈의 줄기인 단서單犀가 있다. 복서와 단서의 귀함이 비교된다.

광대뼈가 천창에 꽂히듯 이어지고, 또 천정에 꽂히듯 이어지면 천정과 천창이 귀하다. 또 뼈가 일어나 다섯 개의 기둥이 되면 종신終身토록 영화를 누린다. 이마뼈가 높게 일어난 것과 코뼈가 눈썹에 이어진 것과 광대뼈가 천창에 꽂힌 것처럼 이어진 것이다.

뼈가 세 개의 산처럼 일어나면 삼공의 지위에 이른다. 코뼈가 천중天中에 곧바로 들어간 것과 광대뼈가 곧바로 천창天倉에 통한 것이다.

머리에는 나쁜 뼈도 있다. 정수리 뼈가 뾰족하게 일어나면 가난하다. 앞쪽이 편편하고 정수리가 볼록 나오면 직위가 매우 높은 귀인이다. 이마가 병아리처럼 생기면 외롭다. 앞이 평평한 즉 액골이 귀함을 주관한다.

천정의 뼈가 뿔처럼 나온 것은 극하고, 앞이 평평하면서 붕긋하게 일어난 것은 귀하다.

일월각이 움푹 들어간 것이나 드러난 것은 형刑한다. 앞이 평평하면서 일월각의 뼈가 천정에 응한 것은 크게 귀하다.

간분奸門의 뼈가 볼록 나오면 음탕하다. 남자는 움푹 꺼지면 처를 극하고 여자가 볼록 나오면 음탕하다.

코뼈가 옆으로 삐져나오면 좋지 않다. 천창과 지고地庫가 꺼지면 궁핍하다.

눈썹 뼈가 불룩 나온 것은 흉하다. 머리에 나쁜 뼈가 없고 이마와 광대뼈 그리고 턱의 네 부위의 뼈가 일어섰더라도 코가 낮게 꺼진 것은 나쁘다. 이는 사악四嶽에 주봉主峰이 없는 것으로 흉함과 극함이 많은 것이다.

이골頤骨이 풍성하게 일어났음에도 수염과 머리카락이 풀과 같고, 머리에 기골奇骨이 있고 눈에 눈물이 많으며 눈빛이 없는 것은 요절하고 실패할 상이다.

『귀곡자鬼谷子』에 의하면 머리뼈 앞쪽에 다섯 봉우리가 높더라도, 머리 뒤쪽이 꺼진 것은 좋지 않다. 머리 뒤에 가로 산이 높을지라도 앞의 오악이 무너지면 불가한 격이다. 균형이 잡히지 않은 뼈로 여긴다.

두골의 좋고 나쁨은 형태와 색色과 기氣와 신神을 본다. 첫째, 형태를 본다. 머리뼈는 이어진 것으로써 귀함을 판단한다. 이어진 것 다음은 넓적한 것이며 부서진 것은 그 다음이다. 치우치고 꺼진 것은 가난하고 수명이 짧다.

둘째, 색을 본다. 두골이 푸른 것으로써 귀함을 판단한다. 푸른 색은 기가 맑은 것이고 자색紫色은 기가 배어난 것으로 영화롭다. 흰 색은 춥고 복이 박薄하다.

셋째, 기와 신을 본다. 두골은 신으로써 귀함을 판단한다. 기로써 신령하다는 것을 가늠한다. 기골이 있으면서도 기이한 신이 없으면 수명이 짧거나 고독하고 고독하지 않으면 가난하다.

뼈는 살로 잘 감싸는 것이 중요하다. 또 서로 잘 균형이 맞아야 한다. 뼈가 있는데 살이 없어 기가 없는 것은 막힌 것이고 막히면 고독하다.

살이 있는데 뼈가 없고 신이 없으면 약한 것이다. 약하면 요절한다. 살이 있고 뼈가 있으면서 기가 있는 것을 두텁다고 한다. 두터우면 영화롭다. 뼈가 있고 기가 있으면서 신이 있는 것은 빼어나다고 한다. 빼어나면 대귀하다. 머리뼈는 모름지기 정신과 기백이 서로 도와야 한다.

뼈가 신을 얻으면 살이 빛나고 깨끗하다. 살이 신을 얻으면 기가 윤택하고 따뜻하다. 기가 신을 얻으면 색이 맑게 펼쳐진다.

색이 신을 얻으면 수염과 눈썹이 비취색으로 빼어난다. 따라서 색이 빛나면 상서롭고 기가 맑으면 발달한다. 살이 빛나면 복이 있고 뼈가 빼어나면 록祿이 있다.

2. 귀

귀는 오관 중 채청관採聽官으로서 성곽城郭이라고도 한다. 신장 즉 콩팥에 속하고 신장은 오행에서 수水에 속한다. 수는 오성에서 지혜이므로 신장이 좋은 사람은 지혜가 많다.

신장이 겉으로 드러나는 곳은 귀이므로 귀를 보면 지혜가 어느 정도인지를 알 수 있다. 또한 수의 기운이 충만한 사람은 건강하기 때문에 장수한다.

운運은 대운과 소운을 막론하고 좌측 귀는 1살부터 7살까지, 우측 귀는 8살부터 14살까지 지배한다. 일반적으로 귀의 영향력은 눈과 이마에 비해 상대적으로 적다.

하지만 여자의 경우 귀의 영향력은 적지 않다. 여자는 음에 속하고, 얼굴 부위에서 뒷부분에 있는 귀는 음에 속하므로 영향력이 남자에 비해 여성에게 강하게 작용한다.

귀는 혈통과 유전을 비롯하여 소질과 지능, 복 등 숙명이 나타나는 곳이다. 귀가 상처를 입지 않아야 한평생 변함이 없고 뇌腦의 모양과 같아 뇌와 깊은 관계가 있는 곳이다.

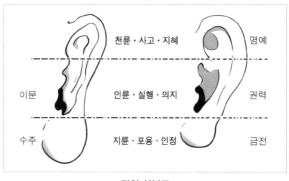

귀의 삼분도

귀의 위치

귀의 위치는 얼굴 정면에서 볼 때 눈썹부터 코끝 사이에 있고, 옆에서 볼 때 머리의 측면 전체의 1/3에 해당하는 것이 표준이다.

귀가 눈썹보다 한마디[一寸] 높으면 머리가 총명하고 장수하며 지혜롭다. 반면 위치가 낮고 작으며 살이 없고 부드러우면 단명한다.

수주 끝이 코끝보다 아래로 많이 처져 있으면 버릇이 없고 성격이 강하며 완고하다. 조금 높은 위치에 있으면 소극적이며 의지가 약하다. 하지만 약간 아래나 위에 위치해 있는 귀는 인정이 많고 인덕도 좋다.

정면에서 볼 때 귀가 잘 보이지 않을 정도로 붙어 있으면 부귀하게 되고, 반대로 날개처럼 쫑긋하게 보이면 가난과 고통이 많다.

귀의 크기

귀의 크기는 크고 긴 것이 좋다. 귀를 볼 때는 귀 자체의 크기도 봐야 하지만 얼굴 전체와의 균형을 봐야 한다. 귀가 작은 사람은 관직보다는 일반 사회생활을 하는 것이 좋다. 귀가 크다고 하여 무조건 좋은 것은 아니다. 귀에 앞서 눈과 눈썹이 좋아야 귀하게 된다.

큰 귀는 생각이 깊고 경계심이 강하다. 경솔하지 않으며 상식이 발달되어 사색적이다. 성격은 원만하고 재복이 있으며 건강도 좋다. 수주가 늘어진 귀는 이상적이다.

하지만 살집이 얇으면 재복이 박하다. 힘이 없어 보이는 귀는 운이 좋지 않은 귀이다.

너무 큰 귀는 지나친 낙천주의로 상대방에 대한 배려가 적다. 여성의 경우 너무 큰 귀는 배우자를 극하여 외로워지므로 좋지 않다. 반면 작은 귀는 성격이 격하여 감정적이고 성급하다. 또 침착하지 못해 충동적이어서 인간관계가 원만치 않다.

그리고 의지가 약하고 변덕이 많다. 우쭐대지만 모든 일에 자신감이 없어 담력이 적고 비밀을 지키지 못한다. 지나치게 작은 귀는 괴팍한 버릇이 있고 지능발달이 늦는 경우가 있다. 작은 귀에 이마까지 작으면 어린시절이 힘들다.

귀가 어깨까지 늘어져 있는 수견이垂肩耳는 대귀하고 죽은 뒤 이름을 날린다. 석가, 공자, 장자, 유비 모두 수견이였다.

앞에서 볼 때 바짝 붙어 있어 보이지 않는 귀는 우두머리 기질이 강하다.

틀어진 귀는 소견이 없는 사람으로 자신의 말에 책임질 줄 모른다. 또 속이 좁아 남을 잘 이해하지 못한다. 동업자와 배우자로서 마땅하지 않은 대상이다.

정력은 신장에서 나온다. 그리고 신장을 대표하는 곳은 귀이다. 두텁고 붉은 귀는 정력이 매우 강하다.

귀의 윤곽

귀의 모양을 볼 때는 윤곽이 뚜렷한가를 본다. 외륜과 내륜이 뚜렷한 모양을 갖춰야 한다. 내륜이 외륜보다 튀어나와 귀가 뒤집혀 보이는 것은 반이反耳로서 좋지 않다. 륜輪 즉 테두리는 천륜天輪, 중륜中輪, 지륜地輪 세부분으로 나눠 판단한다.

천륜天輪은 귀의 상부로서 지성과 인간성을 나타내며 귓바퀴가 고르게 발달된 귀는 이지적이고 우아하며 고상하지만 지나치게 정신적이어서 실제로는 수완이 부족하다.

중륜中輪은 귀의 가운데 바퀴로서 의지를 나타낸다. 이 부분이 좋으면 의지가 강하고 실행력이 풍부한 반면에 자칫 지나치게 저돌적이어서 실패하기 쉽다.

지륜地輪은 귀의 하부 바퀴로서 감정과 애정을 나타내는 곳이다. 이곳이 좋으면 가정적이며 통솔력이 출중하다.

반이는 말을 참지 못하는 경향이 있다. 결혼생활에서 말을 참지 못해 부부 사이가 나빠지지 쉽기 때문에 상대방의 감정을 상하지 않게 말하는 지혜와 조심성이 필요하다.

귀의 살집

귀를 볼 때는 크기보다 살집을 중시해야 한다. 귀가 커도 살이 얇으면 운세가 약하고 비록 작은 귀 일지라도 살이 단단하고 두터우면 재복이 좋다. 귀가 작고 살도 없으면 가난한 상으로 좋지 않은 귀이다.

잘생긴 귀라도 살이 얇으면 보기와는 달리 재복이 없는 상이다. 끈기도 약하고 소극적이며 행동력이 약하다. 특히 부부운이 빈약하여 고독한 운명이다.

좌우 귀의 크기가 똑같지 않아 크고 작으며 그 위치 또한 높고 낮은 차가 심하면 재복이 없고 유전적으로도 좋지 않은데 출생할 때 난산을 암시하기도 한다.

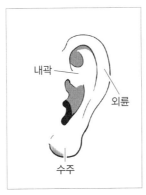
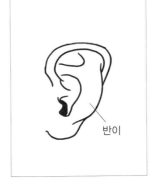

＊수주垂珠

귀의 맨 아래에 구슬처럼 둥글고 풍성하게 살이 매달려 있는 것이 좋다. 수주가 풍성하고 입을 향해 약간 들려 입으로 기운을 보내주는 것같이 생기면 좋다. 수주가 없으면 재복이 적고 장수하지 못한다. 수주가 넉넉하면 감성이 풍부하다. 수주가 없는 사람은 지혜와 이성은 있으나 감성의 부족으로 냉정하다.

여자의 귀에서 수주는 남편복을 보는 곳이다. 수주가 쑥 내민 귀는 복상으로 성격과 감성이 좋으며 사랑을 받는 운명이다. 반면 수주가 풍부하지 않은 귀는 천한 일에 종사하는 경우가 많고 남편운도 약해 결혼에 실패할 확률이 높다. 하지만 부부가 아닌 애인으로서는 잘 맞는 여자이다. 귀가 위로 솟구쳐 오르는 모양이면 아주 고독한 운명의 여자이다. 수주가 발달되어 있는 사람은 유혹에 약하다.

＊풍당

귓구멍을 막고 있는 조그만 돌출부분을 말한다. 귀에 비해 풍당이 적으면 건강이 약해 단명할 수 있다. 풍당 옆 귓구멍에 솜털이 아닌 굵직한 털이 나 있으면 관상학에서는 이호耳毫라고 해서 아주 장수할 수 있는 운명으로 본다.

귀의 색깔

오성五星 육요에서 귀는 목성과 금성에 해당된다. 별은 빛나는 것이 좋기 때문에 귀의 색은 희고 맑으며 윤이 나는 것이 좋다. 귀가 얼굴색보다 희면 명성을 얻을 수 있다. 맑은 홍색일 경우 매우 영리하다. 귀의 색이 어둡고 탁하며 먼지가 낀 것같이 보이면 어리석고 가난하다.

＊귀문耳門

귓구멍은 넓고 깊으면서 들여다보이지 않는 것이 좋다. 귀 안이 건조하지 않고 적당히 습기가 있는 것이 좋다. 귓구멍 안에 긴 털이

자라나는 것은 장수할 명이다. 털이 자라나는 것은 귀에 수水의 기
氣가 많기 때문이다. 수기가 왕성하다는 것은 신장의 기운이 좋다는
것이다.

귀의 유형도

＊금귀金耳

귓바퀴가 작고 눈썹보다 약간 위로 올라 있다. 수주가 있고 빛깔
은 희다. 젊어서는 공명과 부귀가 있지만, 늙어서는 처자를 극剋하
므로 말년이 고독하다.

＊목귀木耳

상부는 넓고 아래는 좁으며 살이 없고 반이反耳로 빛깔은 푸르다.
육친의 덕이 없고 가난하며 평생 분주할 뿐 고생이 많고 헛된 일을
많이 하게 된다.

＊화귀火耳

귀의 상부는 뾰족하고 하부가 넓은 편으로 수명이 길다. 반이로
서 단단하고 빛깔은 붉은 적색을 띤다. 평생 고독하고 부모덕과 인
덕이 없다. 타인의 일에 많이 간섭하지만 결과가 좋지 않아 편할 날
이 없다.

＊토귀土耳

두텁고 살쪄 있고 단단하며 큰 편이다. 윤택하고 빛깔은 누른 황

색이다. 부모의 덕이 많고 주위의 협조를 받아 일찍부터 명성을 떨친다. 복록이 무궁하여 건강하고 장수한다.

*수귀水耳

둥글고 살이 두둑하다. 눈썹을 누르는 듯 높이 붙어 있고 단단하다. 빛깔은 붉은 홍색으로 윤택하다. 인품이 온화하고 인정이 많아 명성을 날리며 사람이 몰려든다. 부귀하고 장수하며 복록이 무궁하다.

귀의 유형도

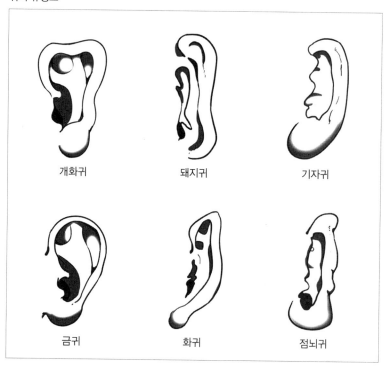

개화귀　　돼지귀　　기자귀

금귀　　화귀　　점뇌귀

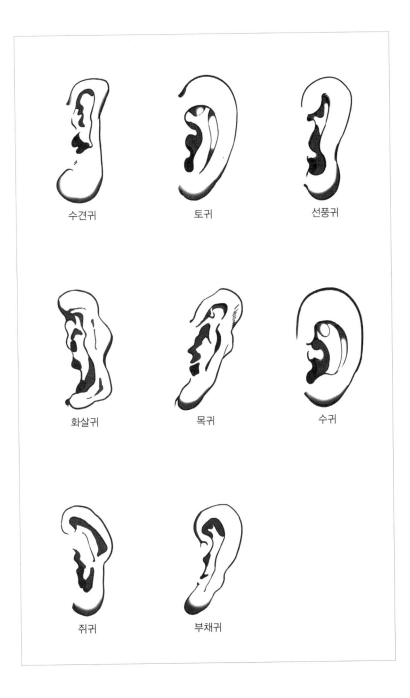

수견귀

토귀

선풍귀

화살귀

목귀

수귀

쥐귀

부채귀

3. 이마

　얼굴 전체를 놓고 볼 때 이마를 천天, 눈썹에서 코끝까지를 인人, 코
끝에서 턱까지를 지地라 하여 이마는 선천적인 복과 직결되는 부위이
다. 이마가 좋으면 복을 많이 타고났다고 할 수 있다. 이마의 형상이
좋고 나쁨은 일생동안 빈부귀천과 길흉화복을 결정한다. 이마가 좋
지 않으면 후천적인 복 즉, 자기 자신의 노력으로 성공해야 한다.

　이마는 오악五嶽 중에서 남악南嶽이다. 오성五星 중에서는 화성火星에

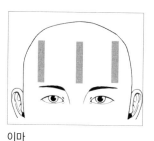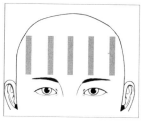

이마

속한다. 12궁에서 부모궁과 관록궁, 천이궁, 그리고 복덕궁이 이마
에 있다. 평평해 보이는 이마에 많은 운명의 비밀이 감춰져 있다.

　이마는 발제부터 인당까지 네 부위로 나눈다. 천중天中, 천정天庭,
사공司空, 중정中正이라고 이름 붙였다.

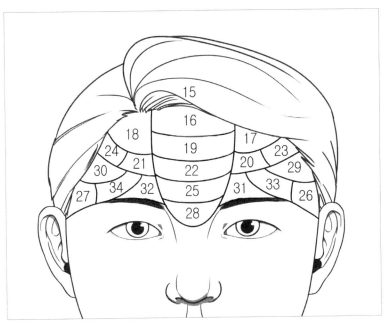

이마의 나이별 행운 유년

　이마는 눈썹 위에서부터 머리털이 난 곳까지 상하좌우 부분으로 그 사람의 귀함과 천함을 알 수 있고, 관운官運의 유무, 부모관계, 그리고 운의 좋고 나쁨을 알 수 있다. 운세에 커다란 영향을 주며 대인관계에서 손윗사람이나 상사와의 관계뿐 아니라 정신적 능력으로서 지각 기능, 기억 능력, 추리력, 분석력 등을 판단할 수 있는 부위이다.

　이마는 하늘에 비교된다. 오행 중에서 화火에 해당되고 그 사람의 전반적인 운세와 손윗사람과의 관계 등을 판단한다.

　이마는 관록운과 매우 밀접한 관계가 있다. 이마 전체가 마치 돼지의 간을 엎어 놓은 듯 둥글고 두툼하며 풍만하여 빛이 윤택하면 학운이 좋고 관계나 정계에 인연이 깊다.

이마는 그 사람의 성격과 사상이 담겨 있고 또 지적 능력을 나타내기도 한다. 일례로 원시인의 이마는 평평하지 못하고 뒤로 젖혀져 있는 반면 문화인의 이마는 반듯하고 비교적 풍성하다.

이마를 세 부분으로 나누어 관찰해 볼 때 상부가 발달되어 있으면 철학적 사고력이 뛰어나다. 중부가 발달되어 있으면 분석력과 기억력이 뛰어나다. 하부의 발달은 진취력과 강한 의지를 뜻한다. 특히 이마 하부가 발달되어 있고 눈썹뼈인 미골眉骨이 두툼하면 난관에 대한 돌파력이 뛰어나 어떠한 시련도 극복하는 정신력이 대단하다.

사람의 이마 크기와 모양은 천태만상이지만 대체로 손가락 세 개를 겹친 넓이가 표준이다.

십인십색十人十色이란 말이 있듯이 사람마다 개성이 다르고 이마의 모양도 가지각색이다. 모양별로 특징을 살펴보면 다음과 같다.

좋은 이마

이마 넓이는 세로로 얼굴의 1/3이 되어야 하고 가로도 넓은 것이 좋다. 살이 두텁고 평평하여 움푹 꺼진 곳이 없어야 한다. 네모반듯하고 머리카락이 난 발제가 들쭉날쭉하지 않아야 한다. 이마의 피부가 곱고 윤이 나며 색깔은 맑아야 한다. 점이나 상처가 없어야 하고 난문亂紋이 없어야 한다.

*넓고 두툼한 이마

이마가 넓고 두터우면서 살이 풍만하면 관운이 좋다. 입벽立壁이

높은 이마

좌우가 기운 이마

낮은 이마

좁은 이마

널찍한 이마

둥근 이마

네모난 이마

나 복간지상伏肝之相이면 부귀하다. 이마는 넓고 높이 솟아 가지런하며 울퉁불퉁한 요철이나 흉터 등의 잡티가 없어야 길상으로 귀골이다. 생각하는 면도 밝고 건전하여 업무에 두각을 나타낸다. 윗사람이 이끌어 줘 성공과정도 순탄하다. 대인관계가 원만하고 처세술이 합리적이라 자연히 상하의 협력을 얻어 운세도 순탄하다.

입벽과 복간지상의 이마는 일찍이 벼슬에 오르는 소년등과少年登科할 정도로 관운이 좋고, 이지적 성격의 소유자로서 창의력과 학구열이 뛰어나다.

넓은 이마이지만 요철이 있으면 중도에 실패가 많다. 이마가 넓고 크면 흔히 말하기를 속이 넓다고 하는데 넓은 이마를 가진 사람들이 대개 합리적인 사고방식을 추구하기 때문이다.

여자의 경우 이마가 지나치게 넓고 크면 고독하거나 가정의 애정운이 좋지 않다. 이마가 넓은 여자는 자연적으로 사회활동을 하게 된다. 이마가 좋아도 다른 부위가 받쳐주지 않으면 발전하지 못한다. 인당이 좁거나 양쪽 눈썹이 붙어 있는 경우, 산근이 좁거나 무너지듯 낮은 경우, 삼정의 길이가 다른 경우, 코가 빈약하거나 모양이 나쁜 경우, 눈의 모양이나 눈빛이 좋지 못한 경우이다.

＊네모난 이마
사각형의 이마는 머리가 난 이마의 양쪽 끝이 각이 져 있는 모양이다. 이성적이고 수완이 좋다. 냉정한 판단력과 우수한 머리 그리고 뛰어난 기획력으로 승부한다.
남자는 사리가 분명하고 대체로 직선적이며 업무관리가 철두철미하여 전문적인 영역을 구축한다. 애정운은 가급적 늦은 결혼이 좋다. 여성은 자립심이 너무 강하고 강직하며 고집이 세다. 대체로 연애에 실패하기 쉽다. 관상에서 각이 진 네모형 이마의 여자는 배우자와 이별수가 있고 한집안에 산다고 하더라도 마치 타인처럼 지내는 경향이 많다.

네모진 이마는 운이 늦게 트여 고생 끝에 성공할 수 있고 손윗사람과 충돌하기 쉬운 상이므로 융화에 힘써야 한다.

＊둥근 이마

머리털 난 곳이 완만한 곡선을 그리는 모양이다. 보름달처럼 둥근 이마는 여성적인 성격으로 섬세하고 다정다감하다. 무심코 던진 사소한 말에 상처를 입는다.

남자는 업무처리가 꼼꼼하고 맡은 책임을 위해 열심히 일하는 형으로 경제관념이 투철하다. 여자는 알뜰한 생활력으로 남편의 내조를 잘한다. 또한 가정생활 이외에 부업을 할 경우 금전적 수입을 많이 얻게 된다. 둥근 이마를 가진 남녀는 모두 사교와 결혼운이 양호하다.

＊좁은 이마

이마가 좁고 뾰족하면 유년시절의 고생이 많다. 지적인 면보다 감정에 치우치기 쉬워 운세가 유동적이다. 좁은 이마는 비교분석 능력은 뛰어나지만 현실감각이 약하다. 음란하지는 않지만 여자에게 집착하는 경향이 있다. 다른 것에서도 집착의 경향을 보인다.

이마가 좁고 살이 얇으면 손윗사람과의 의견대립이 잦고, 귀인의 덕이 없으며 운세가 고르지 못해 고생을 많이 한다. 하지만 이마가 좁고 깎인 듯해도 살집이 풍만하면 노력한 만큼의 성과를 얻을 수 있으며 장애를 극복해 나갈 수 있다.

이마가 매우 좁고 상처나 요철이 심하며 살빛이 어둑하고 어지럽게 주름져 있으면 됨됨이가 사려 깊지 못하다. 매사에 시작과 끝이 같지 않다.

여자의 경우 이마가 매우 좁고 뾰족하며 깎인 듯하면 고난이 많다. 연상의 남편을 만나거나 늦게 결혼해야 한다. 그렇지 않을 경우 이별수를 겪게 된다.

여자에게 이마는 남편 덕과 관련이 깊다. 이마가 좁고 살이 쭈글쭈글하거나 금[亂紋]이 많으면 몸이 고되고 운세가 순탄치 못하며 배우자 복이 좋지 않다.

*꼭지형 이마

머리가 난 가운데가 꼭지처럼 내려온 모양이다. 남자는 여성적인 성품에 부드러운 성격이다. 우유부단한 단점과 손윗사람에게 반항하는 특징이 있지만 애정운은 원만하다. 여자는 인정이 많고 가정적이며 성장 과정도 순탄하다. 하지만 질투가 강한 것이 흠이다. 애정운도 상대방에 전력을 다하는 타입이다.

*M자형 이마

이마 상부 양측이 발달하고 양쪽 가장자리가 벗겨진 모양이다. 남

발제가 M자형 이마

발제가 낮게 처진 이마

발제가 둥글고 가지런한 이마

발제 가운데가 움푹 들어간 이마

발제가 미인첨인 이마

한모가 난 이마

쌍정의 이마

발제가 없는 대머리

발제가 치아 모양의 이마

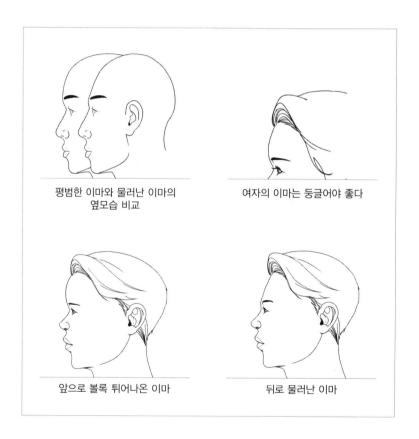

평범한 이마와 물러난 이마의
옆모습 비교

여자의 이마는 둥글어야 좋다

앞으로 볼록 튀어나온 이마

뒤로 물러난 이마

자는 유머가 있고 임기응변의 재치가 번쩍이며 날카롭고 섬세한 감
각에 창조력이 뛰어나다. M자형 이마는 시인과 예술가들이 많다.

M자형 이마의 여자는 섬세한 성격에 부드러우면서도 약간 까칠
함이 있다. 문학과 예술 분야에 소질이 있어 이 분야에서 뛰어난 활
약을 할 수 있다. 애정운은 고독한 부분이 있다.

* 앞짱구형 이마

옆에서 볼 때 약간 앞으로 튀어나온 모양이다. 남녀 모두 재치가
있고 감수성과 감각이 예민하며 임기응변과 사교적 재능이 뛰어나
다. 일반적으로 이런 이마를 가진 사람은 금전 운세가 좋은 편이다.

둥근 이마에 앞짱구형 이마를 가진 경우는 각 특성의 장단점을 혼
합하여 관상을 보면 높은 적중률을 보인다.

* 뒤로 젖혀진 이마

이마의 윗부분이 뒤로 젖혀져 있다. 특히 코끝이 앞으로 돌출되
어 나온 모양을 말한다. 주체성이 부족하고 감정에 따라 행동을 한
다. 지적 능력이 결여되어 전문적 분야에는 적성이 맞지 않는다. 또
한 계획성과 도덕성이 부족하고 많은 인간적 수양으로 덕을 쌓아야
될 상이다. 남녀 모두 늦게 결혼하는 것이 순탄하다.

이마의 선골

이마 위 양쪽 가장자리 부위를 가리킨다. 볼록하게 발달한 사람
은 순간적인 영감이 강하다.

울퉁불퉁한 이마는 성격에 문제가 있을 경우가 많으므로 피하는 것이 좋다. 이마의 상처가 눈에 쉽게 띌 정도이면 극부剋夫한다 하여 애정생활에 파란이 오기 쉽고 가정이 적막한 경향이 많다.

또한 이마에 요철이 심하고 잡티가 많으며 깎인 듯하면 부모 덕이 부족하고 사리 판단이 정확하지 않고 아집으로 사는 경향이 있다. 흔히 홍등가에 있는 직업여성의 70% 이상이 이마 부위가 부실하다는 평가이다.

이마 좌우가 움푹 들어가면 어려서 부모와의 이별수가 있고 고생이 많다. 이마는 선천운 즉 하늘의 복을 뜻하는 부위이니 가급적 상처를 입지 않도록 하는 것이 좋다.

중정 부위가 움푹 꺼진 사람은 관록에 지장이 생긴다. 여자의 경우 재혼하는 수도 있다. 양쪽 천정 부위가 꺼진 사람은 재복이 적다. 이마의 양쪽 가장자리의 맨 위 부분인 변지邊地가 꺼져 있을 경우 고위직에 오르기 어렵다.

이마에 뼈가 솟아 있는 것은 좋다. 하지만 튀어나온 뼈에 살이 없이 뾰족하다면 좋은 것이 아니다. 이마에 꺼진 곳이 없으면서 뼈가 내천川자처럼 세 줄기의 기둥 같이 나와 있으면 일찍 고위공직에 오른다. 이마에 기둥 같은 뼈가 다섯이 있는 것을 오주입정五柱入頂하였다 하여 아주 귀하게 되는 상이다.

일월각이 나온 사람은 머리가 좋은 사람이다. 중정 부분이 불룩하게 나온 사람은 부자가 된다. 여자의 경우는 좋지 않다. 양적 기질이 강하여 자기 주장이 강하므로 부부 사이가 나빠지는 경우가 많다.

이마의 색

이마는 전체의 색윤色潤으로 현재 운세를 판단할 수 있다. 빛깔이 밝고 윤기가 있으면 현재 운세가 안정돼 업무에 문제가 없다. 대내외 여건이 호의적으로 조성된다. 반대로 이마가 검푸르거나 회색빛을 띠면 부모 우환이나 업무 미진, 구설 등의 쇠운의 시기라 하겠다.

인당에서 양쪽 눈썹과 이마가 밝아지면 운세가 좋다. 일월각 부위가 검어지면 부모에게 좋지 않은 일이 생긴다. 윤기가 없어지고 하얗게 되는 것도 좋지 않다. 이마 양쪽 가장자리가 어두워질 때는 부동산 계약이나 이사를 하면 손해를 보게 된다.

중정 부위가 어두워지면 직업운이 좋지 않다. 이직과 퇴사를 고려하지 않는 것이 좋다. 욕심 대신 자중해야 할 시기이다.

이마의 주름

이마에는 보통 세 줄의 주름이 있다. 이 주름을 삼문三紋이라고 한다. 윗주름을 천문天紋, 가운뎃주름을 인문人紋, 그리고 아랫주름을 지문地紋이라고 부른다.

천문은 부모와 손윗사람, 관청과의 좋고 나쁨의 관계를 판단한다. 이 주름이 선명하고 중간에 끊긴 곳이 없으면 부모나 손윗사람의 총애를 받고 관청의 덕을 보며 좋은 운세를 만난다. 반면 이 주름이 옅거나 중간이 끊겨 있고 양끝이 아래로 처져 있으면 부모나 손윗사람과 불화가 있고 업무장애가 종종 있다.

중간 주름인 인문으로는 운명을 점칠 수 있다. 금전운을 보는 곳이기도 하다. 이 주름이 분명하고 깊게 새겨져 있고 양끝이 위로 올라가 있으면 자수성가하고 자금 회전력이 좋아 사업에 금전적 갈등이 없다. 그러나 꾸불꾸불하고 양끝이 처져 있거나 중간이 끊겨 있으면 업무에 좌절이 많다. 직업이 자주 변하여 주거가 안정되지 못하고 건강장애가 있게 된다.

지문은 처와 자식, 손아랫사람이나 부하, 그리고 주거관계를 판단하는 곳이다. 이 주름이 바르고 끊긴 데가 없고 선명하면 주거가 안정된다. 젊은 나이에 집을 갖게 된다. 또 가문을 번영시키고 처자식의 복이 많으며 손아랫사람에게 명망과 인기를 얻게 된다.

그러나 이 주름이 토막토막 끊겨 있거나 양끝이 아래로 처져 있으면 주거가 불안정하고 처자식과의 인연이 박약하며 대인관계에 구설이 많게 된다. 또 천문이나 인문, 지문이 엷고 끊겼는데 어느 때부터 주름이 깊어지고 바르게 되며 끊긴 곳이 없어지면 그때부터 운세는 순풍에 돛을 단 격으로 순탄해진다.

＊한일一자 주름

이마 한복판에 선명히 한 줄로 그어진 주름이다. 이 주름이 길면 통솔력이 있고 여러 사람을 지도 편달하는 위치에 서게 되며 운세도 좋다. 반대로 짧으면 형제덕이 없고 아집이 강하며 운세도 평탄치 못하다. 특히 여자에게는 가정적으로 편안치 않다.

＊임금 왕王자 주름

가로로 세 개의 금이 그어져 있고 그 중앙에 세로로 한 줄이 나 있어 마치 임금 왕王자의 모양을 한 주름이다. 부귀장수하고 번영과

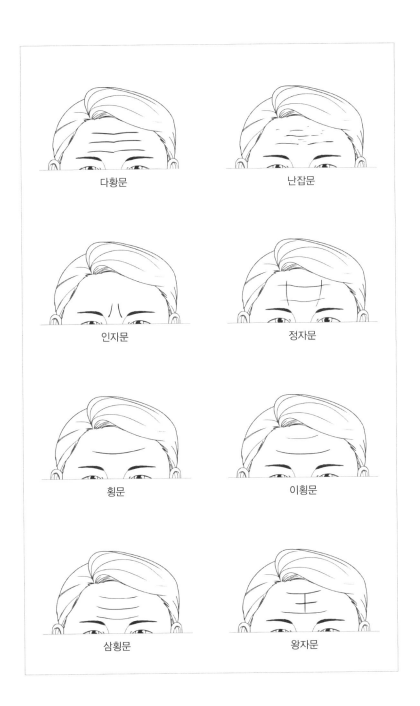

다황문

난잡문

인지문

정자문

횡문

이횡문

삼횡문

왕자문

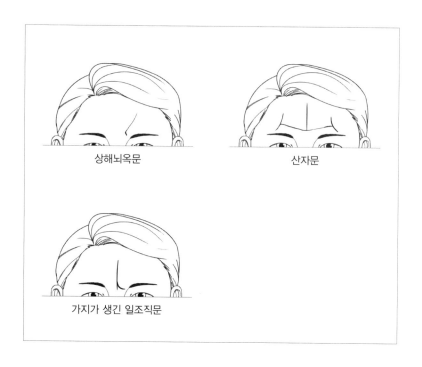

상해뇌옥문

산자문

가지가 생긴 일조직문

발전의 운세를 타고났다. 하지만 심상이 나쁘면 뒷골목 건달패의
왕초가 될 상이다.

＊난문亂紋

이마에 주름이 많으면서도 주름마다 토막이 나 있는 모양이다.
직장과 주거운이 나빠 자주 직업을 바꾸게 된다. 이사 또한 잦고 신
체적으로도 병약하다. 항상 정신적 고통이 있고 잔걱정을 많이 하
게 된다. 이마가 난문인 사람의 수상手相을 살펴보면 잔금이 무수히
많은 경우를 흔히 볼 수 있다. 허례허식을 지양하고 투철한 경제관
념으로 살아야 하며 여자는 반듯이 생활전선에 뛰어들게 된다.

＊곡선 주름

이마의 주름이 곡선 모양으로 심하게 굴곡된 주름이다. 의지가 약하고 우유부단하며 소심한 성격으로 큰일을 못한다. 불분명한 주관으로 매사 시작도 끝도 없다. 또한 신체적으로도 몸이 약하며 대체로 수동적인 삶을 사는 경우가 많다. 반면 잔꾀에 능할 수 있다. 여자는 일찍 이성에 눈을 뜨는 경우가 많다. 하지만 연애운이 좋지 않아 마음이 고독하다.

일조직문一條直紋은 현침문懸針紋이라고도 한다. 세로로 한줄 난 무늬를 말한다. 심신이 번잡스럽고 배우자를 형극한다. 파재하거나 심장이나 폐, 위 기능에 장애가 있다. 몸과 마음이 편안치 못하고 피를 보게 된다. 시비구설이 따라 음덕을 많이 쌓아야 하므로 음덕문陰德紋이라고도 한다. 마음을 닦고 성을 길러야 한다. 세월이 지나면서 점점 옆으로 비스듬히 가는 주름무늬가 생기게 된다. 이는 현침문이 상해를 경감시켜 좋은 경지

일조직문

이조직문

삼조직문

로 반전되고 있음을 나타낸다.

일조직문에 다리 가지가 생긴 경우는 이리저리 분주하게 떠돌아 다니게 되지만 그래도 돌파할 수 있다. 어려움을 만나도 해결의 기미가 보이고 흉을 만나도 길하게 된다.

이조직문二條直紋은 학족문鶴足紋이라고도 한다. 세로로 두 줄 난 무늬로서 머리를 과도하게 쓰고 심사숙고한다. 어린 나이에 이런 주름이 생기면 조숙하다는 평가를 받는다.

삼조직문三條直紋은 천자문川字紋이다. 세 줄 난 무늬를 말한다. 결혼운이 좋지 못하고 자식과의 인연도 담박하다. 고독하고 노고가 많다. 이리저리 분주하게 떠돌게 되는데 근심걱정이 많다.

상해뇌옥문傷害牢獄紋은 상해나 형벌의 재난을 받기 쉽다. 수도자의 길을 가거나 몸이 자유롭지 못하게 된다.

인자문人字紋은 팔자문八字紋이라고도 한다. 노고와 애씀이 많고 분주하게 떠돌게 된다. 관재구설이 따르고 재물을 파하게 된다.

횡문橫紋은 화개문華蓋紋인데 일횡문, 이횡문, 삼횡문. 다횡문으로 구분된다.

일횡문一橫紋의 경우 주름 끝이 위로 들리면 뜻이 크고 활동적이다. 반면 아래로 구부러지면 가난하고 운이 지체된다. 또 구불구불하게 굽으면서 마치 뱀이 기어가는 듯하면 먼 길을 가는데 재난이 많고 중년에 간난신고하게 된다.

이횡문二橫紋은 반달문이라고도 하는데 뼈를 깎는 인내와 노력이 있어야 귀하고 장수하게 된다.

삼횡문三橫紋은 복서문伏犀紋이라고도 한다. 머리는 총명하고 마음은 자비로우며 애를 많이 쓰고 부산하게 고생한다.

다횡문多橫紋은 노록문勞碌紋이라고도 하는데 고통을 이겨내고 근검절약해야 목표달성이 가능하다. 바쁜 만큼 복을 누리기가 쉽지 않다. 주름무늬가 짧고 끊어지거나 어지러우면 흉하다.

왕자문王字紋은 호문虎紋이라고도 한다. 호탕하고 귀하게 되어 실권을 장악할 수 있다. 하지만 보통사람이 이런 무늬가 있다면 불길하다.

정자문井字紋은 재물과 부를 중하게 여긴다. 간난신고와 곡절이 매우 많다. 두 번 이상 결혼하기 쉽다.

산자문山字紋은 청소년기에 세상에 나아가 높은 지위를 차지하여 이름을 드날린다. 현달하고 장수하지만 고독하다.

난잡문亂雜紋은 매우 바쁘게 일하는 반면 결실은 적다. 부부간 애정운이 담담하고 엷다.

천라문天羅紋은 그물 모양과 같이 끊어졌다가 이어지는 가느다란 무늬이다. 청소년기 운세에 고생이 많고 방랑하게 된다. 재물을 구하는데도 고생이 많다. 여자의 경우는 장부가 되지만 자녀와의 인연은 박하다. 주름무늬가 역마驛馬 부위에 많으면 먼 길을 떠나는 것이 편치 않다.

안문雁紋은 정신생활을 중시하여 명리에 담박하다. 사고하고 연구하는 것을 중하게 여기다 보니 정신이 쇠약하기 쉽다. 운세에 어려움이 많고 혼인생활이 여의치 않다.

산근횡문山根橫紋은 배우자를 형극한다. 심흉질환을 앓기 쉽다. 재물을 투자 확대하는 것은 마땅하지 않으므로 조용히 지키는 것이 좋다.

연수직문^{年壽直紋}은 양자를 들이거나 남의 아들을 기르게 된다. 몸이 약해 쇠약해지는 것을 신경써야 한다. 특히 위장이 약하다.

연수횡사문^{年壽橫斜紋}은 파손문^{破損紋}이라고도 한다. 부부간의 인연이 엷다. 몸도 약한데 특히 간이나 비장 부위가 약하다. 파손하기 쉽다.

입술 위아래의 직문^{直紋}은 구외문^{口外紋}, 추문구^{總紋口}, 포대구^{包袋口}라고 한다. 자녀와의 인연이 박해 노년기에 외롭고 쓸쓸하다.

꽃과 같은 입술무늬는 자손이 많고 부귀영화를 누린다. 입술양쪽가의 직문은 만년에 운이 지체된다.

법령문^{法令紋}은 명령의 시행과 통솔과 권위, 사업의 성취, 수명의 원천과 다복의 유무를 주재한다. 부법령문^{副法令紋}은 부업을 겸하는 것이 좋고 두 가지 사업을 한다.

입으로 들어가는 형상의 법령은 법령쇄구^{法令鎖口}이다. 입을 포위하는 형상인데 등사입구^{騰蛇入口}라고도 한다. 질환 예방에 주의해야 한다. 음식이 입에 들어가기 어려울 정도로 곤란하거나 빈곤으로 인하여 굶어죽을 수도 있다.

법령 주름무늬 옆에 다른 가지선이 있는 경우는 장수한다. 노년기에 운이 형통하게 되며 흉을 만나도 길하게 바뀐다.

봉장문^{棒場紋}은 뭇별들이 달을 향하여 공손하게 인사하는 형국이다. 군중들의 추대와 옹호를 한몸에 받는다. 귀인의 도움을 깊이 받는다.

인중에 가로무늬가 있는 경우는 생식기 계통에 병변이 있다. 노년에 자식과의 인연이 박하여 자식을 극하기 쉽다.

인중에 직선무늬가 있는 경우에는 자식을 얻는다. 그런데 아주 늦거나 양자를 들이게 된다. 남자는 간교하고 여자는 외롭다.

눈꼬리의 직선무늬는 혼인생활이 아름답지 못하거나 배우자에게 병이 많다. 사업도 잘되지 않는다.

눈꼬리의 어미문은 고집이 강하고 심기가 아주 깊은 편이다. 혼인생활이 순조롭지 않거나 배우자가 편안치 않다.

눈꼬리의 난문은 자녀가 거역하고 의사소통이 원만치 않다. 눈꼬리의 사문斜紋은 색정으로 인하여 관재가 있다. 좋은 말과 교묘한 말을 구사하는 편이다.

누당의 횡향문橫向紋은 길한 주름이다. 부유하거나 귀하게 된다. 학술이나 기예 부분에서 성취가 있다.

누당의 정자문井字紋은 스스로 신체를 손상하는 자해가 쉽다. 누당의 사정문斜井紋은 길한 주름무늬로 덕을 쌓고 심성을 기르게 된다. 누당의 천자문川字紋은 얼굴은 착하게 보이고 마음이 약하지만 호색하고 간교하다. 누당의 나망문羅網紋은 항상 흉재를 초래하기 쉬워 손덕문損德紋이라고도 한다.

관골의 횡문은 횡사에 주의해야 한다. 또 부동산을 늘리는 데 순탄하지 않으며 파재하기 쉽다.

4. 눈썹眉

눈썹은 눈의 정신을 간직하고 있는 곳이다. 눈썹과 눈이 잘 어울려야 운이 좋다. 유년운은 31세에서 34세를 관장한다. 눈썹은 형제궁兄弟宮으로 눈썹을 보고 형제, 자매, 친구, 연고자, 동업자에 대해 알 수 있다. 오관에서는 보수궁保壽官으로 수명을 파악할 때 봐야 할 부분이다. 또한 문장궁文章宮이므로 문장을 비롯하여 예능과 재능을 판단한다. 이처럼 눈썹은 세 가지 이름에서 보듯 세 가지 작용을 한다.

육요六曜에서 눈썹은 나후羅睺와 계도計都이다. 요曜는 별을 의미하므로 눈썹에 윤기가 있어 빛나야 좋다.

눈썹은 털이 가지런하고 모양이 갸름하고 길어야 한다. 전체적인 모양이 난초 잎처럼 부드러운 곡선을 이루며 눈보다 긴 것이 좋다.

눈썹 세분도

일一자나 검劍자의 모양을 하여도 가지런하고 길면 좋다. 가지런하지 못하고 흩어진 눈썹은 좋지 않다.

약간 성근 듯이 수려해야 한다. 진한 듯 털 사이로 피부가 약간 보이는 것이 좋다. 너무 빽빽한 것은 좋지 않고 숱이 너무 적어도 좋지 않다.

맑고 윤기가 있어 빛이 나야 하고 털이 탁하거나 거칠어서 윤기가 없는 것은 좋지 않다. 눈썹의 털이 일어서 있거나 밑으로 처진 것은 좋지 않다. 눈썹의 사이가 넓은 것이 좋다. 손가락이 두 개가 들어가는 넓이를 표준으로 본다. 인당이 넓고 살점이 두둑하면 평생 재물은 걱정하지 않는다. 눈썹 사이가 좁아 인당이 좁은 것과 눈썹이 서로 붙은 것은 좋지 않다. 눈썹의 머리나 꼬리 부분이 너무 아래로 내려가는 것은 좋지 않다. 눈썹을 미는 것은 절대 금지이다.

눈썹의 행운 유년도

눈썹에는 육해미六害眉가 있다. 눈썹의 색이 노랗고 털이 가늘고 숱이 아주 적어서 거의 보이지 않는 황박黃薄, 눈썹이 거슬러 난 역생逆生, 눈썹이 가로 방향으로 이층을 이룬 듯 보이는 교가交加, 눈썹이 낮아서 눈을 누르는 것처럼 보이는 압안壓眼, 눈썹이 서로 붙어 인당을 막은 쇄인鎖印, 눈썹이 이리저리 흩어져 있는 산란散亂이 눈썹의 여섯 가지 나쁜 형태이다.

눈썹은 심성을 판단한다. 눈썹이 길면서 곡선을 이루고 윤기가 있으면 총명하다. 거칠고 윤기가 없으면 우둔하고 성격이 거칠다. 눈썹 속에 점이 있으면 머리가 총명하다.

눈썹꼬리가 위로 향하면 양적 기질로 성격이 강한 반면 아래로 숙인 사람은 음적 기질로 성격이 부드럽다. 눈썹 털이 곤두선 사람은 성격이 급해 충동적인 성향이 강하다. 눈썹머리 부분의 털이 서 있는 사람은 성격이 급하고 순간적인 화를 내는 경우가 있다.

눈썹이 전체적으로 하늘을 향해 서있는 것은 성격이 급해 주변 사람들과 잘 부딪힌다.

눈썹 모양과 성격

눈썹 털이 많고 가늘면 심성이 유순하고 성격이 섬세하다. 털이 굵고 많으면 성격이 굵고 대범하다. 희미한 눈썹은 말솜씨가 좋아 여성을 잘 유혹한다.

눈썹으로 직업운도 본다. 눈썹의 꼬리 부분이 높으면 양의 기질로 무관이나 활동적인 직업이 맞다. 눈썹꼬리가 아래로 내려가면 음의 기질이기 때문에 문관이나 학문, 철학 분야에 더 적합하다. 초승달 눈썹은 학문이나 예술적 재능이 강하다. 일례로 연예인들의 눈썹은 직선인 사람이 드물다. 초승달 눈썹은 남녀 불문하고 다정다감하고 섬세한 감정의 소유자이다.

『수경집』에 의하면 눈썹은 공명성이라고 했다. 부귀와 공명을 얻

거슬린 눈썹	반달 눈썹
산란한 눈썹	희미한 눈썹
중단된 눈썹	붙은 눈썹

는 것이 눈썹에 달렸다는 것이다. 『마의상법』에도 과거합격은 눈이 좋아야 하고 우수한 성적은 눈썹이 좋아야 한다고 했다.

눈썹이 잘생긴 사람은 형제의 덕이 있다. 눈썹 중간이 끊어진 경우는 형제간 우애에 문제가 있고 자식운도 약하며 자식에 대한 욕심도 적다.

눈썹머리가 붙거나 꼬리 부분이 머리의 가마처럼 생기면 형제간 사이가 좋지 않다. 눈썹 중간에 눈썹이 빠져 끊어진 것도 형제에게 좋지 않은 일이 생긴다.

눈썹이 잘생긴 사람은 이성에게 인기가 있다. 눈썹의 털들이 아래로 드리운 사람은 이성관계가 복잡해지기 쉽다. 눈썹 털이 일어선 사람은 보수적인 성격으로 부인을 억누르는 편이다.

눈썹이 길면 장수한다. 40대에 눈썹의 털이 길어지면 장수한다.

하지만 30대에 긴 눈썹이 생기면 좋지 않다.

눈썹 부위에 뼈가 솟아 불룩하면 집중력이 강하다. 하지만 너무 솟으면 집착이 강해 좋지 않다.

눈썹머리가 아래로 내려가서 서로 붙은 듯 기러기 모양이나 눈썹 꼬리가 아래로 처지면 배우자 운運이 약하다. 눈썹이 너무 진하고 빽빽하면 막힘이 많아 좋지 않다. 이런 눈썹은 융통성이 없고 고집이 세며 과격한 면이 있기 때문이다.

눈썹의 높낮이가 짝짝인 것은 배 다른 형제가 있는 사람이다. 곳곳이 끊어진 눈썹은 성격이 교활하고 형제의 인연이 적으며 부끄러움을 모르는 사람이다.

눈썹은 모양이 모두 다르지만 사람의 감정이 예민하게 나타나는 곳이다. 웃을 때 눈썹이 자연스럽게 올라가는 사람은 악의가 없고 운세가 좋으며 눈썹을 잘 찌푸리는 사람은 눈이 나쁘거나 근심과 걱정이 있다.

눈썹은 눈보다 약간 길고 눈썹머리는 가늘고 눈썹꼬리로 갈수록 굵어지며, 털이 자연스럽게 난 것이 좋으며, 털이 거꾸로 나거나 서로 엉킨 것은 좋지 않은 눈썹이다.

점이 난 눈썹의 경우 작은 점은 머리가 비상하고 총명하다. 반면 큰 점이나 사마귀는 바람기가 다분하여 좋지 않다.

눈썹이 짧은 여자는 부부운이 약하다. 남편복이 부족하고 육친의 인연 역시 적은 운명이다. 남자인 경우에는 부인을 힘들게 한다. 바람기와 생활고 그리고 방탕 등으로 물질적으로나 정신적으로 부인을 고달프게 한다. 따라서 짧은 눈썹의 소유자는 좋은 배우자의 관상이 아니다.

미간에서 위쪽으로 가늘게 치켜 올라가는 눈썹은 여자다운 순수함이 있다. 하지만 단순하여 남자에게 쉽게 넘어간다. 특히 눈썹 사이가 벌어져 있는 여자는 정조관념이 희박하다.

팔자 눈썹은 미고眉尻 즉 눈썹꼬리가 많이 내려가 정면에서 보면

용미 龍眉(大貴大富)

검미 劒眉(大凶眉)

유연미 柳葈眉(貴·人氣)

청수미 淸秀眉

사자미 獅子眉(大富)

수미 壽眉(長壽)

팔八자로 보이는 것이다. 이 눈썹의 남자는 다처多妻의 상이라고 하여 여자를 자주 바꾸고 여자는 독신이거나 과부상이라고 한다.

눈썹이 난 부분 즉 미구眉丘의 살이 불룩 솟은 사람이 있다. 주로 남성에게서 볼 수 있는 미상眉相이다. 특히 서양인에게는 남녀를 불문하고 미구가 높은 사람이 많다.

이런 눈썹은 노력하는 사람으로서 자존심이 강하고 행동적이며

다혈질의 상이다. 또한 분석적인 관찰 능력이 뛰어나 직감이 날카로운 편이다.

눈썹이 높게 솟으면 크게 귀할 상이라고 한다. 반면 미구가 낮으면 철학적으로 행동보다는 사색에 잠기는 타입이다.

노인의 눈썹은 너무 검어도 좋지 않다. 나이가 들면서 흰 머리가 생기듯이 눈썹도 자연스럽게 희어지고 많이 빠지며 엷어지는 것이 보통이다. 그런데 노인이 되어서도 항상 눈썹이 검정색이면 비록 생활이 부유해도 후계자가 없어 매사 직접 일을 해야 직성이 풀리는 사람이다.

5. 눈目

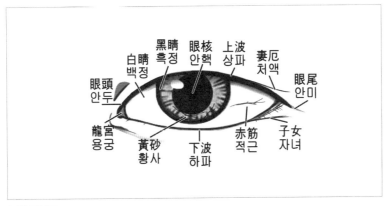

눈썹 세분도

눈은 오악 사독 중 하독^{河瀆}이다. 오관에서는 감찰관이다. 육요 중에서는 태양과 달이다. 오장에서는 목木인 간肝에 속한다. 눈은 세상만물을 보는 기관이다.

35~40살의 운을 관장한다. 중년기 사업성패의 관건이 된다. 유년운을 볼 때는 눈썹과 산근, 인당, 천장을 보좌로 삼아 함께 살펴야 한다. 왼쪽 눈은 해가 되고 아버지를 상징하며 양이다. 오른쪽 눈은 달이 되고 어머니를 상징하며 음이다.

눈의 형태는 갸름하고 길어야 좋기 때문에 강물에 비유하였다.

가장 좋은 눈의 형태는 흑백이 분명하고 신기는 감춰져 드러나지 않아야 한다. 동공은 단정해야 한다. 윤택이 나고 광채가 있어야 한다. 눈빛이 있으므로 빛나는 해와 달에 비유했다.

속담에 몸이 천냥이면 눈은 구백냥이라고 했다. 기능적인 측면에서도 중요하지만 눈은 마음의 창이기 때문에 더욱 중요하다. 『마의상법』에 따르면 사람의 정신은 낮에는 눈에, 밤에는 심장에 머문다고 했다. 관상에서 심상은 매우 중요한 부분이다. 눈을 통해 사람의 마음을 가장 잘 볼 수 있기 때문이다.

얼굴에서 눈이 차지하는 비중은 반이다. 정확한 관상은 눈을 정확히 보는데서 시작된다. 그럼 눈은 어떻게 봐야 하는가. 눈을 보는 방법은 쉽지 않다. 눈을 볼 때는 눈의 모양과 움직임 그리고 눈동자와 눈빛을 봐야 한다. 눈빛을 보는 것은 눈의 모양을 보는 것과는 달리 매우 어렵다. 훈련이 필요하다.

눈은 인간의 일신을 지켜주는 일월과 같으며 마음의 창문이기도 하다. 따라서 사람의 눈을 보면 마음을 알 수 있다. 눈이 깨끗하면

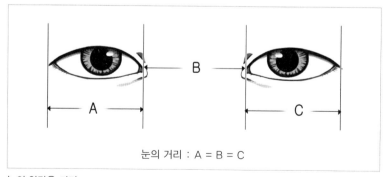

눈의 거리 : A = B = C

눈의 알맞은 거리

마음이 깨끗하다. 슬프거나 괴로운 표정을 읽을 수 있다. 스쳐 지나가는 눈길 속에서도 사랑을 느낄 수 있다. 그만큼 눈은 자신의 심정을 잘 나타내는 곳이다. 그렇기 때문에 눈은 입처럼 말을 한다고 했다. 대체로 눈이 매섭게 생긴 사람은 성격이 사납다. 눈이 살아있고 힘이 있는 사람은 운세가 힘이 있고 좋은 사람이다. 눈이 구름 낀 것같이 흐리고 멍청하게 느껴지는 사람은 운세가 나쁘고 질병이 있으므로 경계해야 한다.

남자의 눈은 활기가 있어야 좋다. 여자의 눈은 온화한 기운이 있는 것이 좋다. 그러나 눈에 항상 물기를 머금고 있는 것은 음란하고 매사에 매듭이 없어 뒤처리가 희미한 사람이다.

말을 하면서 계속 눈을 깜박이는 것은 몸이 피곤하거나 거짓말을 하는 것이다. 사람을 쳐다볼 때 겁내지 않고 눈을 크게 뜨고 바라보는 사람은 진취적이고 야망도 크고 운세 역시 좋다. 반면 상대를 제대로 쳐다보지 못하는 사람은 매사 불안하고 끈기가 없으며 적은 것에도 쉽게 놀라는 버릇이 있다. 즉 모든 일에 자신이 있고 없고는 바로 눈에서 나타난다. 눈에 광채가 없는 것은 음탕한 사람이다.

눈 감정법

관상에서 눈을 보는 자세한 감정법은 흰자위를 지나는 붉은 줄이나 노육의 상태, 동공의 확산 등으로도 운세, 사상, 성격, 정력의 강약을 판단할 수 있다.

그래서 삼안육신三眼六神의 법, 안폭12상眼幅12相의 비전, 동공12궁瞳孔12宮 등의 관상법이 옛날부터 전해졌다.

먼저 눈에 깃든 신기, 정기, 기운인 안신眼神을 관찰한다. 다음은 눈의 형태를 본다. 그런 후 눈 주위의 주름무늬, 흔痕, 반班, 지痣[사마귀]의 유무와 기색을 살펴야 한다. 귀함 여부는 안신으로 판단하고, 부함 여부는 눈의 형태를 참작한다.

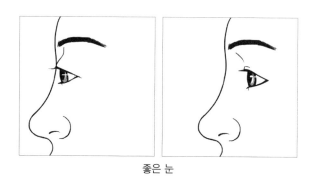

좋은 눈

눈의 형태

눈은 수려하고 반듯해야 하며 가늘고 길어야 한다. 그리고 부드러운 곡선을 이루며 깊은 듯해야 한다. 눈동자가 맑고 검어야 하며 흰자위의 색은 희고 맑아야 한다. 또한 검은 눈동자와 흰자위의 경계선이 뚜렷해야 하고 눈빛이 좋아야 한다.

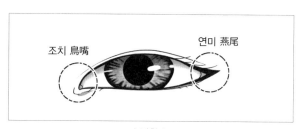

조치 鳥嘴　　연미 燕尾

수려한 눈

눈 빛깔이 누렇거나 너무 붉은 눈, 짝짝이눈, 양쪽 끝에 흠이 있는 눈, 너무 크거나 작은 눈, 심하게 튀어나온 눈 등은 극단적인 경향이 있으므로 주의해야 한다.

흉광凶光이 흩어져 드러나고, 안두가 찢어져 결함이 있고, 눈꼬리는 밑으로 처지며 크기가 하나같지 않고 흑백이 혼탁한 눈은 좋지 않다.

눈의 형태는 강물에 비유된다. 따라서 강江이 길게 흘러가듯이 눈은 기다란 것이 좋다. 길고 깊으면 빛이 나고 귀하게 된다. 눈이 둥글거나 좁거나를 막론하고 길이는 길어야 좋고 짧은 것은 좋지 않다. 눈이 가늘고 길면 이지적이고 총명하다. 가느다란 물이 길게 흐르는 듯 인내심을 가지고 대해야 한다. 눈이 작고 얼굴이 크면 돈을 모으기 어렵다. 오관 중 눈이 작은 사람은 배운 만큼 활용하지 못한다. 눈이 크고 얼굴이 작으면 돈으로 인해 많은 고생을 한다.

눈은 갸름하고 부드러운 곡선을 이루어야 좋다

좌우 눈의 크기가 다르면 이복형제가 있을 수 있다. 왼쪽 눈이 작으면 아버지가 먼저 죽고, 오른쪽 눈이 작으면 어머니가 먼저 죽는다. 좌양우음左陽右陰이므로 남자가 왼쪽 눈이 작으면 공처가 기질이 있다. 여자의 경우 오른쪽 눈이 작으면 남편을 무서워하게 된다.

눈 위의 선과 아래 선이 유연한 강물처럼 부드러운 곡선이 좋다. 눈이 수려하게 길면 봉안으로 귀골이다. 흔히 크고 동그란 눈을 예쁘다고 말한다. 하지만 관상에서는 동그란 눈보다 갸름하고 길어야 복이 있다. 곡선이 급하거나 각이 진 형태는 좋지 않다. 눈 모양이 원에 가깝게 동그란 것과 직선의 형태를 하고 있는 삼각안은 좋지 않다.

동물 중에 양의 눈과, 벌의 눈, 뱀의 눈, 닭의 눈, 물고기의 눈 등은 좋지 않은 눈으로 비유한다. 이런 눈은 모두 동그랗다. 성격이 급하거나 마음이 모질다 하여 나쁘게 본다. 따라서 눈이 동그랗고 짧으면 나쁘다고 보면 된다.

동그란 눈과 삼각형의 눈은 좋지 않다. 눈이 동글고 튀어나오면 성격이 급하고 단명한다. 삼각형의 눈은 마음이 독하다. 닭눈같이 동글고 튀어나오면 부부가 이별하고, 자식운이 없으며 수명은 단명한다. 눈이 뱀눈 같으면 남편을 극한다. 양쪽 눈의 크기가 다른 눈은 부부의 인연이 바뀌기 쉬우며 운이 열리기가 어렵다. 마음 또한 고르지 못하다.

직선을 이루는 눈은 좋지 않다. 직선을 이루며 삼각형으로 보인다면 나쁘다. 눈 부위의 들어가고 나온 것과 눈이 나오고 들어가는 것을 살펴 종합적인 판단을 내려야 한다. 갸름한 눈이 좋다고 하지만 너무 가늘고 깊은 눈은 좋지 않다. 한쪽으로 너무 치우친 것은 좋지 않기 때문이다.

상안파가 직선인 눈

상안파가 활처럼 둥근 눈

안두가 붙지 않고 파열된 눈

노육이 감춰진 눈

눈동자의 색

눈동자가 작고 색이 검고 진할수록 좋다. 검으면 복이 있다. 반면 노란색은 욕심이 넘치는 것으로 좋지 않다. 검은색은 오행에서 수水에 속한다. 검을수록 수의 기가 농축된다. 눈동자가 붓으로 점을 찍은 것처럼 작고 옻칠을 한 것같이 진하고 빛이 나는 눈은 점칠지안點漆之眼이라고 하며 아주 좋은 눈으로 본다. 눈동자가 작다는 것은 얼굴 전체에 비교하여 검은 눈동자가 작은지 큰지를 살펴야 한다.

점철지안은 지혜롭고 총명하다. 문장력도 뛰어나 귀하게 되거나 사업으로 큰 부자가 된다. 노란 눈동자는 성격이 급하고 욕심이 많다. 여기에 동자까지 나오면 배우자운이 좋지 않다. 사람의 감정을 나쁘게 만드는 눈이다. 십중팔구 이성관계가 문란하거나 결혼 후에도 자기중심적인 생활로 고통스럽게 하는 상이다.

황금색은 반역의 상으로 육친을 극한다. 눈이 흰데 푸르면 신경

쇠약이나 알지 못하는 질병이 있다. 붉은색을 띠면 소인배로 불리기 쉽고 관재구설의 재난을 만나기 쉽다. 흑백이 분명한 눈은 돈을 벌 수 있는 기회가 많다. 일생 동안 적게 일하고 얻는 것은 많다. 반면 혼탁한 경우는 간난신고艱難辛苦와 노고가 많아 재물을 얻는 데 고생이 많다.

＊검은 눈동자와 흰자위의 경계

검은 눈동자와 흰자위의 경계선은 흑백의 경계가 명확하여 가는 금을 그어 놓은 것 같아야 좋다. 눈의 형태가 좋더라도 흑백이 명확해야 부귀하다. 흑백이 분명하면 반드시 현명하다. 경계가 명확하지 못하고 흐리면 재복이 적다.

＊검은 눈동자와 흰자위의 비율

눈을 전체적으로 봐서 검은 눈동자가 더 넓어야 한다. 삼백안三白眼이나 사백안四白眼 그리고 일백안一白眼 등은 흰자위의 면적이 넓은 것이다. 흰색은 오행에서 금金으로 숙살지기肅殺之氣 즉, 살기가 강하므로 좋지 않다. 눈동자가 안쪽으로 위치하면 신경이 예민하다.

검은 눈동자가 크면서 까만 것은 학문과 예술에 재능이 있다. 예술 분야 종사자들 중에는 검은 눈동자가 까맣고 큰 눈을 가진 사람들이 많다.

눈동자의 움직임

오관에서 움직이는 곳은 눈과 입이다. 따라서 눈을 볼 때는 움직임까지 관찰해야 한다. 눈동자의 움직임이 안정되어 있어야 좋다. 눈은 마음이 안정되고 사심이 없으면 동요되지 않는다. 삐딱하게 기울여 보는 사람은 도둑질하는 형이다. 보는 방향이 안정되지 않고 어지럽게 보는 것은 음란하다. 눈동자가 기우는 것 같은 사람은 음천陰賤하고, 눈동자를 여러 번 굴리는 사람은 간음하고 간사한 사람이 많다.

사람을 상대할 때 자주 곁눈질을 하면서 보면 사귀지 않는 것이 좋다. 상대방이 있는데도 없는 것같이 다른 데 정신이 팔린 듯 말하는 사람은 큰 것을 얻을 수 없다. 눈이 튀어나오고 사방으로 굴리는 눈은 사납고 흉하며 무정한 사람이다.

조는 것같이 눈을 반은 뜨고 반은 감은 눈은 미련하고 우둔한 짓을 잘한다. 사람을 볼 때 노려보듯이 오랫동안 뚫어지게 쳐다보는 것은 좋지 않다. 눈을 치켜뜨고 보는 것도 좋지 않다. 반대로 아래로 깔면서 보는 것도 좋지 않다.

눈에 흉광이 비친 경우   육요태

눈동자의 혈관血管과 점點

눈이 깨끗해야 귀하다. 눈동자가 충혈된 것과 혈관이 드러나는 것은 좋지 않다. 눈의 흰자위에 검은 점이 있는 것은 수기水氣가 너무 강한 것이다. 여자의 경우 성적 욕구가 강하다. 눈동자에 핏줄이 보이면 관재구설이 있다. 눈에 붉은 핏줄이 꽉 차 있으면 심술이 있거나 불량하거나 호색가이다. 붉은 점이 있으면 일이 막혀 풀리지 않는다. 눈 안에 사마귀가 있으면 영리하고 총명하다. 하지만 중년에 시비나 손재수를 초래하기 쉽다. 알지 못하는 질환도 숨어 있다.

붉은 실핏줄이 눈을 관통하는 경우

눈동자의 맑고 탁함

눈동자는 맑아야 좋다. 눈동자가 탁하면 복이 적다. 눈자위도 희고 맑은 색이어야 한다. 흰자위가 누렇게 되는 것은 좋지 않다. 붉은 실핏줄이 있거나 충혈된 것은 좋지 않다. 눈에서 제일 꺼리는 것은 흰자위에 붉은 실핏줄이 생겨 동자에까지 뻗친 것이다. 눈에 광채가 있으면 총명하고, 눈이 흐리면 운이 막힌다. 광채가 없는 눈은 음탕하고 결단력이 없다.

눈이 지나치게 습한 눈

눈동자 부위의 수분水分

눈동자에 물기가 많아 너무 촉촉한 것은 신장의 기운이 왕성하다. 욕심이 많고 성적 욕구가 강하며 수명이 짧다. 눈에 물기가 있어 보이면 호색가나 과부 격이다. 남자는 처자를 극하고 여자는 남편을 극한다.

푹 꺼져 있는 눈과 불거진 눈

눈은 깊은 것이 좋다. 깊다는 것은 눈 부위가 움푹 들어간 것을 말하는 것이 아니다. 눈동자 부분이 깊은 듯해야 한다. 강이 얕으면 물이 적은 것처럼 어느 정도 깊은 것이 좋다. 하지만 너무 깊으면 좋지 않다. 물이 깊어 고인 형상이면 고인물은 탁해지게 되므로 좋지 않은 것이다. 반면 눈 부위가 불쑥 나온 데다 눈동자까지 나온 것은 매우 좋지 않다. 물이 넘쳐 흐르는 형상이기 때문이다.

눈이 전체적으로 움푹 들어가면 성격이 음하고 자식의 인연이 박하다. 배우자가 병이 많거나 결혼생활이 아름답지 못하다. 반대로 눈이 툭 불거져 나온 것도 좋지 않다. 눈이 나오면 화가 날 때 과격하게 화를 내게 된다.

따라서 눈 부위가 들어가지도 너무 불거져 나오지도 않아야 된다. 눈의 깊이가 쑥 들어가면 침착하고 꼼꼼하다. 크면서 튀어나온 눈은 용맹하고 사나운 것을 가늠하기 어렵다. 목木의 기운이 너무 강하기 때문이다. 수기가 부족한데 목기가 너무 많아 화火가 강하기 때문이다.

눈이 깊어 보이는 것은 재물을 많이 모으지 못한다. 까마귀 눈같이 쑥 들어가면 제사 지낼 자식이 없다. 눈두덩이 나오면 수명이 짧고 가난하다. 눈이 깊이 들어간 사람은 생각이 깊지만 운이 막힌다. 눈이 튀어나온 사람은 산만하고 강하고 조급하다.

눈 아래 하현달처럼 생긴 와잠이 높게 일어나면 생식능력이 강하다. 색정이나 연애가 많다. 와잠이 낮게 꺼지면 자녀와 인연이 박하고 이성과의 인연도 적다.

두터운 눈꺼풀

눈꺼풀이 두터워 눈동자가 깊은 듯해야 좋다. 눈꺼풀이 얇으면 인정이 박하다. 여자가 눈꺼풀이 두터우면 담대한 여자이다. 눈이 깊고 검은 눈동자가 꽉 차면 복도 있고 수명도 길고 부귀하다. 눈꺼풀이 얇은 사람은 학운, 중년운, 부모운이 약하다. 쌍꺼풀이 있는 눈은 이성으로 인한 문제가 생기기 쉽다.

전택궁인 눈꺼풀은 밝고 윤기가 나며 살이 두툼해야 한다. 파손이 되면 집안운과 전답이 자주 변한다. 풍만하면 자녀가 많고 낮게 꺼지면 자녀를 극하고 가정생활이 편안하지 않다.

시선의 방향

시선이 높은지 낮은지를 살펴보고 사시斜視인지 아닌지도 봐야한다. 마음이 안정되고 바른 사람은 사람을 똑바로 본다. 자신감이 넘치는 사람으로 매우 좋은 상이다. 하지만 운이 좋지 않을 때는 무리수를 두기도 한다.

마음이 동요하면 눈동자도 동요된다. 위를 보는 사람은 귀하고 높은 벼슬을 할 수 있다. 항상 밑을 보는 사람은 남이 모르는 독함이 있다. 멀리 내다보는 사람은 어진 현인이다. 중간쯤 보는 사람은 어리석다. 평평하게 보는 사람은 덕이 있는 사람이다.

낮은 곳을 보는 사람은 모질고, 노려보는 것 같고 용맹스럽게 보는 사람은 사납다. 멀리 내다보는 사람은 목적한 뜻이 많은 사람이다. 밑을 보는 사람은 꾀를 많이 부리는 사람이고, 높은 곳을 보는 사람은 정직한 사람이 많다.

노려보듯이 뚫어지게 보는 사람은 성격이 모질고 사납다. 눈을 흘겨보는 것처럼 자주 훔쳐보는 곁눈질은 간사하고 교활하여 등치고 간 빼내는 사람이다. 눈웃음치는 사람은 음란하고 욕심이 많다. 눈이 착하게 잘생겼으면 자비심이 있고, 눈이 세워진 것 같으면 성품이 강하다. 눈이 악하게 생겼으면 성격이 독하다.

속이려는 마음을 가진 사람은 상대를 대할 때 눈을 마주보지 못하고 시선을 피한다. 의심과 비밀이 많고 고집이 강해 마음먹은 일은 끝까지 관철시켜야 한다. 결정적인 순간에 배신하는 수도 있으므로 일단 경계가 필요하다. 무엇을 훔치려는 사람은 힐끔힐끔 곁눈질하면서 훔쳐본다.

고개를 숙인 채 시선을 아래로 깔고 힐끔힐끔 보면서 나지막하게 목소리를 깔고 말하는 사람은 여색을 탐하는 사람이다. 마주볼 때 눈을 위로 치켜뜨는 사람은 오만하고 의심이 많은 사람이다. 반대로 눈을 아래로 깔고 보는 사람은 간사하고 속으로 독한 사람이다.

항상 두리번거리는 눈은 마음이 들떠 있다. 집중하지 못하고 이리저리 돌아다니기 좋아한다. 어떤 결정도 쉽게 내리지 못하지만 격의 없고 화통한 사람이 많다.

눈 부위

눈 가장자리가 쑥 들어가고 이마가 들어가면 인덕이 없어 고독하고 자식 인연이 없다. 눈이 봉안으로 잘생겼더라도 눈썹이 짧으면 나쁘다. 아름다운 색깔이 눈 밑에 봉황새 꼬리같이 올라간 듯 보이면 창고에 재물이 가득하다.

눈 밑 살에 이상이 있으면 자식복이 없다. 눈 밑에 수포 같은 것이 생기는 것과 눈 밑에 좀벌레가 옆으로 누운 형상으로 부푼 것은 모두 자식에게 좋지 않다.

눈썹이 눈을 압박하여 산근이 낮게 꺼지면 형벌을 받기 쉽다. 심장과 폐기능이 좋지 못하다. 세모눈의 경우 안신이 강하고 눈썹이 굵으며 눈의 덮개가 되어 세모눈을 가리고 있으면 괜찮다.

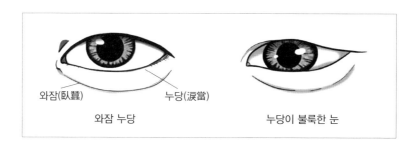

와잠(臥蠶)　　누당(淚當)

와잠 누당　　　　　누당이 불룩한 눈

눈빛

안신眼神은 눈빛을 말한다. 눈빛을 보는 것은 매우 어렵다.『마의상법』은 눈빛을 보는 일곱 가지 방법에 대하여 설명하고 있다.

관상에서 눈이 차지하는 비율은 높다. 눈을 볼 때는 여러 가지 사항을 유심히 살펴야 한다. 눈 부위에서 많은 정보를 읽어낼 수 있기 때문이다. 눈에 광채가 없으면 결단력이 없다. 눈에 광채가 은은하게 나면 자비로운 사람이다.

＊갈무리된 눈빛

눈을 봤을 때 눈동자가 안정되어 있어야 한다. 무심히 보면 눈빛이 강하지 않지만 자세히 보면 빛이 압축된 작은 불꽃이 있어 밖으로 은은히 나오는 것 같은 눈빛이 제일 좋다.『수경집』에 따르면 이처럼 눈빛의 갈무리가 잘된 사람은 큰일을 할 수 있는 사람이라고 했다. 눈동자가 안정된 것과 눈빛이 은근한 것은 좋다. 하지만 눈빛이 없는 것과는 구별해야 한다.

＊안정된 눈빛

눈빛이 안정된 눈은 무심한 듯하다. 그러나 사람이나 사물에 관심을 가지고 볼 때는 눈빛이 반짝인다. 눈빛이 없고 눈동자의 움직임도 없는 사람은 머리가 둔하여 아무 생각이 없는 사람이다.

＊형형치 않은 눈빛

눈빛이 항상 빛나 보이는 것은 좋지 않다. 눈빛이 쏘는 듯이 빛이 났다가도 자연스럽게 거둬들여지는 것이 좋다. 음탕한 사람은 여자를 볼 때 눈이 번뜩이며 눈빛을 거둬들이지 못한 채 계속 바라본다. 하지만 좋은 눈빛은 안에서 쏘아 나오는 듯하고 번들거리지 않는다.

＊맑은 눈빛

정신이 충만한 사람은 눈빛이 맑다. 그러나 정기가 고갈된 사람은 눈빛이 메마르다. 눈동자는 물기가 적당히 있어야 눈을 깜빡이거나 눈동자를 움직이는 데 문제가 없다. 눈에 물기가 없으면 메말라 보이고 신장의 기운이 부족하다는 것을 알 수 있다.

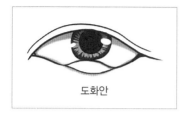
도화안

　반면 눈에 물기가 너무 많아도 좋지 않다. 물기가 많아 눈빛이 흐르는 것같이 보이거나 아래 눈꺼풀에 물기가 약간 고이는 듯 촉촉한 눈은 도화안이라고 하여 좋지 않다. 신장의 기운이 너무 강하여 이성관계가 문란하게 되는 경우가 있다.

　*부드러운 눈빛
　마음이 따뜻하고 사랑이 넘치는 사람은 눈빛이 부드럽고 자애롭다. 눈빛은 안에서 이글거리는 듯하면서도 자애로운 것이 좋다. 그렇다고 정신이 나약하여 눈빛이 겁먹은 것처럼 약하여 만만해 보이는 것과는 구분해야 한다. 눈빛에 위엄이 있어야 뛰어난 사람이다.

　*의연한 눈빛
　눈빛은 정의로워야 한다. 불의를 보고 의기를 참지 못하는 눈빛과 자신의 욕심만 차리는 탐욕스런 눈빛은 다르다.

　*강하되 약하지 않은 눈빛
　눈빛은 위엄이 있어 우러러 보이는 것이 좋다. 그러나 강인한 정신력에서 나오는 위엄 있는 강한 눈빛과는 달리 마음이 약하여 악한 독기가 나오는 눈빛은 좋지 못하다.

삼백안三白眼과 사백안四白眼

사람의 눈에는 삼백안과 사백안이 있다. 눈의 흰자위가 세 군데 나타나는 눈이 삼백안이며, 네 군데 나타나는 눈은 사백안이다. 보통 사람들은 눈을 극도로 치켜뜨거나 내리깔 때 이런 눈으로 변하는데 삼백안과 사백안은 평상시에도 이런 눈을 가진 사람이다.

삼백안은 자존심이 강하고 고집이 센 성격으로 적당한 출세를 한다. 하지만 처자의 인연이 적다. 중년에 몸을 망치고 재산을 없애는 일이 있다. 자신이 가장 훌륭하다고 여기는 성격이기 때문에 삼백안은 검난劍亂이 있다. 성격이 모질고 강하여 외롭다.

삼백안을 가진 여자의 눈도 남자와 같이 남편복과 자식복이 모두 신통치 않다. 신경질적인 증상도 만만치 않다. 삼백안의 사람을 대할 때는 부드럽게 행동해야 한다. 삼백안은 살기가 강하여 좋지 못하다. 육친을 극하고 이성관계가 문란하다.

상삼백안上下白眼과 하삼백안下三白眼

같은 삼백안 이라도 눈동자가 아래로 붙어 흰자위가 위쪽에도 드러나는 사람이 있다. 이런 눈을 상삼백안이라고 하며 뱀눈이라 불린다. 이런 눈은 집념이 강하다. 독하면서도 간교한 경우가 많다. 가치를 선악의 판단에 의하지 않고 이해득실로 따져서 행동하고 음험하며 도벽이 있다.

평상시에는 감정이 나타나지 않아 얌전한 것처럼 보인다. 하지만 이해관계가 생기면 본색을 드러내고 순간적으로 돌변하여 나쁜 일도 서슴지 않는다.

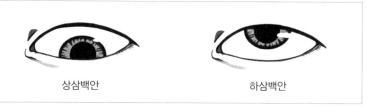

상삼백안   하삼백안

상삼백안은 안중에 사람이 없을 정도로 자부심이 지나치게 강하다. 일생 중에 여러 번 성취하고 여러 번 패한다. 여자의 경우 의지가 박약하다. 본심을 주변에 이야기하지 않는다. 때문에 가정불화의 원인이 되기도 하고 정신이 불안정한 경우가 많다.

흰자위가 아래로 드러나는 하삼백안下三白眼은 아주 독하고 교활하며 속이는 성격이 있다. 음탕하고 호색하여 고생하며 이리저리 떠돌게 된다. 모진 성격으로 인하여 인생에 고초가 많은 경향이다. 좋은 쪽으로 발전하면 의로운 사람이 된다.

사백안四白眼

사백안은 쉽게 찾아보기 어려운 눈이다. 눈동자가 극도로 작아 사방에 흰자위가 있는 경우이다. 이런 눈의 남자는 주인을 죽이는 일도 쉽게 할 수 있는 극악무도한 성격이다. 육친을 형극한다.

여자의 경우에는 골반이 적고 자궁이 좋지 않아 출산 때 난산의 우려가 있다. 다행히 턱 부위가 뻗으면 난산은 벗어난다. 그렇지만 폐와 심장의 흉부질환에 문제가 따른다. 남녀 모두 부부운이 나쁘므로 자연히 몸가짐이 안정되지 않아 항상 불행이 따라다니는 안상이다.

일백안一白眼

눈동자가 한쪽에 쏠려있는 눈이다. 간교하고 독하여 예의를 모른다. 한쪽만 일백안이면 그래도 조금 덜 흉하다. 하지만 양쪽 눈이 모두 일백안일 때는 음탕하고 색을 좋아한다. 일백안은 서로 싸우는 눈으로 까만 눈동자가 한쪽으로만 치우쳐서 사팔뜨기같이 보인다.

눈꼬리魚尾

눈꼬리를 관상에서는 어미魚尾라고 한다. 어미가 올라가고 내려갔느냐에 따라 성격이 매우 다르다. 올라간 경우 양적 기질이 있어 동적이다. 성격은 단순한 경향이 많다. 활동적이고 화끈하여 뒤끝이 없다. 일반적으로 무관인 군인, 경찰, 검사, 운동선수들의 눈꼬리가 올라간 경우가 많다. 눈이 세워진 것 같으면 성격이 강하다.

어미가 올라간 여자는 남자다운 성격을 지니고 있다. 성격이 급하고 고집이 세고 자기주장이 너무 강하다. 여자는 눈꼬리가 일직선이나 약간 내려가는 정도가 좋다. 얼굴에서는 입 끝을 빼고 위로

눈꼬리가 위로 올라간 눈　　　　　　눈꼬리가 아래로 처진 눈

끝이 올라가서 좋을 것은 하나도 없다.

　눈의 꼬리가 아래로 숙인 것은 음의 기질이 있어 정적이다. 성격
이 온유하고 침착한 편이며 복합적인 성격으로 속을 알기 어렵다.
하지만 깊이 꺼지면 배우자가 병이 많거나 혼인생활이 아름답지 못
하다. 눈꼬리에 물고기 꼬리처럼 생긴 무늬인 어미문이 있는 경우
는 생각이 깊고 신중하다. 하지만 결혼생활이 좋지 못하거나 배우
자가 편치 못하다.

　눈썹과 눈의 꼬리쪽이 팔八자처럼 처진 눈앞에서는 사소한 이야기
라도 함부로 하지 않는 것이 상책이다. 눈치가 빨라 상대의 마음을
한번에 읽고 행동하기 때문이다. 약간 멍청해 보인 듯하지만 눈치
가 매우 빠르다. 눈꼬리가 처진 눈은 연애운이 약하다. 행동이 느리
고 예민한 성격으로 인해 배우자운도 약하다. 눈이 치켜 올라가거
나 처지지 않으면서 눈의 꼬리가 살짝 위로 올라가면 복이 많다.

　눈꼬리에 점이나 상처가 있으면 부부관계가 순탄치 않다. 바람기
는 기본이기 때문에 순탄한 결혼생활을 위해서는 본인이 많은 노력
을 해야 한다.

　눈꼬리 쪽에 흠이 있어서는 안 된다. 큰 흠은 이혼수가 있고 안
해도 불행한 결혼생활을 한다. 눈꼬리 왼쪽 위에 사마귀가 있으면

쉽게 극하고 이별한다. 왼쪽 아래에 사마귀가 있으면 부부가 서로 사사로운 정을 통한다. 오른쪽 위에 길게 자란 사마귀가 있으면 색정이 끊이지 않는다.

눈꼬리 주름

어미는 처첩궁, 부부궁으로 애정운이다. 결혼의 성공 여부, 부부의 행복 여부, 연애의 성패와 가정운을 판단하는 부위이다. 이성 간의 사랑을 측정하는 곳이기도 하다. 눈꼬리 쪽에 잔주름이 많다면 바람기를 의심해야 한다. 나이 들어 생기는 주름은 제외이다.

어미의 주름은 보통 젊을 때 35세 이하에는 2개 정도이다. 그 후 중년의 나이에는 3개가 되며, 이후 나이를 더 먹게 됨에 따라 여러 개로 변화되는 것이 정상이다.

그런데 나이 30세 전에 어미에 주름이 많으면 허약하고 단명한다. 이런 사람들은 마른 체격에 눈 밑 누당에 살집이 없다. 반대로 늙어도 어미에 주름이 없는 사람은 대단히 정력이 좋으며 죽을 때까지 정력이 넘쳐흐른다.

또 어미에 주름이 한 개인 남성은 겉으로는 성인 같은 품행을 보인다. 하지만 안으로는 매우 호색적이다. 남성의 경우 생식기가 길고 바람기가 많다. 부인과 이별의 아픔이 많다. 독신 여자의 경우 어미에 살집이 있는 사람은 거의 없다. 부부운이 아주 나쁜 사람들 중에서 많이 나타나는 안상이다.

전형적인 이혼상으로 남녀 불문하고 이성에 대한 욕구가 강하다. 욕구를 위해 언제나 물불을 가리지 않는다. 광대뼈가 나온 여자는

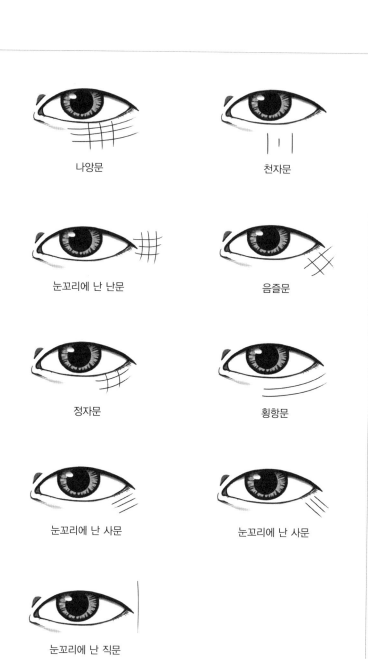

나앙문

천자문

눈꼬리에 난 난문

음즐문

정자문

횡항문

눈꼬리에 난 사문

눈꼬리에 난 사문

눈꼬리에 난 직문

유흥업에 진출할 가능성을 무시하지 못한다.

눈꼬리에 직문이 있으면 결혼생활이 순탄하지 못하다. 난문이 있으면 자식이 불효한다. 사문이 있으면 색정의 관재가 있다. 아름답고 교묘한 말을 잘한다.

쌍꺼풀 눈

쌍꺼풀의 눈은 눈꺼풀이 두세 겹으로 된 눈이다. 열정이 넘치고 급하게 포부를 펼치려 한다. 정으로써 움직이는 것이 좋다. 홑꺼풀 진 눈은 냉정하고 침착하며 온정하므로 교제하는 데 인내심이 필요하다. 한쪽이 쌍꺼풀이 지고 반대쪽은 아닐 때는 두 가지 성격이 있다. 운이 좋을 때도 있고 나쁠 때도 있다.

눈이 크고 둥글면 이해력이 넓고 흥취가 많다. 하지만 조급하고 쉽게 변한다. 여자의 경우 눈매가 사랑스럽고 매혹적이며 눈동자가 둥글게 보이기 때문에 일부러 성형수술하는 경우가 많다.

그러나 쌍꺼풀이라고 해도 자세히 관찰해보면 두 종류가 있다. 눈꺼풀이 끝과 끝이 붙어 있는 모양과 한쪽 끝이 떨어져 있는 모양이다. 관상에서는 두 눈 거죽이 떨어져 있는 여자는 처로 삼지 말라고 했다.

눈꺼풀이 눈머리 쪽에서 떨어져 있는 눈은 통계적으로 정조관념이 희박하다. 애인 타입의 운명을 지닌 여자에게서 많이 있다. 이런 쌍꺼풀을 지닌 여자는 이상하게도 후처자리로 가거나 두 번 이상 시집을 가는 경우가 많다. 결혼과 이혼을 쉽게 하는 연예인들의 눈에서 자주 볼 수 있는 눈이다.

쌍꺼풀이 깊게 진 눈은 개방적이고 행동적이다. 눈자위가 깊은 사람은 자유분방한 섹스를 즐긴다. 이 두 가지 조건을 갖춘 눈이 바로 유혹하기 쉬운 상대이다. 가느다란 눈은 유혹하기 어렵다.

남자가 쌍꺼풀이 있는 경우는 여자들에게 인기가 있는 반면 여자 때문에 크게 낭패를 볼 수 있으니 항상 조심해야 한다.

흰자위가 많은 눈

눈자위가 흰색이라야 좋다. 먼지가 낀 것처럼 뿌옇게 보이면 가난하고 천하다. 계속 충혈된 것같이 붉으면 좋지 않다. 특히 붉은 핏줄이 검은 눈동자 안에까지 번져 들어가면 아주 좋지 않다. 재산을 깨트리고 구설과 소송이 따른다. 흉한 일로 죽는 경우도 있다. 본능에 이끌려 충동적인 행동을 하는 경향이 있다. 검은 눈동자가 매우 적은 눈은 격한 성격이다.

푹 패인 눈

눈이 푹 패인 사람이 있다. 남자인 경우에는 여자들이 보기에는 멋있어 보일지 모른다. 하지만 관상에서는 좋은 얼굴이 아니다. 우선 부모덕이 없다. 부모의 유산을 상속받거나 가업을 잇지 못한다고 볼 수 있다. 눈이 푹 패인 것처럼 보이는 것은 눈썹이 난 부분이 치솟아 눈과 눈썹 사이가 좁아지고 전택궁田宅宮(눈두덩)에 살집이 없어서 그렇다. 전택궁은 논과 밭 그리고 집 등이 운명에 있는지 여부를 보는 곳이다.

이곳이 두툼하고 살아있는 모양이면 부동산이 살아있는 격이고,

좁고 살집이 없다면 받을 수 없는 모양으로 부모덕이 없는 것이다. 덕이 있고 복이 있다는 것은 어디까지나 받는 사람에게 달려있는 것이니 전택이 빈약하면 복과 덕을 받는 그릇이 빈약하여 받을 복이 없다는 것이다. 눈이 가늘며 작고 깊이 패여 있으면 의심이 많고 마음씀이 좁아 사리사욕을 챙긴다.

질투가 심한 눈

질투가 심한 사람의 눈은 위 눈꺼풀의 선은 똑바르고 아래의 누당에 해당하는 곳이 삼각형으로 뾰족하게 되어 있다. 반드시 아래 눈꺼풀이 뾰족한 형태이다. 이런 눈의 남자는 말을 매우 잘하며 달콤한 사탕발림의 언변의 소유자이나 성실성이 없는 방정맞은 사람이다. 여자는 생리 때가 되면 이상심리에 빠지기 쉽다. 심하면 정신적 이상이 생겨 무서운 일도 서슴치 않는다. 심한 질투로 반쯤 미친 상태가 될 수 있는 안상이다.

큰 눈

겁이 많고 감수성이 예민하다. 연애에서는 물불을 가리지 않는 다혈질이다. 공주병 증상도 있다. 한순간에 싫으면 돌아서는 황당형이다. 얼굴에 비해 눈이 큰 남자는 우선 목소리가 크고 좋으며 성격도 활달하고 감수성이 풍부하다. 특히 말솜씨가 좋아서 설득력이 뛰어나다. 음감과 리듬감도 발달되어 있기 때문에 춤에도 소질이 있다. 따라서 말솜씨가 좋고 여자 다루는 솜씨가 뛰어난 남자는 대체로 눈이 크고 쌍꺼풀이 있으며 눈이 시원스럽게 생겼다.

반대로 눈이 작은 남자는 설득력이 부족하다. 물론 설득력과 인기가 있는 것은 다르다. 하지만 눈이 작은 남자는 순수한 일에 힘을 쏟는 성향이 있다. 무엇인가 의미 있는 일을 하려고 노력하는 사람이다. 일례로 눈이 큰 작가는 별로 없다. 눈이 작은 사람이 많다. 작가는 순수한 일을 꾸준히 노력하여 성취하는 데 긍지를 찾는 사람이다.

큰 눈을 가진 악인은 없다고 한다. 여성은 더욱 그렇다. 눈은 마음의 창이다. 큰 눈을 가진 여성은 마음이 개방적이고 매사를 감추지 못한다. 알려지면 곤란한 정사까지도 무심결에 말한다. 성격 또한 양성이라 개방적인 것이 많아 눈이 적은 여성보다 유혹에 쉽게 넘어가는 경우가 많다.

작고 갸름한 눈

겁이 없고 한결같은 편이다. 감수성이 예민하면서도 신중한 연예 유형이다. 상대를 고르는 안목이 까다로운 편이다. 사랑을 시작하면 맹목적이지만 헤어질 때는 냉혹한 스타일이다. 용의주도한 면을 갖추었다.

서글서글하고 작고 예리한 눈은 여자가 좋아하는 눈이다. 자신이 원치 않아도 상대가 접근해 온다. 눈치까지 빨라 상대가 무엇을 원하는지 빨리 안다.

짝짝이 눈

음양안陰陽眼은 대소안大小眼이라고 한다. 크기가 짝짝이인 눈을 말한다. 태아의 정신이 온전치 못해서 생긴 것이다. 희노애락이 무상

하다. 한쪽은 높고 한쪽은 낮은 눈은 성격에 변화가 많고 향배가 일
정치 않다. 한마디로 요주의 인물이다. 앞에서 한 말과 뒤에서 한
말이 다른 이중인격자이다. 어떤 일을 하든 꼬이게 된다. 바람둥이
형이다.

투계안鬪鷄眼

싸움닭 같은 눈으로 여러 가지 계책을 세우는 데 능하고, 조급하
며 예의가 없다. 부귀해도 흉하다.

취안醉眼

눈의 색이 붉고 누른색이 혼잡
되어 있어 술에 취한 듯 백치와
같은 경우이다. 음란하며 호색
하다.

후안猴眼

원숭이 눈으로서 모양이 둥글
고 노란색을 띠며 신이 깃들어

있다. 상안파가 우뚝 솟아 있고 항상 눈을 깜박거린다. 용기가 있어 귀하게 되지만 고생이 심하다.

상안象眼

코끼리 눈으로 위와 아래의 주름무늬가 많고 가늘고 길면서 신이 있다. 마음이 자상하며 남을 좋아한다. 수명과 복이 있으며 부귀한다.

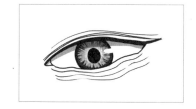

봉안鳳眼과 수봉안睡鳳眼

검은 동자가 칠漆(옻나무에서 나오는 진)과 같이 검고 신이 감추어진 채 드러나지 않는다. 녹과 권세가 모두 있으며 높은 지위에 선다. 여자라면 최고의 부인이 된다.

수봉안은 잠자는 봉황의 눈으로 가늘고 길면서 신을 감추고 있다. 쌍꺼풀에다 검은 동자가 크다면 부귀가 쌍전한다.

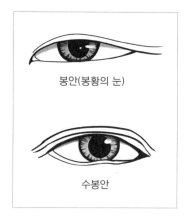

봉안(봉황의 눈)

수봉안

학안鶴眼

둥글고 크며 신이 있다. 흑백이 분명하다. 사람과의 인연이 좋으며 부귀하다.

사안蛇眼

뱀눈으로 상사백안과 비슷하다. 둥글고 작고 색이 누렇다. 흰자위에 붉은 핏줄이 나 있는데 아주 독하다.

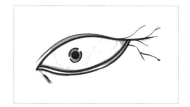

묘안猫眼

고양이 눈으로 둥글고 크고 눈동자가 노랗다. 흰자위에 푸른색을 띠고 있으며 밖으로는 부드러워도 안으로는 급한 성격이다. 재물 모으는 데 재미를 느낀다.

용안龍眼

하현달이 난간에 걸쳐있는 모습으로 풍채가 좋고 형형한 빛이 돈다. 지혜가 많고 행동이 민첩하다. 부귀한 인생이다.

호안虎眼

호랑이 눈으로 눈이 크고 홑꺼풀에다 눈동자는 금황색을 띤다. 안신에 위엄이 있고 관자놀이가 솟아올라 있다. 무인 부분에서 발전하고 대길한다. 성격이 강하고 결단력이 있지만 만년에 자식을 극하는 수가 있다.

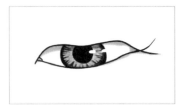

사안獅眼

눈이 크고 흑백이 분명하여 위엄이 드러난다. 조급하지만 성질이 솔직하고 바르다. 심성이 부드럽고 착하며 의리를 추구한다. 일생이 순조롭고 출세가 빠르다.

우안牛眼

소의 눈으로 눈이 크고 둥근 것이 특색이다. 천성이 어질고 후덕하며 수복이 쌍전하다. 일생을 평온하게 보낼 수 있다. 잘나가는 중에도 정도가 지나치는 점이 있다.

양안養眼

사백안의 눈으로 작다. 담황색
을 띠며 동자가 자비로우나 마치
운무가 낀 듯하다. 눈이 온정하
지 않아 일생 동안 분주하게 보낸
다. 편안한 종말을 맞기 어렵다.

마안馬眼

말의 눈으로 눈꺼풀이 흐트러
져 느슨해져 있고 눈동자가 작고
조금 드러나 있다. 배우자를 형
극하며 노심초사하고 애를 쓰게
된다. 복을 누리는 분수가 천박
하지만 정직하다.

저안猪眼

돼지 눈으로서 눈의 흑백이 혼
탁하다. 눈꺼풀이 아주 두텁고
눈 안에 붉은 핏줄이 가득하다.
하는 일이 용두사미가 되기 쉽고
생각하는 것이 단순하다. 심성
이 바르지 못해 뜻밖의 재난이나
화가 많이 미친다.

미간의 넓이는 성인의 경우 눈 한 개의 폭이 표준이다. 어린시절에는 간격이 좁지만 성인이 되면서 점점 넓어지는 것이 보통이다.

어린 나이에 미간이 넓으면 조숙하여 이성적인 문제가 많이 발생할 수 있다. 눈이 매섭게 생긴 사람은 성격이 매섭고 눈이 살아있다. 힘이 있는 사람은 운세 또한 힘이 있다. 눈이 구름 낀 것 같이 흐리고 멍청하게 느껴지는 사람은 운세가 나쁘고 질병이 스며들기 때문에 경계해야 한다.

눈동자는 건강을 나타낸다. 현대의학에서도 입증되고 있다. 먼저 흰자위 부분이 항상 탁한 빛을 내고 있는 경우에는 간장이 나쁘고 정력이 부실하다. 진한 황색을 띠고 있으면 황달로 의심해야 한다.

눈동자의 동공이 크게 차이가 나는 사람은 단명의 관상이다. 본래 건강한 사람의 동공은 그 크기가 같고 둥근 모양이 표준인데 크기나 모양이 크게 다를 때는 신체에 심각한 질병이 있다.

의학적으로 보면 동공은 교감신경이 흥분했을 때는 크게 열려지고, 부교감신경이 흥분됐을 때는 작게 줄어든다. 그런데 이러한 신경작용이 동시에 전달될 때 서로 다른 결과로 나타나는 것은 그 자체의 병이나 중추신경 계통의 질병으로 생각될 수 있다.

눈을 보고 운명을 판단하는 경우에는 전택田宅, 누당, 흰자위, 청, 동공 등 모든 것을 종합해서 판단해야 제대로 볼 수 있다. 단편적으로 보고 판단하는 것은 적중률이 떨어진다. 관상학상 얼굴의 기본 판단법은 변하지 않는다. 관상학 중에 눈의 관상이 가장 중요하다.

6. 코鼻

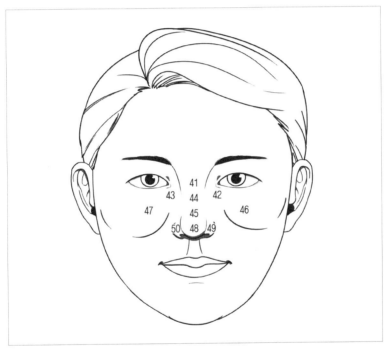

코와 광대의 행운유년

　얼굴의 중심은 코이다. 눈에 가장 잘 띄는 부분으로 관상에서 중요한 부위이다. 코는 중년을 상징한다. 재물과 명예, 성격과 수명을 판단한다.

코는 우선 측면으로 봐서 높낮이와 길이로 판단한다. 표준치의 길이는 얼굴 전체의 1/3 정도이고, 높이는 길이의 1/2 정도를 기준으로 코의 길이와 높이를 판단한다.

오행상으로는 중앙에 있기 때문에 토土에 속한다. 삼재三才에서 천지인 중 인人이다. 코는 얼굴의 주인이며 자신을 대표한다.

오악에서는 중악이고, 오성에서는 토성에 속한다. 반듯하고 길며 풍성하면 수명이 길다. 12궁론에서는 재백궁으로 재복을 보는 기준이 된다. 재백궁이라 하여 코만 잘생겼다고 재복이 있는 것은 아니다. 코를 조응해주는 다른 부위를 종합하여 봐야 한다.

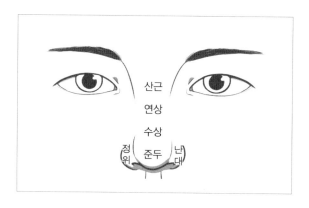

코는 자기 자신이기 때문에 모든 것을 본인이 감당할 수 있는 능력이 있어야 한다. 주변환경과 여건이 좋아도 본인 능력이 부족하면 소용이 없다. 기본적으로 코가 잘생겨야 모든 복을 자신의 것으로 만들 수 있다.

사독에서 코는 제독濟瀆이다. 콧속에 수분이 없어 메마른 것은 좋지 않다. 코가 들려 콧구멍이 훤히 들여다보이는 것도 좋지 않다.
물이 마르는 형국이라 재물복이 없다.

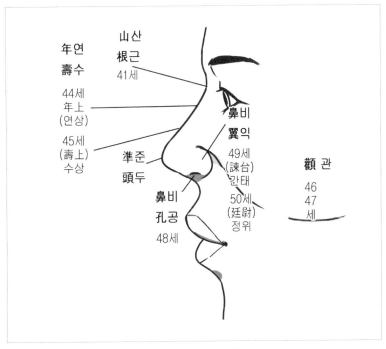

코와 광대의 유년 행운

오관에서는 코를 심변관審辯官이라고 한다. 눈과 인당과 함께 사람
의 마음을 보는 곳이다. 그렇기 때문에 코의 모양이 바른 것이 중요
하다.

재백궁인 코는 주변과 균형을 이뤄야 한다. 먼저 이마와 연결이
되어야 한다. 산근이 꺼지지 않아야 한다. 산근이 약하면 복이 있게
생긴 코도 재복이 부족하다. 이마와 양쪽 가장자리에서 광대뼈가

있는 곳까지 꺼진 곳이 없이 꽉 차면서 내려와야 한다. 또 광대뼈가 있는 부분에서 턱까지도 꺼진 곳이 없어야 한다.

이마와 양쪽 광대뼈 그리고 턱이 잘 발달되어 네 곳이 코를 향해 잘 조응하고 있어야 한다. 오악이 약한데 코만 우뚝 솟은 것 같으면 고동복비가 되어 자기주장이 강하고 고집이 세다.

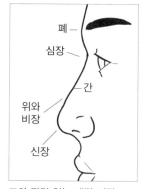
코와 관련 있는 내장 기관

코를 보는 법

코는 높이와 길이가 충분하고 살집이 좋고 콧대와 콧날이 똑바로 서야 좋다. 코의 출발인 산근으로부터 명예와 의지력을 나타내는 부분인 연상年上과 수상壽上, 자존심과 애정을 나타내는 코끝의 준두準頭, 재물 창고인 난대蘭臺와 정위廷尉에 이르기까지 코 전체를 판단해야 한다.

코의 상이 좋으면 의지가 강하고, 실행력이 뛰어나 특히 중년부터 운세가 좋다. 이 밖에 검은점, 사마귀, 상처의 유무도 판단의 중요한 관점이다.

코의 형태

＊적당한 길이

코는 얼굴의 1/3 정도가 되어야 한다. 코가 쭉 뻗어있고 두툼하면 적극적이고 실천력이 좋다. 지나치게 길면 우유부단하여 결정을 못한다. 너무 짧으면 경솔하고 충동적이다. 콧등이 단정하면 의식에 걱정이 없어 운세가 순탄하고 길하다. 반면 굽어 있으면 실기한다.

*반듯한 모양

좌우로 틀어지지 않아야 한다. 옆에서 볼 때 콧날이 직선으로 쭉 뻗은 것이 좋다. 콧날의 중간이 들어가 보이거나 콧날이 불쑥 나와 보이는 것은 좋지 않다. 코가 바르고 풍만하면 재복이 있다. 관상에서 재복과 처복은 같이 본다. 따라서 코가 잘생기면 배우자복도 좋다. 코는 현담비와 절통비가 좋은 모양이다. 현담비는 쓸개를 매달아 놓은 것 같은 모습이다. 풍선에 물을 담아 매달아 놓은 것같이 준두가 풍성하면 성격이 원만하고 총명하여 재복이 좋다.

뽀족하고 깎인 듯한 것은 외롭고 빈천하다. 절통비는 대나무를 반으로 쪼개어 엎어 놓은 모양이다. 절통비는 부귀를 갖춘 코이다.

코가 한쪽으로 삐뚤어지면 마음이 편향된 경향이 있다. 왼쪽으로 삐뚤어지면 아버지를 먼저 여의고, 오른쪽으로 삐뚤어지면 어머니가 먼저 상한다. 여자의 경우는 반대로 본다.

남자의 경우 콧대가 오른쪽으로 휘어있으면 여난女難(여색女色이나 여인과의 교제로 인하여 생기는 근심과 재난)을 당할 상이다. 여자가 잘 따르기도 하지만 속기도 쉬운 상이다. 왼쪽으로 휘어있는 코는 호탕하고 놀기를 좋아하며 기예와 도박에 강하고 승부사적인 기질이 많다.

여자의 경우 남편의 운을 망칠 상이다. 아무튼 콧대가 휘어있는 사람은 생애를 통해 기복이 심해 위태롭게 살아간다. 코는 관상에

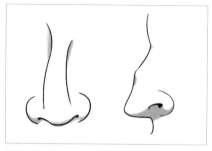

좋지 못한 코

서 자신이기 때문에 콧대가 휜 것은 자기 자신이 휘어있는 것과 같아 인생의 모든 일이 풀리지 않고 어긋난다.

삐뚤어진 코는 사업 파트너로서 피해야 한다. 시작은 잘하지만 중간에 쉽게 포기한다. 끝까지 추진하려 해도 다른 원인으로 인해 포기하게 된다. 변덕이 심해 줏대가 없다.

코를 옆에서 볼 때 중간에 뼈가 튀어나온 것은 반음反吟이다. 반음이면 자식복이 적다.

정면에서 볼 때 중간에서 옆으로 굽은 것은 복음伏吟이다. 복음이면 고통스런 일이 많이 생긴다. 코가 매의 부리처럼 콧날이 좁고 준두가 뾰족하면서 아래로 숙여지고 난대와 정위도 얄팍한 사람은 성격이 음흉하면서 모질다. 육친을 억누른다. 부자가 되더라도 오래가지 못한다.

콧등에 굴곡이 있는 것은 좋지 않다. 옆에서 볼 때 콧날에 굴곡이 여러 개 있으면 재복이 없고 부부운도 좋지 않다. 여자의 경우 부부의 연이 변하여 재혼하는 경우가 많다.

여자의 코는 남편을 결정한다. 코가 낮아 모양이 흉한 여자는 좋은 남편을 만나기 어렵다. 남편의 관상이 좋은 상이라도 코가 납작한 여자를 아내로 맞이하면 그 남편의 운이 반감한다. 그만큼 여자

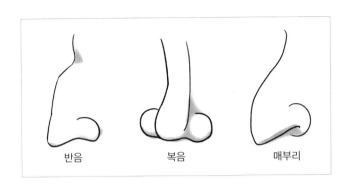

반음   복음   매부리

의 코는 중요하다. 파스칼이 남긴 유명한 말 중에 "클레오파트라의 코가 2㎝만 더 낮았더라면 세계의 역사가 바뀌었을 것이다"라고 한 것은 단순한 비유가 아니다.

＊풍성한 살집

코에 살집이 있고 윤기가 있어야 한다. 살이 없어 뼈가 앙상하게 드러나는 것은 좋지 않다.

코끝에 구슬 모양으로 살이 있어야 한다. 준두

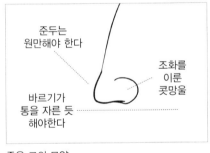

준두는 원만해야 한다

조화를 이룬 콧망울

바르기가 통을 자른 듯 해야한다

좋은 코의 모양

에 살이 풍만한 것이 좋다. 준두에 살이 없어 뾰족하게 보이는 것은 좋지 않다. 뾰족한 코는 성격이 급하고 자기주장이 강하다. 한번 시작한 일은 어떻게든 이루고야 만다. 말이 많고 잔소리가 심하다.

여자인 경우 습관적으로 바가지를 긁는다. 결혼생활에 쉽게 싫증낸다. 평생 큰돈은 만져보기 힘들다.

＊이어진 산근山根

산근은 코의 가장 위 뿌리 부분이다. 산근이 낮아 인당에서 무너지듯 꺼지거나 산근이 너무 낮은 것은 좋지 않다. 반대로 산근이 조금도 꺼지지 않아 이마에서부터 직선이 되는 것도 좋지 않다. 성격이 너무 강하기 때문이다.

산근은 약간 들어간 듯 높아야 한다. 이마의 일월각은 부모궁 이다. 산근이 낮거나 끊어지거나 아주 좁으면 부모나 조상의 기운이 이어지지 않아 부모덕이나 윗사람의 덕이 없다.

산근이 꺼지지 않고 준두에서 위로 쭉 뻗어 올라가서 이마 가운데의 골격이 풍성한 것을 복서골이라 하는데 귀하게 될 상이다.

산근은 높아야 건강하다. 끊어진 것 같아 보이면 체질이 약하다.

산근은 지력과 명예욕을 보는 곳이다. 어린 아이들은 지력을 갖추지 않아 이곳이 발달되어 있지 않다. 아이들인데도 산근이 불룩 솟아있으면 명예욕이 강한 아이이다.

산근이 낮은 사람은 남녀 모두 명예와 자존심이 없고 게으른 사람이다. 빈곤한 사람에게서 많이 볼 수 있는데 재복이 약하다.

산근은 남자의 심장과 폐가 있는 가슴의 중심이고 여자는 자궁이 있는 중요한 곳이다. 산근에 상처나 사마귀, 점 등이 있는 것은 중요한 부위에 흠이 있는 것이다. 산근에 흠이 있는 남자는 음란하여 아내와 이별하는 경우가 많다. 자극적인 쾌감을 얻기 위해서 새로운 여자를 구하는 경향이 있기 때문이다. 따라서 가정을 유지하려면 자기 절제가 필요하다.

여자가 산근에 흠이 있으면 불운한 결혼을 하기 쉽다. 자궁의 질

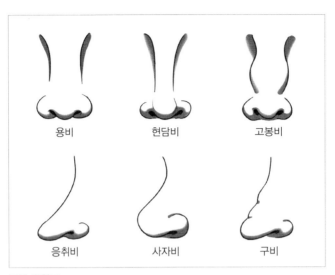

코의 유형도

병 등 불감증의 경향이 있을 수 있고 성적인 화합이 충분치 않아 결혼생활이 순탄치 않을 수 있다.

＊풍성한 콧방울

  왼쪽 콧방울은 난대, 오른쪽은 정위라고 한다. 난대와 정위의 살집이 풍부해야 한다. 콧날이 두툼하고 바르게 내리뻗어 코끝에 기운이 뭉친 것처럼 살이 둥그렇게 풍만해야 재복이 있다.

  준두가 풍만한 사람은 마음이 너그럽다. 빈약하면 재복이 부족하여 가난하다. 난대와 정위는 창고에 비유 된다. 준두가 풍부하여 재복이 있더라도 난대와 정위가 빈약하면 재물을 모아 쌓아두지 못하게 된다. 또 한때 부자가 되었더라도 곧 재산이 흩어지게 된다. 사업에 성공했다가도 실패하게 된다.

난대와 정위가 넓고 탄력적으로 발달되어 있으면 생활의욕도 강하고 정력도 왕성하다. 반대로 좁고 빈약하며 칼등처럼 전체에 살집이 없는 코는 까다롭고 신경질적이며 호흡기 계통의 병에 걸리기 쉽다. 가족 친지와 처자, 재물의 인연이 적어 만년 고독의 상이다. 여성의 경우 빈약하면 대화가 서툴고 허영심이 강한 성격이다. 남녀 모두 기분에 따라 지출하는 경향이 있어 수입이 있다고 해도 재물이 쌓이지 않는다.

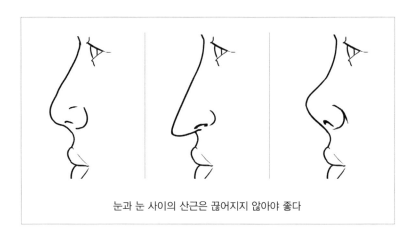

눈과 눈 사이의 산근은 끊어지지 않아야 좋다

＊안 보이는 콧구멍

콧구멍은 돈을 쓰는 잣대이고, 콧망울은 돈을 모으는 능력으로 원형이 좋다. 장방형은 재물을 지키기도 어렵고 모으기도 어렵다. 바로 선 형태는 성격이 강직하고 옆으로 퍼진 형태는 분수를 안다. 횡장형은 재물을 모으고 지킬 수도 있지만 쉽게 흩어진다. 삼각형인 경우는 근검절약하며 인색한 타입으로 세밀히 계산한다.

재부는 코에서 찾는다. 코끝이 들려 콧구멍이 훤하게 보이면 좋지 않다. 앞에서 볼 때 콧구멍이 보이지 않는 것이 좋다. 하지만 준두 부분이 아래로 너무 숙인 모양도 좋지 않다.

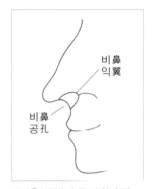

콧망울(비익)과 콧구멍(비공)

콧구멍이 너무 크면 기와 재물이 샌다. 투기적이고 낭비적이다. 재물이 흩어지므로 먹을 양식도 제대로 갖추지 못한다 했다. 수염을 길러 은폐하는 것이 좋다. 잘생긴 코라고 해도 씀씀이가 헤프고 허풍도 세며 잔소리도 많다. 그렇다고 너무 작아도 구두쇠 경향이 있어 그 또한 좋지 않다. 콧구멍이 작은 사람은 목돈 보다는 작은 돈을 모아 어느 정도 돈을 모으지만 큰돈을 갖지는 못한다. 욕심을 크게 내지 않는 것이 좋다.

콧망울이 클수록 섹스에 대한 관심이 많다. 코의 높이나 위아래 방향은 별로 관계가 없다. 하나는 크고 하나는 작은 경우 도박이나 투기를 좋아한다. 위로 들려 있는 경우는 낙관적이고 개방적이다.

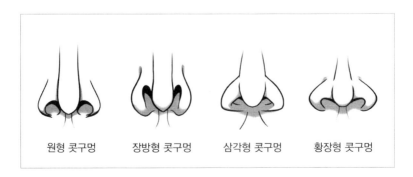

| 원형 콧구멍 | 장방형 콧구멍 | 삼각형 콧구멍 | 황장형 콧구멍 |

마음이 바르고 입이 빠르다. 재물을 지키기 어렵다.

깨끗한 코

코의 색이 맑고 흐리지 않아야 한다. 콧등에 점이나 흉터, 주름 등이 없어야 한다. 흠이 있는 코는 돈을 많이 벌어도 빠져 나간다. 수입이 불안정하고 큰돈이 들어와도 빠져나간다.

콧등의 정중간에 해당하는 부분을 연상과 수상이라고 한다. 줄여 연수라고 하는데 밝은 황색으로 윤택이 나야 한다. 무늬나 흔적, 반점이 없어야 장수하고 하는 일이 순조로우며 귀함이 드러난다.

연수에 횡사문이 있거나 파손되면 흉한 위험에 처한다. 특히 다리 질병에 조심해야 한다. 검은 점이 있으면 사람이나 재물이 손실

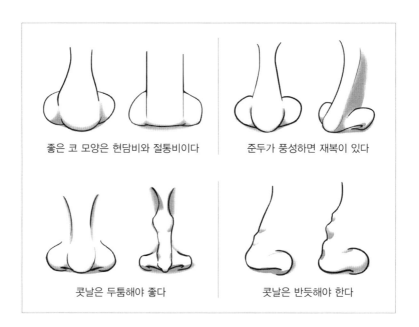

좋은 코 모양은 현담비와 절통비이다

준두가 풍성하면 재복이 있다

콧날은 두툼해야 좋다

콧날은 반듯해야 한다

되는 것을 조심해야 한다. 배우자가 고생하고 병이 많은 것을 예방해야 한다.

횡문이 있으면 부부간의 인연이 적다. 간이나 비장에 털이 있기 쉽다. 직문이 있으면 양자로 들어가거나 남의 아들을 기르게 된다. 그래서 양자문이라고도 한다.

연수에 힘줄이 있으면 갑작스런 화를 경계해야 한다. 청색이나 어두운 색이 있으면 피를 보는 재난을 방지해야 한다. 붉은 실핏줄이나 붉은 힘줄이 있으면 수재나 화재의 재난을 조심해야 한다.

준두가 흑청색을 띠면 질병이 악화되는 것을 예방해야 한다. 특히 신장 기능을 조심해야 한다. 갑자기 붉은색을 띠면 화재나 관재를 예방해야 한다. 임산부는 위태롭다. 회암색을 띠면 치질과 생리 질병이 많다. 파재수를 예방해야 한다. 항상 때가 낀 듯하면 재운에 영향이 있고 생식 계통의 질병이 있다.

코털

코의 털은 폐의 기능을 주재한다. 코는 심, 폐, 간, 장, 위, 신장 기능의 이상 유무와 관계가 있다. 코털이 없으면 흉하고 재물이 소모되어 모으기 어렵다. 진한 흑색의 털이 안으로 감춰져 있어야 좋다. 코털이 밖으로 드러난 것은 좋지 않다. 회백색의 털은 폐기능이 쇠퇴해 있다는 것이다.

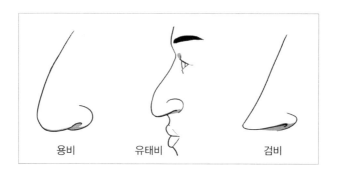

용비   유태비   검비

코의 형태

＊그리스인 코

콧날이 우뚝 서 있으며 아름다운 직선 모양이 그리스인 코 이다. 미적 감각이 뛰어나며 기품이 있고 높은 이상을 가지고 있다. 또 행복한 인생을 살아가며 예술 방면 특히 연예계의 성공한 사람 중에서 많이 볼 수 있다. 아내를 고를 때 미인을 찾는 경우가 많으며 여자는 눈이 높아 혼기를 놓치기 쉽다.

＊로마인 코

가장 남성적인 코로서 일명 무인의 코라고도 한다. 용감하고 명예를 중시하며 위기에 직면하더라도 냉정을 잃지 않는 의지를 갖추고 있다. 여자는 사업적으로 성공하는 우두머리 타입이나 남편운이 좋지 않아 독신이 될 수 있다.

＊사자코

사자코는 산근이 가늘고 작은 것을 말한다. 연수 뼈가 활처럼 일어나고 준두와 콧망울이 특별하게 풍부하여 성대하고 콧구멍이 들려있지 않다. 중년기 이후 운에서 재운이 점차 좋아진다. 개척과 창의력과 돌파력이 풍부하다. 배우자의 귀한 도움을 얻을 수 있고 장수한다. 난대, 정위 윗부분에 살집이 두툼하게 찐 사자코는 야성적인 느낌을 준다. 남자는 왕성한 정력에 비해 실속은 없다.

| 콧등이 휘어진 코 | 납작하고 평평한 코 | 사자코 |

*경단코

경단코를 가진 남자는 현실적이며 일을 순조롭게 잘해 낸다. 이지적인 사람은 못 된다. 여자는 의지가 강한 편이다. 이런 여자를 아내로 맞은 남자는 공처가로 지내는 것이 편하다.

*유대인 코

유대인 코는 일명 매부리코, 또는 낚시코라고도 한다. 준두가 밑으로 처진 것이 마치 갈고리 같은 모양이다. 돈 버는 데 귀신이라 할 만큼 상술이 뛰어나고 환경에 잘 순응하는 타입으로 생활력이 왕성한 사람이다.

＊어린이코

일명 들창코라고 하는데 성인이 됐음에도 이런 코는 정신적, 육
체적으로 아직 어린이를 벗어나지 못한 면을 보이며 배우자 역시 좋
은 사람을 만나기 어렵고 재물이 계속 흘러 나가는 코이다.

7. 관골顴骨

관골은 오악에서 동악과 서악이다. 코를 보좌하고 있는 좌우의 광대뼈를 말한다. 코를 임금에 비유한다면 관골은 신하와 같다. 관골은 의지와 능력 그리고 활동성의 수완과 추진력을 나타낸다.

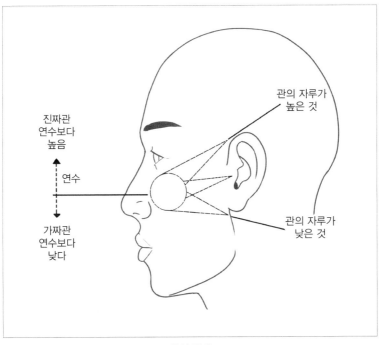

관의 형태

관의 위치

대운은 코와 함께 45세부터 54세까지 10년운을 지배하고, 소운은 좌관골 46세, 우관골 47세의 운을 지배한다.

고서에 관골은 권도權度이고 인당은 인수印綬라고 했다. 관골이 높이 솟고 인당이 풍만하면 말 한 마디로 군중을 모으고 해산하는 권세가 있고, 관골이 낮고 꺼지면 힘이 없다. 관골 관찰에서는 이마와 지각, 눈썹, 눈, 인당, 산근과 코의 조응 여부 즉 상보상성相補相成하는지를 봐야 한다. 관골의 진위 여부도 구별해야 한다. 반斑과 사마귀, 흔적, 무늬와 이외의 파破가 있는지를 본다. 색은 자색 또는 홍색이어야 하고 청백색이나 흑색이어서는 안 된다.

좋은 관골은 배부른 듯이 가득차고 높이 솟아오르며 둥글고 빼어

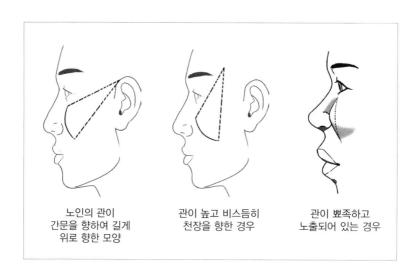

노인의 관이
간문을 향하여 길게
위로 향한 모양

관이 높고 비스듬히
천장을 향한 경우

관이 뾰족하고
노출되어 있는 경우

나야 한다. 뼈가 노출되고 낮게 평평하거나 조잡하게 뾰족한 경우는 나쁘다.

특히 관골의 관찰에는 가짜관과 진짜관을 가려야 한다. 관골이 높이 솟아 연수와 나란히 평행선을 이뤄야 진짜관이다. 하지만 높이 솟았음에도 뼈가 드러나고 살이 없거나 연수보다 낮은 경우는 가짜관이다. 이는 우유부단하며 담이 적다. 성격이 강퍅하고 고집스럽다. 허명과 허실을 얻게 된다.

코가 잘생겨도 관골이 좋지 못하면 보좌가 빈약하여 좋은 결과를 맺지 못한다. 관골은 권세를 주관하는 곳이다. 정치인과 지도자들은 관골이 좋다.

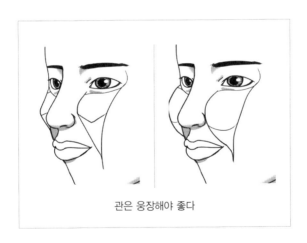

관은 웅장해야 좋다

코가 빈약하고 관골만 웅장하면 고생이 많다. 코도 빈약하고 관골도 없으면 중년에 크게 파한다.

코와 관골의 조응은 관은 자기가 되고 코는 배우자가 된다. 코가 좋지 않아도 진짜관이면 귀인의 도움을 얻어 고생은 되지만 얻는 바가 있다. 하지만 코가 좋아도 가짜관이면 크게 발달하지 못하고 작은 편안함을 얻을 수 있고 배우자의 도움을 얻는다.

관골은 웅장해야 한다. 빗장처럼 힘 있게 뭉쳐 있으면 자수성가한다. 하지만 뼈가 나오면서 살이 빈약해 뾰족한 것은 좋지 않다. 식소사번食少事煩으로 일생 고단하다.

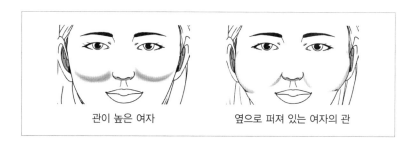

관이 높은 여자   옆으로 퍼져 있는 여자의 관

반면 여자는 음에 속하므로 관골이 웅장한 것은 좋지 않다. 음성마저 남자 목소리와 같으면 배우자와 인연이 박하여 재혼의 경우가 많다. 여자의 관골은 웃을 때나 그렇지 않을 때나 드러나지 않아야 온순하다. 여자의 관골이 크면 권력을 좋아하고, 정력이 왕성하며 부동산도 풍부하다. 개성도 강하고 고집도 세다. 남편과 자녀와는 인연이 약하다. 옆으로 퍼져 있으면 남편의 권세를 빼앗는다. 따라서 여자의 관골이 높고 이마도 높으면 직업을 갖고 밖에 나가 일을 하는 것이 좋다.

관골이 지나치게 높으면 고집이 세고 조급하다. 권력 투쟁을 좋아한다. 반대로 낮고 평평하면 의타심이 강하고, 실권을 잡기 어려우므로 다른 사람과 합작하는 것은 좋지 않다. 온순하고 투지가 약하며 체력이 좋지 않고 위장이 나쁘다.

가로로 길게 퍼지고 얼굴 옆선을 넘어 옆으로 삐져나온 것은 좋지 않다. 호승심이 강하고 지는 것을 싫어하는데 지고는 못사는 성격이기도 하다. 여자의 경우 계란 모양으로 약간 기울어져 간문 근처까지 발달된 것은 간문 즉 배우자궁을 치는 것 같은 형세로 배우자운이 적다.

천창부터 관골까지 꺼진 곳 없이 이어져야 힘이 있다. 천창이 꺼진 사람은 관골이 웅장해도 큰 권세를 잡지 못한다.

관골이 평평하거나 옆으로 기울어 코를 보좌하지 못하는 것은 좋지 않다. 관골 주위에 주름이 많으면 권세가 없다.

관골이 옆으로 툭 불거지면 이익을 위해서는 잔인한 행동도 한다. 양 관골이 서로 다르면 자기 입장만 생각하고 살짝 빠져나오는 용의주도함이 있다. 즉 겉과 속이 다르다. 남자는 처를 이별하고, 여자는 남편을 잃는다.

왼쪽 관골이 낮으면 남자는 상처하고, 여자는 상부한다. 왼쪽이 높으면 아버지에게 불리하고 오른쪽이 높으면 어머니에게 불리하다. 그렇기 때문에 연수와 평행선이 되는 것을 표준으로 삼는다. 관골만 홀로 높고 얼굴 주위의 부위가 약하면 중년에 패업하고 반대로 얼굴 주위 부위가 좋고 관골이 없으면 중년에 장기간 질환을 앓는다.

관골이 높아 세력은 있지만 인상이 꺼지고 눈썹이 낮으면 학문이 비록 높아도 이른바 인수가 무근하므로 귀인의 도움이 있어도 대기 大器를 이루지는 못한다. 관골이 안쪽 즉 안각 아래 코 옆에 있을 때

주의력이 있다. 중간에 있으면 방어력이 있다. 관이 밖에 있으면 공격력과 분투력이 있다.

뾰족한 관골은 독하고 흉맹하여 공격력이 강하고 수단을 가리지 않는다. 관골 위에 큰 점이 있는 경우는 간반肝斑이라고 하는데, 왼쪽 관에 나 있으면 간이 나쁘고, 오른쪽 간에 나 있으면 폐가 좋지 않다.

관과 볼에 주근깨가 많으면 간과 폐기능이 좋지 않다. 성욕이 지나치게 강하다. 관의 피부가 귤껍질 같으면 애쓰면서 이리저리 돌아다닌다. 관의 피부가 지나치게 밝으면 남자는 고독하고 여자는 외부 활동을 통해 발전한다.

8. 인중

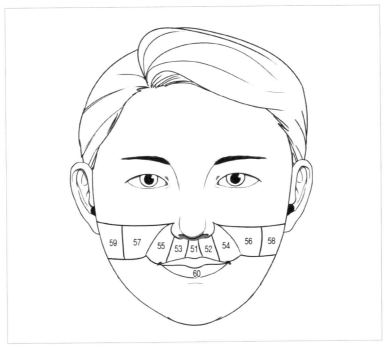

인중과 법령의 행운 유년도

인중은 사독四瀆인 눈과 코, 귀, 입의 혈류와 모든 기가 이곳을 통하므로 수로와 같다. 물길의 형상으로 큰 냇물의 샘이 되는 골짜기이다. 위로는 제독濟瀆에 통하고 아래로는 회수淮水와 붙어 있다. 물길은 물이 통하는 것이니 흘러서 막히지 않아야 한다. 얕고 좁으며 깊지 않으면 막혀서 흐르지 않는 것과 같다.

따라서 인중 위아래의 코와 입에 통하고 붙어 있는지와 사수四水가 통하는지 여부를 봐서 귀하고 천한 것을 나눈다. 인중은 몸에 기혈이 도는 것의 빗장이기 때문에 인중의 길고 짧음으로 수명의 길고 짧음도 정해진다.

깊고 긴 것은 부유하고 장수한다. 반면 가늘고 좁은 것은 의식이 핍박하다. 얕으면서 입술이 당긴 활 모양이면 수명이 짧다. 차서 평평한 것은 처지가 어렵고 불리하며 재앙으로 막힌다.

인중은 맑고 깨끗하며 길고 깊으며 뚜렷해야 한다. 인중의 빛이 혼탁하고 짧거나 틀어지고 가로주름이나 세로주름이 있게 되면 일생 가난하고, 고독하며 단명하거나 자식이 없게 된다.

대운은 51세부터 59세까지 9년간의 운을 지배하고, 소운은 51세의 당년운을 보게 된다.

인중의 선은 한쪽이 길거나 짧아 고르지 못하면 수명을 재촉하고 너무 넓거나 좁으면 자식이 끊긴다. 이런 이유로 인중을 수명자손궁壽命子孫宮이라고 한다. 인중의 넓고 좁음으로 자녀의 유무가 정해진다.

가늘고 좁은 인중은 일생 의식이 궁핍하다. 평면하여 선이 분명치 않으면 매사 재앙이 따르고 자손마저 불길하다.

인중의 위가 좁고 아래가 넓으면 자손이 많고 위가 넓고 아래가 좁으면 자손이 적다. 위아래가 모두 좁으면서 중간만 넓은 것은 쉽게 키우지만 머물기 어렵다. 위에 검은 점은 아들이 많고 아래의 검은 점은 딸이 많다.

인중의 위와 아래가 좁고 가운데가 넓으면 자식에게 질병이 있고 자손으로 인해 늘 근심이 끊이지 않는다. 오그려진 인중은 수명이 짧고 신분이 낮다. 삐뚤어져 비스듬하고 짧게 들려 올려진 것은 수명이 짧고 가난하다.

인중에 검은 점이 두 개 있으면 쌍둥이를 낳고 인중의 한 가운데에 검은 점이 있으면 혼처는 쉽지만 자식을 기르기 어렵다.

인중에 가로금이 있으면 노년에 자식과 인연이 없어 고독하다. 세로금이 있으면 자식에게 숙질宿疾(오래전부터 앓고 있는 병)이 있으므로 자식을 키우기 어렵다.

또한 인중에 우물정#자와 같이 가로주름이 겹치면 반드시 수액을 당하고, 인중에 바늘처럼 현침문이 있으면 자식이 없으므로 양자를 들이게 된다. 곤두선 주름살은 양자이다.

세로금이 하나 있으면 혈맥을 막는 형상과 같아 일찍이 여러 자식을 잃게 된다. 침을 매달아 놓은 것처럼 골이 가는 것은 자식이 끊기고 노년에 가난하다.

바르지 않고 구불구불한 인중은 재앙과 형극이 있고 대쪽처럼 곧은 인중은 충과 신의 마음이 한결같다.

너무 넓은 인중은 음란하고 수명이 짧으며, 인중이 왼쪽으로 치우치면 득남하고, 오른쪽으로 치우치면 득녀한다.

마치 대나무를 쪼개어 놓은 것 같은 모양이면 높은 지위에 오른

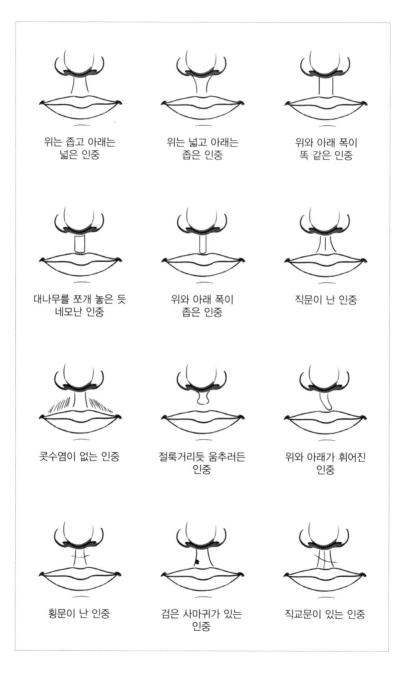

위는 좁고 아래는
넓은 인중

위는 넓고 아래는
좁은 인중

위와 아래 폭이
똑 같은 인중

대나무를 쪼개 놓은 듯
네모난 인중

위와 아래 폭이
좁은 인중

직문이 난 인중

콧수염이 없는 인중

절룩거리듯 움추러든
인중

위와 아래가 휘어진
인중

횡문이 난 인중

검은 사마귀가 있는
인중

직교문이 있는 인중

다. 오이의 릉㥄과 같은 모양이면 늙어 홀아비나 과부로 외롭고 가난하다.

인중에 검은색이 나타나면 사망의 위험이 있고, 흰색이 나타나면 실물의 손해가 있으며 푸른 청색이 손톱처럼 나타나면 자녀에게 질병이 생긴다.

형상	자녀 유무
심장 深長	많다
상협하광 上狹下廣	많다
양흑자 兩黑子	쌍생 雙生
상유흑자 上有黑子	많다
하흑자 下黑子	여다양난위 女多養難留
중흑자 中黑子	자난유 子難留
평만 平滿	없다
상광하협 上廣下狹	적다
상하협 중광 上下狹 中廣	적다
횡리 橫理	없다
견리 竪理	양자

9. 입口

입은 천지에 비유하면 큰 바다와 같다. 오성 중에 수성水星이고, 사독 중에는 회독淮瀆이다. 오관에서는 출납관出納官으로 말하고 먹고 마시는 기능을 한다.

입은 말하고 마음을 표현하여 선악을 짓는 곳이다. 따라서 입은 단정하고 말을 조심하는 것이 덕이 있는 것이고, 비방하고 말이 많은 것은 자신과 남을 해치게 되므로 구적口賊이라 하여 경계하도록 했다.

입을 항상 벌리고 있는 것은 물이 마르는 것과 같아 좋지 않다. 입은 하정에서 매우 중요한 곳이다. 복이 있게 생겨야 말년이 좋다.

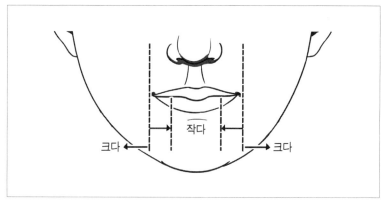

입의 크기

입의 대운은 55세부터 64세까지 10년간 운을 지배하고, 소운은 60세의 당년운을 지배한다. 하지만 그 영향력은 평생 동안 미친다. 남자에게 입은 배우자를 보는 곳이다.

입은 시비와 상벌의 근본이다. 입이 무겁고 말이 망령되지 않은 것을 구덕口德이라 하고, 입이 가볍고 타인의 허물을 함부로 말하는 것을 구적口賊이라 한다. 구덕지인은 복록과 장수을 누리고 구적지인은 형상刑傷이 따르고 수명을 재촉한다.

좋은 입   나쁜 입

좋은 입은 모양이 단정하고 삐뚤어지지 않아야 한다. 크고 두터워야 한다. 입술 색이 선홍색이고 윤이 나야 한다. 입술은 탄력이 있어 다문 모습이 한일一자 모양으로 되어야 한다.

입꼬리가 위로 향해 들려 있어야 한다. 입술의 경계가 또렷한 것이 좋다. 윗입술과 아랫입술이 잘 맞아야 한다. 입술에 주름이 있어야 한다.

관상에서 입이 크고 작음을 판단하는 기준은 여러 가지가 있지만 얼굴을 정면에서 볼 때 좌우의 눈동자 사이에 있으면 대체로 보통이다. 입이 크면 고위직에 오른다. 입에 주먹이 들어갈 정도로 크면 귀하게 된다. 작아 보여도 입을 벌려 주먹이 들어갈 정도이면 좋다.

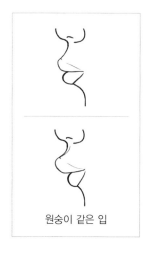

원숭이 같은 입

입이 크더라도 탄력이 없거나 색이 나쁘거나 처지면 좋지 않다. 입술이 얄팍하면 가난하다. 입이 작고 짧으면 가난하다. 입이 큰 여자는 배짱이 좋고 구질구질하지 않고 자존심이 강한 성격이다. 낙천적이면서도 마음에서는 냉정한 계산을 한다. 여자의 입이 너무 크면 처음에는 좋지만 나중에는 고생이 많다. 외롭기도 하다.

큰 입은 행동파로 끝까지 함께한다. 정계나 사업 분야에서 성공한 사람이 많다. 반면 작은 입은 우물쭈물하는 타입으로 시작이 어렵다. 밀고 나가는 힘이 부족하다.

입이 큰 여자는 활동적이고 경제력이 풍요롭다. 살집이 좋고 웃을 때 크게 입을 벌려서 웃는 사람은 활동적인 체질로 만사에 의욕적이고 장래성이 있으며 재물운도 좋다.

입이 작고 선홍색일 때는 앵두 같은 입으로 요조숙녀이다.

입꼬리가 위쪽을 향한 앙월구仰月口는 부귀하고 중년에 이르러 큰 명성을 얻는다. 입꼬리가 처진 사람은 먹고 입는 재복이 부족하다. 입이 처진 데다 입까지 벌리고 있게 되면 가난으로 고생하게 된다.

입이 모가 진 방구方口 또는 넉사四자 모양으로 생기고 양쪽 입꼬리가 살짝 위로 향하면 부귀하다.

입을 항상 벌리고 있어 치아가 보이는 사람은 생활능력이 부족한 경우가 많다. 잇몸이 보이는 입으로서 감언이설甘言利說과 유혹에 잘 넘어가 사기를 당한다.

입이 뾰족하고 입술이 엷으면 빈천하다. 마치 불을 부는 것처럼 뾰족한吹火口 입은 자식과 이별하고 자손이 드물어 늙어서 외롭게 된다. 가난하여 옷과 먹을 것을 힘들여 구하게 된다. 물고기 입처럼 나오면 가난으로 어려움을 겪게 된다.

개구리나 두꺼비 입같이 튀어나온 입은 시키지 않는 일도 해 놓지만 실속은 없다. 자기 잘난 맛에 살고 남에게 한마디라도 잔소리를 해야 한다. 마음속에 있는 것을 털어 놓아야 하는 성격이므로 비밀을 말하는 것은 곤란하다.

말은 하지 않으면서 입이 움직이고, 말馬처럼 입이 한 움큼인 사람은 끼니도 제대로 잇지 못할 정도로 가난하다. 말을 하기 전에 입이 먼저 움직이는 사람은 간사하고 성적인 욕구가 강하다. 아무도 없는데 중얼중얼 혼잣말을 하면 고독하고 가난할 상이다.

입이 위아래가 틀어지고 입술 끝이 엷으면 비밀을 지키지 못하고 주위에 적이 많으며 남의 비방을 잘한다. 입의 한쪽이 높거나 낮아 삐뚤어지면 남을 잘 속이고 신의가 없으며 말년이 고독하다.

입이 왼쪽으로 틀어지면 처자가 일찍 죽고 오른쪽으로 틀어지면 재산을 모두 탕진하고 끝내는 형제 동기간마저 흩어진다. 입술의 왼쪽에 상처가 있으면 욕심이 많고 간사하다. 입이 쥐 모양으로 검푸르면 전답을 다 팔아먹고 종국에는 사는 집마저 없게 된다.

입 끝의 좌우가 아래로 처진 경우는 좋은 배필을 얻어도 해로하지 못하고 말년이 고독하며 60세에 실각한다.

입이 작은데 혀만 크면 가난하고 단명한다. 이가 밖으로 드러나고 힘없이 벌어진 입은 일생을 가난하게 지낸다.

　입 주변이 검은 경우 은연중에 마음에 독함이 있다. 여자의 경우 이와 같으면 냉㊇이 많고 혈액이 탁하다.

10. 입술膏

　입은 마음의 바깥문이다. 붉고 두터워야 하며 끝은 모가 지고 입술선은 분명하여 단정하면 미각이 뛰어나고 일생 동안 음식이 떨어지지 않는다.

　입이 단정하고 후덕하면 마음이 바르므로 말을 함부로 하지 않는다. 입술의 왼쪽에 흉터가 있으면 욕심이 많고 간사하다.

　입술의 상하가 꼭 같으면 관후寬厚(마음이 너그럽고 후덕)하다. 상하가 잘 맞지 않으면 말에 신의가 없다. 입술의 상하가 두터우면 글에 재주가 있고 신의가 있으며, 상하가 너무 얇으면 우매하고 망언을 잘

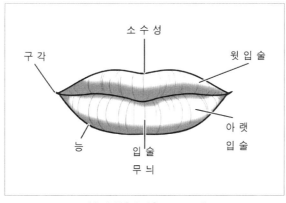

입술의 행운유년은 51~67세

한다. 입술이 두터우면 평생 의식이 족하다. 입술이 얄팍하면 박정하다. 작은 입에 입술마저 얇으면 평생 재복이 부족하고 고생을 많이 한다. 그런데 입술이 전혀 보이지 않을 정도로 한일一자로 된 구불견진口不見脣의 입은 대권을 장악한다.

입술이 너무 두터운 것도 좋지 않다. 야망이 너무 크므로 만족할 줄 모른다. 윗입술이 얄팍하고 아랫입술이 두터운 사람은 말을 함부로 한다. 윗입술이 두텁고 아랫입술이 얄팍하면 춥고 가난하며 일이 막히는 것이 많다. 입술이 얇고 푸른색이고 내천川자처럼 주름이 있으면 굶어죽는다.

위아래 입술이 모두 얄팍하면 말을 함부로 하여 남들을 잘 속인다. 유독 아랫입술만 너무 길고 엷은 사람은 가난하고 자주 굶을 상이다. 아랫입술이 길어 윗입술을 덮은 사람은 일생 빈고하고, 반대로 윗입술이 너무 길어 아랫입술을 덮은 사람은 일생 고빈孤貧하다.

윗입술이 너무 엷은 사람은 거짓말을 잘한다. 반면 아랫입술이 너무 얇은 사람은 가난하고 일마다 막힌다. 입술의 위아래가 덮여지지 못하면 일생 빈한하다.

위가 두터운 입술은 남을 생각하는 마음이 강하다. 자원봉사를 많이 하고 상대를 위하는 사랑을 한다. 너무 두터워 위로 말린 입술은 단명한다.

위아래가 상하로 말린 입술은 평생을 고독하게 지내고 자식과도 인연이 박하다. 반면 아래가 두터운 입술은 자신을 생각하는 마음이 강하다. 이기심 때문에 왕따를 당한다. 이기적인 사랑을 하며 소유욕도 강하다. 사랑하기 위해서는 어떤 방법도 가리지 않는다.

두터운 입술은 정도 많고 욕심도 많고 성욕도 왕성하다. 남을 돕는 일에도 앞장선다. 지나치게 두터운 입술은 색을 너무 밝힌다. 두터우면서 뒤집힌 입술은 색기로 망신당할 수 있으니 조심해야 한다. 연애에서는 사랑을 쉽게 피워 올리지만, 정 때문에 인연을 명쾌하게 끊지 못하는 형이다.

얇은 입술은 이성적이고 침착하다. 연애운은 이지적인 사랑을 침착하게 진행한다. 신경질적인 면이 강해 상대로부터 오해를 사는 일이 많다. 성적 관심이 적고 욕구가 약하다.

입술의 색이 맑은 홍색으로 윤이 나면 귀하고 부유하여 풍족한 생활을 한다. 선홍색이면 품성이 고결하여 색을 밝히지 않는다. 노란색이면서 맑은 홍색이면 귀한 자식을 두게 된다. 흰색이면서 윤택

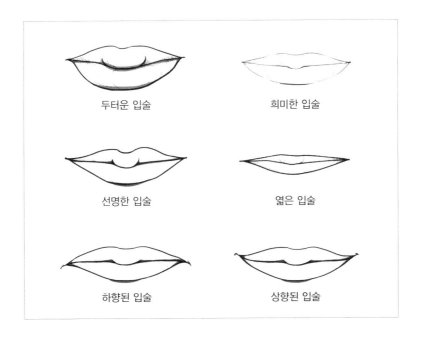

두터운 입술   희미한 입술

선명한 입술   엷은 입술

하향된 입술   상향된 입술

하면 귀한 부인을 얻는다. 입술의 색이 어두우면 좋지 않다. 입술이 항상 푸르면 여러 재해를 당하여 단명할 수 있다. 입술이 얇고 청홍색이면 부동산을 날리고 가난하게 되어 굶주리는 경우가 많다. 입술이 혼탁한 검은색이면 질병으로 고생하며 죽을 수 있다.

입술의 경계가 또렷하고 윗입술에 능각陵角(물체의 뾰족한 모서리)이 있으면 귀하다. 입술의 모양이 활과 같이 생겨 양쪽 입꼬리가 위로 살짝 올라가게 되면 귀하여 출세한다. 입술의 경계가 또렷하지 못하고 닭의 벼슬처럼 굴곡이 많으면 늙어 가난하고 쓸쓸하다.

입술이 뚜렷하지 않고 보기 싫은 느낌을 주는 사람은 남녀를 불문하고 물질과 정신적으로 넉넉하지 못한 환경에서 성장된 사람이다. 물질이 풍요롭지 못한 환경에서 성장했어도 입술의 윤곽이 뚜렷하면 중년의 나이부터는 풍요로운 삶이 지속될 수 있다.

입술에 탄력이 없어 헝겊으로 만든 주머니를 끈으로 묶은 것같이 쭈글쭈글하게 생기면 먹을 복이 없고, 자식이 있더라도 도움이 되지 않는다.

입술에 검은 점이 있으면 술을 좋아한다. 여자는 연애결혼을 하지만 남편 덕이 없다. 입술이 항상 검은 사람은 일마다 막히고 입의 주변이 검으면 은연중 마음에 독기가 있다. 여자가 이와 같으면 냉이 많고 혈액이 탁하다.

윗입술이 길고 아랫입술이 짧으면 아버지를 일찍 여의고, 아랫입술이 길고 윗입술이 짧으면 어머니를 일찍 여읜다고 했다. 윗입술은 아버지가 되고 사랑을 주재한다. 아랫입술은 어머니가 되고 자기 자신을 주재한다. 입술에 주름이 있어야 한다. 엷은 주름이 많으

면 자손이 많고, 입술에 주름
이 전혀 없으면 고독하다. 양
쪽 법령의 주름이 입꼬리에 이
어져 입 안으로 들어가는 모양
이면 굶어죽게 된다.

입술의 주름

뒤집어진 입술은 과격하고
도발적인 사랑을 한다. 한번
마음을 준 사랑에는 물불을
가리지 않는다. 여자는 정조관념이 희박하고 남자는 여자를 가리지
않는다. 여자의 윗입술이 뾰족하게 나와 위로 말린 것 같으면 아기
를 출산할 때 어려움을 겪게 된다.

아랫입술에 핏기가 없어 찰색이 허옇게 된 사람은 주머니가 가벼
워 일생 불운의 상이다.

11. 치아齒牙

　이는 인체를 이루는 모든 뼈의 정기가 한 입에 모여 입속의 칼날을 이루었다고 할 수 있다. 또한 모든 음식물을 씹어서 체내의 오장과 육부를 보양하게 하는 중요한 기관이다.

　이가 가지런하고 틈새가 없는 사람은 지혜롭고 장수한다. 엉성하게 드문드문 난 사람은 가난하다. 개의 이빨 같으면 성격이 독하고 거칠다. 쥐 이빨 같은 경우는 가난하고 천한 직업을 갖는다. 이의 크기가 각각 다르고 엉성하면 남을 잘 속인다.

　이가 희고 윤이 나면 재복이 있다. 이가 누런색은 하는 일이 막히는 게 많다. 여기에 검기까지 하면 재액이 많고 재산을 깨뜨리게 된다. 푸른색의 이는 수명이 길지 않다. 이의 수는 많을수록 귀하다. 이가 백옥 같고 38개가 되면 왕이나 왕비가 된다고 하여 귀한 사람이다. 36개이면 고위공직자가 되거나 큰 부자가 된다. 32개이면 중간 공무원이 되거나 중견기업의 부를 이룬다. 30개이면 보통 사람이고 28개 이면 가난하고 직업이 천하다.

　덧니가 많은 사람은 교활하고 행동이 바르지 못하다. 이의 뿌리쪽이 좁고 끝쪽이 넓은 사람은 식성이 좋다. 반면 뿌리쪽이 넓고 끝쪽이 좁아 날카로운 사람은 육식을 좋아한다. 말을 할 때 이가 보이

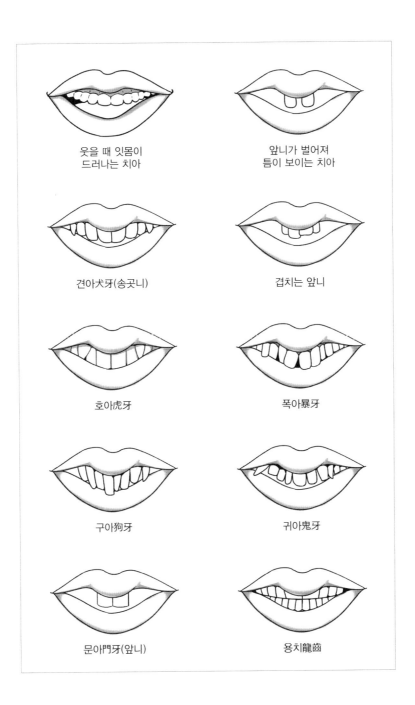

웃을 때 잇몸이
드러나는 치아

앞니가 벌어져
틈이 보이는 치아

견아犬牙(송곳니)

겹치는 앞니

호아虎牙

폭아暴牙

구아狗牙

귀아鬼牙

문아門牙(앞니)

용치龍齒

유자치榴子齒

지 않는 사람은 부귀하다.

　앞니 두 개가 유난히 큰 치아는 토끼 이빨이다. 귀여운 인상으로 정열적인 사람이다. 일을 시작하면 끝장을 보는 노력형으로 근면하고 성실한 성격이다.

　희고 튼튼한 치아는 모든 일을 잘 해낸다. 시원한 성격으로 그늘이 없고 운도 좋다. 충치가 많은 치아는 병치레가 잦으므로 건강관리에 신경을 써야 한다.

　앞니가 세 개인 치아는 잔인한 성격의 소유자로서 자기중심적이고 목적을 위해서는 수단과 방법을 가리지 않는다.

　작고 뾰족한 치아는 유난히 이가 작고 쥐 이빨처럼 뾰족한 것으로 못 믿을 사람이다. 생각의 폭이 좁고 사소한 일에도 잘 흥분하며 이익을 위해서 타인을 서슴치 않고 이용한다.

　드러나 보이는 치아는 귀가 얇은 편이다. 다른 사람 말에 쉽게 속아 넘어간다. 끈기가 없고 체력적으로도 약하기 때문에 사무직에 어울린다.

　고르지 않은 치아는 변덕이 심하다. 여성 취향도 유별하여 한 여자에게 만족하지 못한다. 일정한 직업이 없어 수입이 없다.

12. 혀舌

혀는 단전의 심층부로부터 새로운 원기를 생출하여 서로 상응시켜 안으로는 호령하고, 밖으로는 모든 기관과 연결하여 방울처럼 울려 움직이게 하는 저울추와 같다.

사람의 생명을 좌우하는 기관이다. 정신의 집이 되고 몸과 마음의 추가 된다. 혀는 입속에 감춰둔 칼이다. 말을 잘하고 못함에 따라 사람을 도울 수도 있고, 다른 사람이나 자신을 해칠 수 있기 때문이다. 혀를 놀리는 데 따라 사람의 생사를 좌우하기도 한다.

따라서 혀를 경솔히 놀려서는 안 되고, 항상 입을 무겁게 가져야 한다. 그것이 구덕口德이고 화를 피하는 영락지문永樂之門이다.

말은 한번 뱉으면 담을 수 없다. 한번 휘두른 칼은 돌이킬 수 없듯이 혀는 칼보다 무섭다. 그러므로 혀는 칼날처럼 예리하고 모가 지며 단정하여 무늬가 있어야 부귀하다. 반대로 좁고 작으며 엷고 누렇거나 희고 무늬가 없으면 빈천하다.

혀는 길고 커야 좋다. 긴 혀는 내밀어 인중에까지 닿는다. 더 긴 혀는 내밀어서 준두에 이르고 짧은 혀는 입술에 닿는 것에 그친다. 혀가 크고 단정하며 각이 진 사람은 부귀하게 된다. 입안에 혀가 꽉 차는 사람도 귀하다.

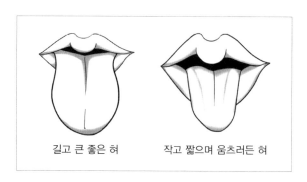

길고 큰 좋은 혀　　　　작고 짧으며 움츠러든 혀

　긴 혀라도 얇으면 좋지 않다. 쓸데없는 말이 많아서 하는 일들에 자주 실수를 하게 된다. 혀가 길면서 폭이 좁으면 간사한 도둑과 같이 사람을 잘 속인다. 혀가 길면서 뾰족하면 성격이 모질고 남을 속인다.

　말은 빠른데 입을 항상 뾰족하게 모은 사람은 파산하고 떠돌아다닐 상이다. 침이 없는데 침을 자주 뱉는 사람은 선부후빈先富後貧한다. 짧으면서 뾰족하면 욕심이 많고 이기적이며 인색한 사람이다. 짧으면서 두터우면 운이 막혀 어리석고 가난하다. 작고 좁지만 모가 진 혀는 법가의 왕이 된다. 작고 얇으면 말을 함부로 하는 경향이 있고 가난하다.

　혀의 색이 맑은 홍색이면 귀하고 어두운 검은색이면 천하다. 붉고 모지고 긴 혀는 재복이 많고, 붉고 작고 길면 총명하여 지혜가 있다. 혀에 붉은 무늬가 비단과 같이 있으면 귀록貴祿을 얻는다. 혀가 백지처럼 희면 가난하거나 병약하다.

　혀에 주름이 있으면 높은 지위에 오른다. 세로로 주름이 있으면 귀하게 된다. 삼천문이 있는 경우 만경萬頃(아주 많은 이랑)의 전답을 갖게 되고 꽃무늬가 있는 경우 아들을 많이 두며 일생 동안 영화가 그치지 않는다. 혀가 작으면서 주름이 많으면 편안하고 안정된 삶을 살게 된다.

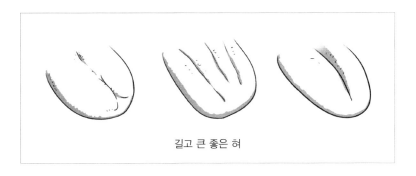

길고 큰 좋은 혀

혀는 크고 입이 작으면 말이 늦으며 혀는 작고 입이 크면 말이 경쾌하다. 입술을 항상 혀로 핥는 사람은 이성관계가 문란할 수 있다. 말하기 전에 혀를 날름거리면 거짓말을 잘하고 신의가 없다. 혼자 있을 때 무슨 생각을 하는 듯이 입을 뾰족하게 모으는 여자는 남편과 자녀에게 해롭고 정부情夫와 사통할 상으로 내면에 거짓과 음심이 많다.

혓바닥에 검은 사마귀가 있으면 거짓말을 잘하고 혀끝이 뾰족하며 가운데 줄기가 돋은 경우는 사기성이 농후하여 말에 독이 있으니 가까이하지 않아야 한다.

13. 법령法令

법령은 나라의 법이 미치는 범위이다. 법령이 넓으면 집이 넓고 경작하는 땅이 넓으며 많은 부하들을 거느린다. 반면 법령이 좁으면 집과 땅이 좁아 부하도 적다. 땅이 넓으면 의식주가 풍족하고 장수하지만 땅이 좁으면 의식주가 가난하고 수명도 길지 못하다.

법령은 코와 양옆으로부터 지각을 향해서 입가로 뻗친 선을 가리키는데 어릴 때는 나타나지 않고, 성년이 되면서 점차 자라난다. 30세에 조금씩 드러나고, 40세에는 입 가까이에 이르며, 50세에는 입을 지나치고, 60세가 되면 지각에 이른다.

대운은 입과 함께 55세부터 64세까지 10년간 운을 지배하고 소운은 56세와 57세의 양년간을 지배한다.

법령이 명확하고 둥글며 깊고 길면 노년기에 부귀장수한다. 하지만 지나치게 깊으면 고독하고 살생을 좋아한다.

난대와 정위가 분명하고 깨끗하며 산뜻하면 귀하다. 지각에 길게 뻗어 있으면 장수한다. 짧으면서 입으로 들어간 것을 등사螣蛇라고 한다. 등사는 노년에 굶어죽을 상이라고 말한다.

백각도자白閣道者는 "법령문이 현재 금루에 있는 사람은 독진강산獨鎭江山한다"고 했다. 법령선이 넓어 힘차게 금루 부위까지 뻗친 사람

분명하게 깊고 둥글고 긴 좋은 법령

법령선 밖에 다시 직선 무늬가
생긴 법령

법령의 한쪽변에 두 갈래의
법령이 있는 법령

수직 형태의 법령

넓고 넉넉하지만 짧아 지각에
이르지 못한 법령

입모서리 위에서
멈춘 법령

가지선 무늬가 생긴 법령

길어서 지각에 이르나 넉넉히
넓지 않은 법령

법령선에 사마귀가 있는 법령

입모서리쪽으로 들어간 법령

은 홀로 강산을 누를 만한 권세를 갖고 있다는 것이다.

법령이 길게 한 줄로 분명하면 직업이 안정되고 법령이 두 갈래로 파문이 되면 직업이 불안하여 방황하고 가난하다. 법령이 중간에서 끊겨진 사람은 일마다 중단되고 직업에 변동이 잦다. 너무 깊게 패이면 살생을 좋아하고 이중성격이 있으며 마음이 음험하다.

법령선이 붉고 윤택하면 기쁜 소식을 접하고, 검고 어두우면 나쁜 소식을 받는다. 자색이 맑게 빛나면 아랫사람이 기쁜 소식을 전해준다. 청흑색이 생기면 병액病厄이 침범한다. 법령에 횡문이 있거나 절단된 사람은 술로 인해 패가망신할 수 있다. 법령의 무늬 위에 긴 사마귀가 나 있으면 주관이 지나치게 조급하고 쉽게 화를 낸다.

14. 턱[지각地閣]

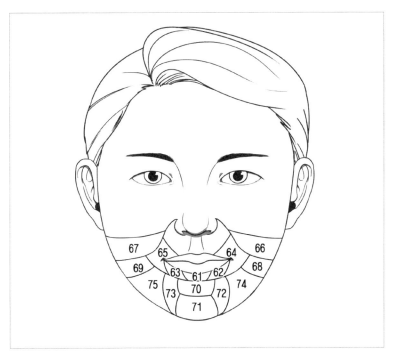

지각의 행운유년도

턱은 오악 중 북악北嶽이다. 12궁에서는 노복궁이 있는 곳이다. 땅
과 군중과 자녀와 부하를 의미한다. 턱은 전택과 복역僕役을 주재한
다. 부동산의 많고 적음과 만년기의 복분과 사람을 부리는 도량과

관리 재능을 나타낸다. 삼정에서는 하정下停으로 말년운을 보는 곳이다. 하정에서는 입의 영향력이 크므로 턱을 볼 때는 입을 함께 봐야 한다.

턱은 인생의 말년을 주관하는 곳이다. 턱이 부실해서는 재산을 제대로 모을 수 없고 재산이 없으면 어려움을 겪게 되어 고생한다. 아랫사람의 덕 또한 없으니 노년을 쓸쓸하게 보내게 된다. 따라서 턱이 빈약하면 중년기에 노후를 대비해야 한다.

지각의 유년운은 61세 승장, 62~63세 지고, 64세 피지, 65세 아압, 66~67세 금루, 68~69세 귀래, 70세 송당, 71세 지각, 72~73세 노복, 74~75세 시골, 76~77세는 자이다.

턱은 단정하고 두터우며 풍부하고 넓어 홍황색으로 밝게 빛나며 둥근 모양이 좋다. 양쪽을 깎아 놓은 듯 빈약하거나 뾰족한 것은 좋

넉넉하고 두텁고 단정하고
평평한 직각

지 못하다. 작고 검정색을 띠는 것은 꺼린다. 옆으로 퍼진 것도 좋지 않다. 너무 앞으로 나온 주걱턱과 쑥 꺼진 것도 좋지 못하다. 주걱턱은 정에 약해 악처와 사는 경우가 많다.

둥글면서 작은 턱은 예술적 재능이 뛰어난데 눈까지 둥글고 크다면 연기 분야에 두각을 보일 수 있다. 하지만 조급하고 무절제한 경향이 있다.

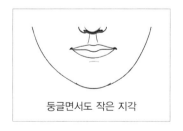

둥글면서도 작은 지각

턱이 둥글고 풍성하면 성격이 원만하다. 튼튼한 턱으로서 애정도 깊고 가정에 대한 사랑도 강하다. 특히 남을 잘 돕고 아는 사람들에게서 사랑을 받는다. 연애나

넉넉하고 둥근 지각

부부관계에서도 좋은 상대를 만날 수 있다. 하지만 너무 둥글면 우유부단한 성격으로 놀기를 좋아한다. 반면 뾰족한 사람은 예민한 성격으로 잘 삐친다. 빈약한 사람은 까다로운 성격으로 적당히 넘어가지 못하는 경향이 있어 아랫사람의 덕이 부족하다.

넓은 턱은 턱이 큰 데다가 아랫입술로부터 턱 끝까지 길이로 보면 초승달형의 턱이다. 성실하고 애정도 깊고 부지런하며 자신감과 의협심이 강하다.

네모진 턱은 의지가 강하다. 이가 꽉 차 있어 금기가 강하므로 의지가 강하고 고집이 세다. 개혁 의지가 강하다. 턱이 모가 나고 지각이 길게 뻗친 경우는 한번 당한 굴욕은 절대로 잊지 않는다.

옆으로 봐서 턱의 살이 나오면 나올수록 정열적이다. 하지만 표면은 상냥해도 가정에서는 폭군형이 많아 이혼하는 경우가 많다.

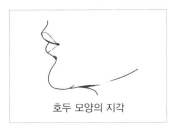

호두 모양의 지각

호두 모양으로 턱이 앞으로 나오면 집념이 강하다 못해 고집과 자신감이 지나치게 강하다. 아랫사람의 도움이 없어 말년에 외로운 경향이 있다.

비스듬한 형의 턱은 정면으로 봐서 좁고 옆에서 보면 비스듬히 된 형태의 턱 모양이다. 감정적이고 희로애락이 극단적이며 인내가 약하고 감상적인 버릇이 있으며 경솔한 성격이다. 노년이 편치 않다.

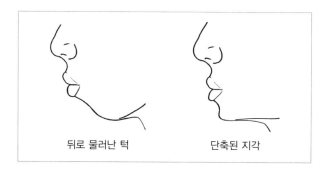

뒤로 물러난 턱   단축된 지각

뒤로 물러난 듯한 턱은 성질이 급하고 충동적이다. 간난신고하여 말년운이 나쁘다. 복이 박해 수명이 고통스럽고 재산도 날린다. 산근까지 꺼지면 형극이 중해 수복을 말하기 어렵다.

뾰족하게 깎인 턱은 살이 없어 재운이 부족하다. 한 가지 특기를 익히고 쓸데없는 일에 관여하지 않는 것이 좋다.

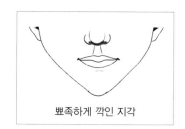

뾰족하게 깎인 지각

뾰족하고 가는 턱은 애정면에서 불우한 관상으로 가정을 쓸쓸하게 한다. 이지적이며 감각은 날카롭지만 운세는 약하다.

턱이 작고 빈약한 여자는 애인 타입의 여성으로 만년이 외롭다. 턱이 인형처럼 뾰족한 여성은 30대 이후 성욕이 강하다. 관골까지 튀어나오면 과부나 독신의 대표적인 상이다.

긴 턱은 활동이 뛰어나고 인내력이 있으며 고집도 있다. 정력이 왕성하다. 어떤 일이든 마음을 다해 노력한다. 모험심이 강하고 수명도 길다.

반면 짧고 작은 턱은 성격이 급해 충동적이다. 몸이 약하고 병이 많다. 인내력도 약하다. 재운이 약해 노년이 고독하다.

짧고 작은 지각

함몰되거나 좌우가 고르지 않는 턱은 재난이 많으니 항상 몸가짐을 조심해야 한다.

턱 밑에 살이 있어 두 개로 보이는 이중 턱은 재복이 있다. 온화

함몰되거나 좌우가
고르지 않은 지각

하고 마음이 너그러우며 체형이 살쪄 있다.

살갗이 희고 몸이 말랐어도 30대가 되면 뚱뚱해진다. 수복의 상이다. 이중 턱은 주름이 가장 뚜렷할 때에 운세가 오르막이고 줄이 희미해지면 운세가 쇠퇴한다. 일반적으로 이중 턱을 가진 여자는 노년운이 좋다.

이중 턱의 남자는 장남이라도 자기 집을 상속하지 못하고 남의 집을 상속한다. 그렇다고 자기 집의 재산을 잃는 것은 아니고 남의 재산을 맡는 행운이 있다. 처가

턱이 두 개인 지각

현숙하고 자식이 효도를 하며 금전적으로 걱정하지 않는다.

여성의 경우 남편이 일찍 출세한다. 뺨에서부터 완만한 곡선을 그리며 흐르는 풍만한 턱의 라인은 도톰한 입술과 더불어 섹시함을 풍기면서 색을 밝히기도 한다. 제비의 턱 같은 경우도 재복이 있다.

승장이 평평하고 두툼하면 부귀하고 주량이 세다. 승장에 흑점이 있으면 주량으로 인해 건강을 해칠 수 있으므로 조심해야 한다.

턱이 옆으로 너무 발달하여 뒤에서 봐도 튀어나와 각진 것처럼 보이면 배우자운이 나쁘다. 여성의 턱이 이와 같으면 남편과 일찍 사별하는 경우가 있다.

귀 앞의 뺨에서 아래쪽이 현벽懸壁인데 현벽이 어두워지면 사업이 어려워지게 된다. 천창 부위와 이곳이 어두워지면 새로운 일을 시작하지 않는 것이 좋다. 모든 여건이 좋아질 때까지 기다리는 것이 옳다.

올라앉은 턱은 활발히 활동하는 커리어우먼의 상이다. 현대사회에서는 환영받는 턱이지만 남편운은 비교적 없다.

턱에 주름무늬나 사마귀 그리고 파결이 있으면 아랫사람에게 깊이

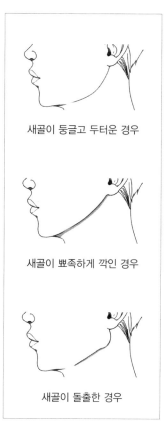

새골이 둥글고 두터운 경우

새골이 뾰족하게 깍인 경우

새골이 돌출한 경우

연루되어 파재한다. 친구로부터 배반당하기 쉽고 용인술도 여의치 않다. 수염이 없는 턱은 특별한 전문 분야가 아니면 출세와는 거리가 멀다.

15.머리카락

　머리카락은 가늘고 부드러우며 성기고 길면서 검고 빛나며 수려하고 향기가 나는 것이 귀인의 상이다. 심장의 혈이 허약하면 머리카락이 희어지고 심장의 혈이 메마르면 탁해진다. 심장의 혈이 흥성하면 수려하다.

　숱이 지나치게 많으면 길고 검게 빛나야 하는데 성욕이 강하다. 반면 적으면 짧고 맑으며 가늘어야 한다. 뚱뚱한 사람은 머리카락이 많아야 좋고 너무 적으면 병의 재난이 있다. 마른 사람은 머리카락이 적어야 좋은데 너무 많으면 신체가 허약하다.

　거칠고 단단하며 짧은 머리카락은 강직하고 강하다. 고독하고 오만하다. 조급하고 번거로우며 도량도 작다. 유연하고 가늘면 마음이 여리고 인자하며 총명하고 재빠르면서 영리하다.

　부드럽고 향기가 나면 성품이 원만하고 지혜가 풍부하며 인내력이 강하다. 탁하고 냄새가 나면 운세가 지체되고 막혀 일생을 고생하며 지내는데 자녀복이 없다.

　빽빽하게 자라면 관재와 형벌에 주의해야 한다. 곱슬머리는 다음 多淫(색色을 좋아하는 욕심이 지나치게 왕성)하고 일마다 막히며 작업이 자주 바뀌고 인내심이 없다. 성기고 가늘면 명리가 쌍전한다. 메마르고 얼굴이 초췌하면 빈궁하고 몸이 약하게 된다.

발제가 높고 이마가 광활하면 일찍이 뜻을 얻게 되고 총명하며 통달한다. 발제가 낮고 이마가 좁고 답답하면 일찍이 고향을 등지게 되고 부모와 인연이 담박하다.

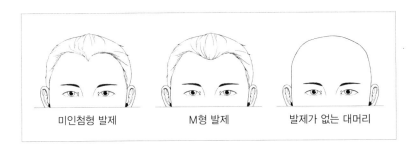

| 미인첨형 발제 | M형 발제 | 발제가 없는 대머리 |

미인첨美人尖형 발제는 진취성이 강하고 사고력이 풍부하지만 육친과는 형극하기 쉬우므로 둥글게 다듬는 것이 좋다.

M자형 발제는 품행이 단정하다. 초년은 힘들지만 만년은 좋은 운으로 바뀐다.

양쪽 귀 옆에 있는 발제가 귀의 뾰족한 부위보다 높거나 같으면 심기가 아주 깊다. 반면 낮으면 명리에 담박하고 중후스러우며 성실하고 낙관적이며 분발심이 강하다.

머리 뒤의 발제와 귓불이 나란하거나 높으면 명리심이 중하고 이기적이며 인색하다. 반면 낮으면 명리에 담박하고 인내력이 강하며 속마음을 드러내지 않는다.

대머리는 처세가 원만하지만 현실적이다. 청소년기에 뜻을 얻게 되고 각고의 노력을 한다. 가운데 머리만 대머리이면 총명하다.

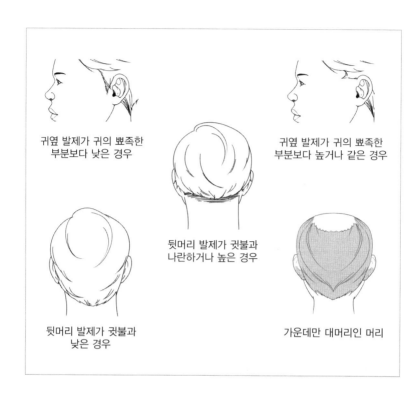

귀옆 발제가 귀의 뾰족한
부분보다 낮은 경우

귀옆 발제가 귀의 뾰족한
부분보다 높거나 같은 경우

뒷머리 발제가 귓불과
나란하거나 높은 경우

뒷머리 발제가 귓불과
낮은 경우

가운데만 대머리인 머리

머리카락이 빨리 희어지면 마음을 많이 쓰고 사려가 지나치게 깊으며 머리를 많이 쓰는 사람이다. 어려서 백발이 되면 심신조양에 관심을 가져야 한다.

일찍 백발이었는데 다시 검어지면 대길한다. 노년의 백발은 정상이지만 계속 검어지면 수명이 연장된다. 하지만 자손을 형극한다.

노년에도 머리카락이 빠지지 않으면

백발이었다가 다시
검어진 머리

머리카락이 빨리
희어진 머리

성욕이 여전히 강하다는 증거이고 자녀와는 인연이 적고 고독하다.

　이마 위에 머리카락을 가지런하게 늘어뜨린 머리는 좋지 않다. 이마의 명궁과 관록궁을 가려 영향을 끼치기 때문이다. 머리카락으로 이마의 1/3은 덮지 않는 것이 좋다.

이마 위에 머리카락을
가지런히 늘어뜨린
여자의 머리

가마(발선)

　가마가 머리 정수리 중앙이나 중앙의 전후에 있으면 길하다. 정수리 양쪽 변에 있으면 일이 순조롭지 않고 영고성쇠가 일정치 않다.

　머리카락이 두텁고 많으면 머리를 기르는 것이 좋고, 머리카락이 적고 박하면 짧게 깎는 것이 좋다.

　'세상에는 머리카락이 빽빽하고 검은 재상이 없다'라는 옛말이 있다. 중년기에 머리 쓰는 것이 과도하고 심사가 지나치게 고갈되어 머리카락이 점차 성기고 날마다 백발이 생기기 때문이다.

　머리카락의 색은 검게 윤기가 나고 아름다운 향기가 나면 귀하다. 황색이면 호색하고 형극이 많다. 적색이면 재난이 많고 빈천하니 쓸데없는 일에 관여하지 않는 것이 좋다. 지나치게 검은색이면 성욕이 강하다.

16. 수염

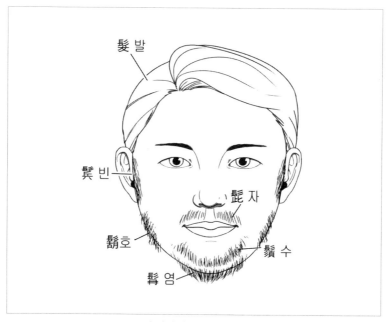

髮 발

鬢 빈

髭 자

髯 호

鬚 수

鬍 염

수염의 각 부위별 명칭

명나라 때 관상의 대가인 원류장袁柳莊이 말하기를 "빈鬢은 양 귀
옆에 난 털이고, 호鬍는 빈 아래 지각의 윗부분에 난 털이며, 자髭는
윗입술 위에 난 털이고, 수鬚는 아랫입술에 털이며, 염髯은 지각 아
래에 난 털이다"라고 했다.

수염의 유년운은 51세에서 80세에 이르고 코에서 지각에 이르는 부위에 있다. 지각이 너무 짧고 콧구멍이 하늘을 보면서 인중이 짧고 얇으며 평평하면 또한 윗입술이 짧고 얇으며 앞니가 빠지고 잇몸이 너무 노출되면 모두 호수鬍鬚의 털을 깎지 않고 기르는 것이 도움이 된다.

『신상전편』에 의하면 "소년기의 부귀는 눈썹의 청수함에 있고 노년기의 수복은 수가 윤기 있게 촉촉이 자라남에 있다"고 했다. 자髭, 호鬍, 수鬚, 염髯은 튼튼하고 성기며 윤기가 나는 것을 좋은 것으로 본다.

수鬚가 무성하게 자라 입을 포위하고 있으면 행운이 막히고 지체됨을 예방하여야 한다.

자髭가 인중에 없으면 친구나 부하의 도움이 없고 시비가 많으며 고단한 일생을 보낸다.

수가 길어 너무 부드럽고 바람에 날리는 것은 좋지 않고 짧아 인후咽喉를 봉쇄하고 입을 포위하는 듯해도 좋지 않다. 수가 많으면 청수함을 귀하게 여기고, 수가

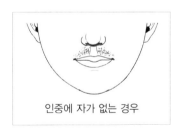

인중에 자가 없는 경우

많으면서 길고 윤택하면 정력이 왕성하여 자손이 많다. 반면 수가 적으면 밝게 윤이 나는 것이 좋고 일찍 희어지면 정력이 쇠약하고 자손들의 몸이 아프다.

남자가 수가 없으면 책임감이 결핍되고 노년기에 고달프다. 자가 없으면 육친 간에도 서로 인정하지 않으며 현실주의자로서 권세에

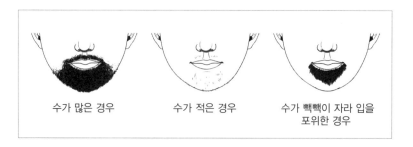

| 수가 많은 경우 | 수가 적은 경우 | 수가 빽빽이 자라 입을
포위한 경우 |

아부하고 빌붙는다.

수가 많고 빈鬢이 적으면 태어나면서부터 예술적인 재능이 있으므로 연예계로 나가면 좋다.

빈이 귀 옆 앞 부위를 지나면 총명하고 남을 잘 돕는다. 서비스업에 적합하다. 빈이 많고 수가 적으면 평생 편안하게 보낸다. 빈이 대머리이고 눈썹이 성기면 노년기에 외롭고 가난하다.

빈모鬢毛가 없으면 심성이 이기적이고 탁하면 난잡하고 교활하며 간사하다. 빈모가 가지런하지 못하면 처자를 형극하고 메마르면 평생 근심걱정이 많다.

『은시가銀匙歌』에 의하면 "수염이나 코털이 붉거나 노란색이면 배신하고 은혜를 원수로 갚으니 가까이하지 말라"고 했다.

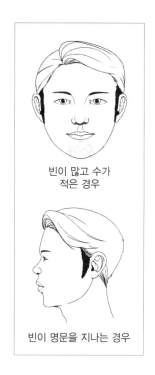

빈이 많고 수가
적은 경우

빈이 명문을 지나는 경우

Ⅲ. 신체 부위

1. 목頸

목은 위로 머리를 받들고 아래로 신체의 모든 기관을 안정되게 연결하는 부위이다. 위의 두뇌와 아래의 오장육부의 내장기관을 연결하는 통로이고 사지백체四肢百體를 결속하는 연결쇄連結鎖 같으니 몸체 상부의 기둥이고 촛대이다. 따라서 목은 모가 지고 힘이 있으며 곧고 색이 맑고 윤택해야 좋다. 가늘고 곧지 못하며 색이 검고 어두우면 불길하다.

살찐 사람은 목이 짧아야 좋고, 마른 사람은 목이 길어야 좋다. 남자는 목이 짧은 듯하고 튼튼한 것이 좋고, 여자는 약간 긴 듯하고 미끈한 것이 좋다.

뒷목이 풍기豊起하고 이중으로 된 사람은 부귀하고, 뒷목이 천같이 얇은 사람은 빈천하다. 윗목이 모가 지면 복록이 있고, 뒷목이 가늘고 긴 사람은 가난하다. 또 뒷목에 살점이 없어 꺼진 사람은 가난하고 단명한다.

목이 뱀처럼 굽은 사람은 마음이 독하고 의식이 빈궁하다. 육모 기둥같이 모지고 윤택하면 대귀하고, 둥글고 실한 사람은 대부한다. 목은 몸체에 비해 너무 굵거나 약하면 상하체 균형이 맞지 않아 평생 운수가 순조롭지 못하고 너무 길거나 짧은 것도 좋지 않다.

목의 울대뼈[結喉]가 툭 불거진 사람은 가난하고 재난이 많다. 중년에 실패가 따르고 여자는 자식이 없고 배우자복이 약하다. 결후는 폐의 금기가 올라오다 막힌 격이므로 살찐 사람이 결후가 있으면 재난이 많고 마른 사람이 결후가 있으면 일이 막히고 더디다.

학처럼 길고 깨끗하면 청빈하여 고상하지만 재운이 없다. 반점이 있으면 부모덕이 약하고 일마다 막힘이 많다. 목에 사마귀가 있으면서 그 위에 털이 난 사람은 의식이 족하고 호걸의 기상이 있다. 하지만 여자의 목에 검은 점이 있으면 의복이 많으나 사치 경향이 있다.

뒷덜미 목이 이중이면 부자상富者相이나 고혈압의 위험이 있다. 목이 약간 앞으로 기운 듯한 사람은 성격이 화목하고 길하지만, 뒤로 젖혀진 사람은 성격이 약하고 무능하다. 뒷덜미가 두꺼비 목처럼 풍성한 사람은 재앙이 적고 부자가 된다.

목의 피부가 얼굴보다 희면 만년에 명성과 더불어 의식이 풍족하다. 목은 여자의 정조를 나타내는 부위이기도 하다. 목의 빛깔이 맑고 깨끗한 사람은 본처이고, 어둡고 탁한 사람은 부정한 여자이다.

2. 어깨와 등

어깨는 청산의 언덕과 같다. 양 어깨의 형용은 좌청룡 우백호를 상징한다.

어깨가 평평하고 둥그스름하게 살이 붙은 것은 좋고, 뼈가 불거졌거나 축 늘어진 어깨는 좋지 않다.

어깨가 넓고 반듯하여 얼굴이 모[方]가 진 사람은 형통하지만, 어깨가 없고 팔꿈치마저 뾰족한 사람은 일마다 맺음이 없고 노년이 고독하다.

왼쪽 어깨가 높으면 부지런하고 자수성가하며, 오른쪽 어깨가 높으면 무위도식하고 패가 하여 고빈하다. 단, 왼손잡이는 반대이다.

어깨가 떡 벌어진 사람은 귀한 상이나 어깨가 풍만치 못하고 추워 보이면 모든 일이 이뤄지지 않고 몸마저 거처할 곳이 없다. 등에 살이 없고 등뼈 부위가 깊게 패이면 가난하다.

남자는 어깨가 빈약하면 늙을 때까지 빈한하다.

여자의 둥근 어깨와 살집이 좋은 등은 부덕이 있고, 허리 또한 평평하게 균형이 잡혀 자녀가 좋지만, 여자의 무견無肩은 큰 해가 없다.

3. 가슴

　가슴은 심장과 허파와 간 등 흉곽 내의 모든 기관을 감춘 곳으로 정신의 궁전에 비유한다. 신이 거주하는 집으로 인간 오욕칠정五慾七情 즉 오욕인 재물욕[財], 명예욕[名], 식욕[食], 수면욕[睡], 색욕[色] 그리고 희喜, 노怒, 애哀, 락樂, 애愛, 오惡, 욕慾의 칠정이 생기는 곳이다. 그러므로 정신이 살고 있는 저택과 같으니 집이 넓고 튼튼하면 좋듯 가슴도 넓고 튼튼한 것이 좋다.

　가슴이 넓은 사람은 정력적이고 포부도 크고 사상도 넓다. 반면 얇고 좁은 사람은 기운이 약하고 생각도 천박하다. 하지만 체력에 비해서 알맞은 것은 상관없다.

　가슴은 넓고 길어야 좋다. 살이 풍성하고 평평하면 복이 있다. 가슴이 두터우면 성격이 당당하다. 생활력도 강하다. 역경에 빠져도 뚫고 나갈 의지와 행동력이 있다. 하지만 가슴이 넓어도 살이 부족하면 경제적으로 고난 받는다.

　반면 가슴이 엷은 사람은 빈천하며 병에 걸리기도 쉽다. 성격도 약하고 행동력도 없다.

　육체적 활동을 주로 하는 사람은 대체로 가슴이 넓고 피부가 두꺼우며 근육이 튼튼한 반면 사무직 종사자의 가슴은 약하고 좁은 편이다.

큰 가슴은 마음이 넓고 자식운도 좋다. 하지만 가슴이 좁고 살이 없으면 가난하고 천하며 생각이 짧고 급해 좋지 않다. 또한 가슴이 좁고 불룩 나온 새가슴은 어리석고 하천하다. 연애운도 없고 자기를 살려나가는 지혜도 없다. 닭의 가슴 같으면 일가친척이 잘되지 않는다.

가슴이 얼굴보다 작으면 빈천하다. 움푹 들어간 것 같고 울퉁불퉁한 가슴은 가난하고 화를 잘 낸다.

가슴에 털이 보기 좋게 난 사람은 장차 귀하게 된다. 하지만 후천적인 노력과 시운時運이 없으면 평범하게 끝난다.

가슴의 좌우가 비뚤어지거나 움푹하게 꺼진 사람은 고생과 실패가 많고 좁고 뾰족한 새가슴은 게으르고 불성실하다.

관상에서 성기나 가슴의 점은 복점으로 간주한다. 가슴에 점이 있는 사람은 마음이 넓고 따뜻하다. 하늘이 준 복 중에 복이다.

가슴의 빛깔이 윤택하고 깨끗하면 지혜와 복이 있으나 어둡고 거무스름하면 어리석고 빈천하다. 남자가 가슴이 높으면 어리석고 여자는 음란하다.

4. 유방乳房

유방은 여자에게 매우 중요하나. 남자는 주로 유방을 중시한다. 여자의 유방은 빈부귀천과 아름다운 곡선미와 육체적 색감과 자녀의 유무과다有無過多를 감정하기 때문이다.

여자의 유방은 신체 내의 모든 혈액과 영양을 소장하고 밖의 유두를 통해 좌우 가슴에 연결하여 사람을 길러내는 모성의 대표 기관이다. 따라서 유방은 자식운을 보는 곳이다. 유방은 모양과 유두乳頭의 대소 그리고 색깔까지도 봐야 한다.

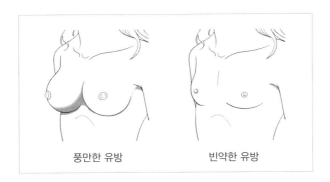

풍만한 유방   빈약한 유방

유방은 크고 풍만하며 유두도 크고 탄력이 있어야 좋다. 사발을 엎은 듯 오목하게 볼록하고 크고 바르면 부귀하고 총명하며 마음도 넓고 성격도 쾌활하다.

반면 좁고 작으며 절벽 같거나 비뚤어졌거나 축 처진 것은 소견이 좁고 어리석어 가난하고 외로우며 훌륭한 자녀의 생산도 힘들다. 그러나 단순히 크다고 하여 좋은 것은 아니다. 유방은 살이 있어 풍만해야 재복이 있다. 빈약하면 재복이 없어 먹고 입는 것이 부족하다. 몸집이 크면서 유방이 작은 사람은 부자가 되어도 오래가지 않는다. 유방이 작으면 자식과도 인연이 적다.

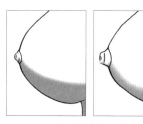

유두가 커야 좋다

유두는 크고 탄력이 있으면서 부드러워야 좋다. 자식도 많이 둘 수 있다. 그렇지만 너무 커서 아기가 입에 물기 거북하면 그 또한 좋지 않다. 유두가 작고 짧으면 몸이 약하고 자식을 낳기 어렵다. 자식의 수명도 길지 않다. 유두가 살지고 모난 사람은 복이 있고 장수한다.

좌우의 균형이 맞아야 한다. 양쪽 유두 사이가 넓은 사람은 건강하고 식록과 재복이 넉넉하고 사이가 좁은 사람은 병약하고 복록도 부족하다.

유방이 부드럽고 나긋나긋하면 귀하다. 거칠고 단단하면 가난하다. 피부는 윤기가 있어야 좋다.

가운데로 모이지 않고 옆으로 넓어 보이는 유방이 좋다. 가슴이 바깥쪽으로 펼쳐 보이는 것이 좋다. 가운데로 모이고 너무 뾰족하게 튀어나온 모양은 좋지 않다. 이런 유방은 엉덩이도 더불어 튀

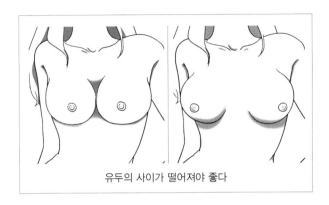

유두의 사이가 떨어져야 좋다

어나왔다. 부부생활에서 자기 의사를 강하게 표시하여 부부관계도
매끄럽지 못하게 된다.

유두가 가운데 쪽에 있는 것보다 겨드랑이쪽에 있어야 좋다. 아
기를 안고 젖을 먹이기 좋기 때문에 귀한 자식을 둔다. 아기가 젖
을 편안하게 먹게 되므로 좋은 영향을 주게 된다. 유두가 좁으면
가난하고 천하다. 유두가 굽은 사람은 일찍이 자식을 키우기 어렵
고 유두가 작은 사람은 빈천하다.

유방은 길고 아래로 드리운 듯이 생겨야 한다. 유방이 세로로 긴

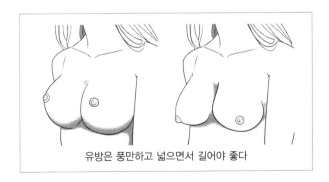

유방은 풍만하고 넓으면서 길어야 좋다

모양을 하고 있어야 한다. 길면서 풍만하고 넓으면서 길어야 한다. 유방이 크고 길면 자식이 귀하게 된다. 세로로 길기만 하고 풍만하지 못한 유방은 좋지 않다. 폭이 가늘고 빈약한 유방은 가난하다.

유방이 길고 아래로 드리운 듯해야 재복과 자식복이 많다. 뾰족하게 솟은 것 같은 모양을 하는 것은 좋지 않다. 유두 모양이 굽고 아래로 숙이고 있으면 자식이 없거나 있더라도 힘이 되지 않아 외롭고 가난하다. 자식에게 의지 못하고 노년까지 자신이 일하면서 생활하게 된다.

유두가 위로 향한 유방은 귀한 자녀를 낳고, 아래로 향한 유방은 자식운이 부족하다. 유방과 유두가 위를 향해야 자식을 잘 양육할 수 있다.

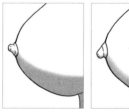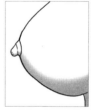

유두는 위를 향해 있어야 좋다

유두의 색이 뽕나무 열매인 오디처럼 색이 진하면 귀한 자식을 많이 두게 된다. 색이 엷어서 희거나 누렇게 보이면 천하고 자식이 적다. 유방이 드리운 듯해도 유두의 색이 엷고 좁으면 자식에게 좋지 않다. 유두가 흰색은 고생이 많다. 유두에 검은 점이 있으면 귀한 자식을 낳는다.

유방은 자식운을 보는 곳으로 후손의 뿌리와 싹이다. 여자에게 유방은 중요한 부위로서 아기를 키우는 데 꼭 필요하다. 유방의 크기와 형태, 유두의 색과 크기로 보아 자식운을 알 수 있다. 또한 당사자의 빈부와 귀천도 알 수 있다.

유두는 크고 검고 모나고 둥글고 단단해야 좋다. 유방은 너무 커도 고민이고 작아도 고민이다. 유방이 작은 여자는 스스로 자신감이 떨어지고 큰 여자는 생활하는 데 불편함을 준다. 큰 유방은 성적인 욕망도 크다. 눈꺼풀과 입술이 두툼하고 유방이 크면 주량이 세고 성욕도 강하며 일도 잘하고 놀기도 잘 한다.

유방은 큰데 유두가 심하게 작거나 함몰되어 있으면 여성적이고 섹시해 보이지만 모성애는 없다. 젖을 먹이는 유두가 작으니 아이를 낳고 기르는 것을 잘하지 못한다. 여성성은 가슴으로 표현된다. 하지만 여성성과 모성은 다르다. 유방이 심하게 크고 유두가 심하게 작은 경우 섹스에서는 좋을지 모르지만 모성으로서는 좋지 않다.

남녀 불문하고 유두에 긴 털이 서너개쯤 난 사람은 생각이 넓고 박학다식하며 장수한다. 유두 좌우나 상하에 검은 점이 있는 사람은 귀하게 될 자식을 둔다.

5. 배

　배는 위胃와 장腸을 감춘 곳이다. 배는 인체의 중심이고 단전기해丹
田氣海로서 모든 강물을 받아들이는 대양과 같으며 음식을 모으는 창
고이다. 따라서 배는 넓고 둥글며 두텁고 윤이 나야 좋다. 뱃가죽이
맑고 붉으면서 윤택하면 부귀장수하고, 누렇고 탁하면 빈천하다.

　가죽이 두터운 사람은 건강하고 부귀하지만 얇은 사람은 병약하
고 빈천하다. 아랫배가 큰 사람은 큰 부자이고, 여기가 둥글고 탄력
있게 아래로 처진 사람은 호방한 성격이다. 하지만 너무 처진 사람

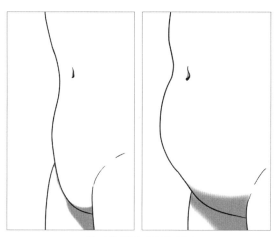

배는 둥글면서 길어야 좋다

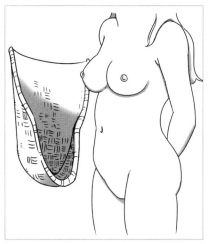
배는 키를 엎어 놓은 것 같아야 좋다

은 어리석다. 뱃가죽이 좁고 피부가 얇으면서 작으면 바쁘게 살면서도 이루는 것이 없다.

배에 삼갑三甲의 무늬가 있고 삼임三任의 무늬가 함께 있는 사람은 대부대귀하다.

배가 붉은 사람은 부자이고, 푸른 사람은 귀하나, 검은 사람은 일평생 운이 트이지 않아 고생한다.

배는 중년기에 아랫배 단전이 나오면 건강의 상징이다. 일찍 나오면 기름이 낀 배로서 불의의 재난을 당한다.

6. 배꼽

배꼽은 인체의 중심으로 생명의 근원이다. 힘줄과 맥박의 근본이고 태아를 길러내는 생명줄이다. 사람이 만들어진 최후의 매듭으로 모든 오장육부와 사지백체가 이곳을 원점으로 연결되어 있다. 따라서 배꼽은 넓고 깊으며 가죽이 두텁고 힘줄이 튼튼하게 좌우사방으로 연결된 것이 좋다. 배꼽이 넓고 깊은 사람은 지혜와 복록이 많지만, 좁고 얕은 사람은 어리석고 복록이 없다.

배꼽이 깊은 사람은 도량이 넓고 얕은 사람은 도량이 좁다. 배꼽이 좁고 뾰족이 내밀어 힘줄이 약한 사람은 빈궁하거나 요절한다.

배꼽이 좁고 얕은 사람은 지혜와 아량이 모자란 반면 깊게 쑥 들어간 사람은 생각이 깊고 인품이 그윽하여 천하의 복을 받는다. 배꼽이 깊고 넓으며 구멍이 위로 향하고 살구 한 개가 들어갈 만한 사람은 부자가 되나 포도 한 알 들어갈 정도는 지방의 부자가 되고, 배꼽 구멍이 아래로 향하고 콩알 한 개가 들어갈 만한 사람은 도량이 작아 부자되기 어렵다.

배꼽에 검은 점이 있던지 털이 서너개쯤 난 사람은 반드시 부귀하고 그 자녀도 명성을 떨친다. 배꼽이 깊숙하고 상하로 뱃가죽이 약간 접혀서 솟은 사람은 총명하다.

7. 허리腰

『유장상서柳莊相書』에 허리는 신腎(콩팥)과 명命의 두 구멍[穴]이 있으니 한 몸의 근본이라고 했다. 옛날 사람의 허리는 너비가 4척이니 지금 사람은 어찌 능하여 얻겠는가. 단지 허리는 넓고 곧고 단단함이 오묘하다는 뜻이다.

살찐 사람의 허리는 넓어야 하고 마른 사람은 둥글고 단단해야 한다. 양쪽 허리의 요안에 신과 명문의 2경혈이 있으니 살이 있고, 피부가 두터워야 장수한다. 신과 명문혈이 피부에 없거나 부족하면 죽는다. 대개 허리가 치우치고 가늘며 엷고 꺾이면서 깎이면 모두 가난하고 요절할 관상이다.

허리는 위로 등을 받들고 아래로는 하초下焦를 연결하여 안으로 신경腎經(십이 경맥의 하나. 콩팥에 속하고 방광에 이어짐)인 콩팥과 쓸개와 통해 있다. 신경이 허약하면 정력이 약해지므로 허리가 아프다. 신경이 강하면 정력이 강해지므로 허리가 튼튼하고 건강하다.

여자의 허리는 커야 복이 있다. 허리가 가늘고 치우치면 자식이 적고 천한 일에 종사하는 경우가 많다. 허리가 단정하고 곧고 두터워야 복이 있다. 개미허리처럼 가늘면 외롭고 장수하지 못한다. 허리가 두툼한 사람은 재복이 있고 수명이 길다.

등이 두툼한데 허리가 얇고 작으면 초년은 좋지만 중년은 어려워진다. 등이 얇지만 허리가 두터운 사람은 초년은 고생을 하지만 중년부터는 발전한다.

허리가 약하고 건들거리면 성적인 욕망이 강하다. 허리가 기운 사람은 성적으로 해이하고 천하게 된다. 허리는 가늘고 가슴이 얇으면 고독하고 혼자 산다. 허리가 좁고 얇으면 성공과 실패를 반복한다. 허리가 가늘고 엉덩이가 풍성하면 실패했다가도 다시 일어난다.

곰의 등에 잔나비 팔과 이리의 허리를 가진 사람은 지모와 계략이 출중하여 영웅의 상이다.

사람들은 날씬한 몸매를 원한다. 즉, 마른 체형이다. 그러나 관상에서 마른 체상은 돈이 없고 가난한 체형이다. 여자들은 모두 S라인을 원한다. 하지만 그것은 어디까지나 소망일 뿐이다. 여자의 허리가 너무 잘록해도 좋지 않다. 보기 좋은 허리와 복이 있는 허리는 다르다. 허리가 두꺼워야 재복이 있다. 두꺼운 허리에는 돈이 모인다. 가는 허리는 돈과 인연이 멀어 안정적인 생활을 하기 어렵다.

8. 둔부^{臀部}(엉덩이)

엉덩이는 주택의 토방과 같다. 인체를 받치는 방석이다. 반듯하고 두둑하며 튼실하게 잘 안정되어 있어야 한다. 사람이 앉을 때 편해야 하므로 마땅히 살이 두텁고 탄력 있게 위로 살짝 올라붙어야 좋다. 반대로 살이 없고 아래로 처진 것은 좋지 않다. 앉아서 엉치뼈가 튀어나온 것은 복록이 부족하다.

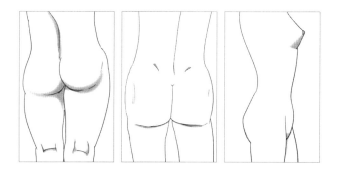

여자의 작은 엉덩이는 지구력이 부족하여 성격이 까칠하고 예민하다. 하지만 탄력이 있는 경우는 섹스에 강할 수 있다. 엉덩이는 탄력으로 우열을 가린다. 여자의 처진 엉덩이는 테크닉과 성감면에서 섹스의 여왕으로 평가받는다.

엉덩이는 넓고 평평하며 둥글고 두터워야 좋다. 젊은 사람이 엉덩이에 살이 없으면 분주할 뿐 뜻을 이루기 어렵고, 노인이 살이 없으면 처자가 먼저 죽는다. 몸은 큰데 볼기가 없는 사람은 늙어 가난하고, 몸도 작고 볼기도 없는 사람은 성공할 수 없다.

따라서 둥글고 두터우며 좌우가 균형이 잡힌 것이 좋다. 앉아서 뼈가 불거질 정도로 빈약하면 자식을 얻기 어렵고 건강도 약하며 정감도 무미하다.

젊어서 볼기가 빈약하면 대사를 이루기 어렵고, 몸은 뚱뚱한데 볼기의 살이 빈약하면 고생이 많고 우둔하다.

여자의 엉덩이가 너무 크면 어리석고 빈천하며 자녀를 낳아 귀하게 기르지 못한다. 또한 엉덩이가 뾰족하게 나오고 가슴까지 뾰족하게 나오면 양적인 기질이 있어 남자에게 지기를 싫어한다. 도움이 안 되는 남자들이 꼬이고 불륜으로 발전할 수도 있다. 섹스에 적극적이지 않고 불감증까지 있을 수 있다.

엉덩이가 뒤에서 봐서 알맞게 벌어졌고 탄력이 있고 배가 크며 배꼽이 깊은 남자는 큰 부자가 되거나 높은 사람이 되고, 여자는 큰 인물을 낳는다.

9. 음부陰部

 음부는 남자의 음경과 여자의 자궁을 지칭하고 남녀의 항문을 말한다. 남에게 보일 수도 없고 볼 수도 없는 은밀한 곳이다. 음지에 있으므로 자기 스스로 판단해야 한다.

 관상에서 생식기는 타인에게 직접 보여주는 것이 예의에 어긋난다. 하지만 간접적으로 추측하고 예단할 수 있는 방법이 있다. 음양 원리에 의해 감정한다.

 남자의 귀두龜頭에 검은 점이 있으면 귀자를 낳고, 그 검은 점 위에 털이 서너 개 정도 나 있으면 처복이 많다.

 여자의 음문에 검은 점이 있으면 귀한 자식을 둘 확률이 높지만 음란하다. 귀두의 색이 검은 사람은 아들을 일찍 두고 색이 희면 아들이 늦다. 색깔이 밝아도 음부의 음모가 섞여 있거나 꼬여 있으면 대단한 색정이며 색난이 있는 상이다.

 남자의 음경이 모지고 강하면 귀하다. 매사에 진취적이고 활동력이 강하다. 하지만 두뇌적인 사고력은 낮다. 음경이 작고 부드러우면 좋지 않다.

 음부에 털이 너무 산란하면 음란하고 음부에 털이 전혀 없으면 자식이 많지 않다. 음부에 털이 없으면 남자는 처복이 없고 여성은 이성에 매우 약하고 이기적이다. 또한 부덕하여 남편에게 해롭다. 남녀 모두 털이 없으면 편벽되고 좁고 괴이한 성질이 있다.

음모가 너무 많은 것을 방광화성膀胱火盛이라 하는데 이는 천명賤命하다. 음모가 거슬러 나면 부부 사이가 화목하지 못한다.

음모가 부드럽고 가지런하고 몽실몽실하면 귀격이고 애정도 좋으며, 뻗치고 억세며 농탁하고 산란하면 천하고 음탕하며 육욕적인 섹스가 강하다. 음부가 향기로우면 길상이고 냄새가 나면 천상이다.

남자는 코를 보면 음경의 대소장단大小長短을 알 수 있다. 여자는 입과 인중과 귀의 안 테두리인 속귀로써 음문의 대소와 깊이 그리고 탄력도를 알 수 있다. 남자의 콧등에 사마귀가 있으면 음경에도 있고 여자의 입술에 사마귀가 있으면 음순에도 있다.

눈썹에 털이 많은 여자는 음부에도 털이 많고, 눈썹 털이 드물면 음부에도 털이 적다. 음부에 털이 많으면 상대적으로 성감대가 풍부하며 육체적인 섹스의 느낌이 강하고, 적으면 정신적 섹스가 강하다. 너무 적으면 성감이 부족하다.

항문에는 털이 약간 있는 것이 좋다. 생각이 깊어 매사에 신중하며 성공운도 길하다. 반면 털이 없으면 빈천하다. 털이 너무 칙칙하게 많아도 천한 상이다.

고환睾丸(불알)은 둥글고 모져야 좋고 고환이 축 처진 것은 좋지 않다. 고환은 검고 열매 무늬가 있으면 귀격이다. 고환에 무늬가 없으면 가문을 이을 대가 끊긴다. 고환은 너무 따뜻해도 좋지 않다. 그렇다고 얼음처럼 차면 불길한 상으로 자손마저 드물다.

항문은 곡식이 나오는 길이라 하여 곡도穀道라고 부른다. 곡도는 숨은 듯하고 모지면 귀하다. 노출되면 빈천하다. 대변은 모지고 길며 가늘고 오래 보아야 귀격이고, 굵고 짧으며 빨리 보는 것은 천격이다. 특히 대변이 적으면 귀하고 장수할 명이지만 대변이 많으면 천하고 젊은 나이에 죽을 운명이다. 곡도에 털이 어지럽게 나면 음탕하다. 털이 없으면 일생 빈궁하다.

소변은 맑고 은구슬처럼 빛나면 귀격이요, 소변이 농탁한 것은 천격이다. 여자의 소변은 개울물처럼 맑아야 귀하고 쌀뜬물처럼 탁하면 천하다.

소변은 맑고 대변은 가늘고 부드러워야 좋은 상이다. 따라서 정신이 맑으면 소변이 맑고 정신이 흐리면 소변도 탁하다.

10. 무릎과 정강이

무릎은 넓적다리와 정강이를 연결하는 둥근 관절을 말한다. 사람이 앉고 서고 걷는 데 중요한 곳으로 살 속에 잘 감춰져 있어야 한다. 그러므로 무릎은 둥글고 윤택해야 좋고 뾰족하고 모지고 거칠며 빼빼 마른 것은 흉상이다.

허벅다리와 정강이는 서로 균정해야 좋다. 정강이는 큰데 무릎이 뾰족한 사람은 초년에 실패가 있고 관재를 당한다.

정강이가 작고 무릎이 뾰족하면 고독하고 수명이 짧다. 무릎 위에 힘줄이 불거지면 항상 바삐 돌아다녀야 먹을 것이 생긴다.

무릎과 정강이의 털이 부드럽고 길면 편안하고, 만년에도 복록이 따른다. 정강이에는 털이 있어야 길한데 털이 전혀 없으면 관운마저 부족하고 노년이 불길하다.

11. 팔과 다리

　두 팔과 두 다리를 사지四肢라고 하는데 춘하추동의 사시四時가 있는 이치와 같다. 팔과 손은 위에 위치하여 하늘을 상징하고 다리와 발은 아래에 위치하여 땅을 상징한다.

　따라서 팔은 다리보다 길어야 하고 다리는 팔보다 짧아야 한다. 팔과 다리가 똑같이 길어서 균정하면 의식이 풍족하지만 다리가 팔보다 길면 분파奔波한다.

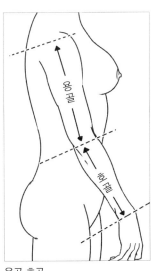
용골 호골

　사람의 팔은 변화의 묘수로써 날개에 해당하며 다리는 운동의 매체로써 움직임의 근본이다.

　팔과 손의 길이가 다리와 발의 길이보다 긴 것은 귀상이고 그 반대이면 빈천할 상이다.

　팔은 상박上膊과 하박下膊으로 구성되어 있다. 어깨에서 팔꿈치까지가 상박이요, 팔꿈치에서 손목까지가 하박이다. 위팔 상박은 용골龍骨이고, 아래팔 하박은 호골虎骨이다. 어느 쪽이 길고 짧은 데 따라서 서로 장단점이 있다. 몸체와 사지백체가 상호 균형이 잡힌 것이 양호하다.

팔과 다리의 길이가 비슷하면 의식이 풍족하고 다리가 팔보다 긴 사람은 항상 바쁘다.

몸에도 삼정이 있는데 목에서 배꼽까지를 상정, 배꼽에서 무릎까지를 중정, 무릎에서 발까지가 하정이다. 상정이 하정보다 길면 귀한 상이고 하정이 상정보다 길면 천한 상이다. 몸의 삼정이 균등하면 평생 의식이 풍족하다.

손과 발은 부드럽고 매끄러우며 깨끗하고, 근육과 뼈가 드러나지 않아야 하고 또한 백옥같이 희고 기둥처럼 곧아야 하며 피부는 이끼처럼 매끄럽고 솜처럼 부드러워야 부귀한 상이다.

12. 목소리

관상에 목소리도 포함 되느냐는 문제가 제기된다. 관상은 목소리도 포함한다. 목소리를 통해 사람을 판별하는 것을 음상音相이라고 한다. '관상 불여음상觀相 不如音相'이라는 말이 있다. 관상이 목소리만큼 정확하지 못하다는 뜻이다.

사람의 목소리는 제각기 다르다. 음성을 잘 판단하면 복이 있고 없는지를 알 수 있다. 음성으로 내기內氣의 충실함을 알 수 있기 때문이다.

기가 맑고 온화하면 목소리도 맑고 환하다. 반면 기가 부족하고 탁하면 목소리도 탁하고 짧으며 급하다. 얼굴과 몸의 상이 좋아도 목소리가 탁하면 복이 줄어 주어진 복록을 모두 누리지 못한다.

따라서 관상을 볼 때는 그 사람의 음성을 듣고 참고해야 한다. 목소리도 오행五行의 형形에 일치하는 것이 좋다. 소리는 마음을 대표하는 그릇이다. 스스로 마음을 잘 닦고 덕을 쌓으면 자연히 음성도 좋아진다. 관상이 부족해도 목소리는 올바른 발성을 통해 바꿀 수 있다. 때문에 좋은 목소리를 내기 위한 노력이 필요하다.

오행	소리	종류	성격과 음성	운명
토성土聲	후음喉音	궁성宮聲	침착하고 후하며 우렁찬 맛이 있다	부하다
금성金聲	치음齒音	상성商聲	사리가 분명하고 급하며 쟁쟁한 맛이 있다	귀하다
목성木聲	아음牙音	각성角聲	느릿느릿하고 음이 높은 편이다	빈천하다
화성火聲	설음舌音	치성徵聲	우둔하고 가끔 음이 끊어지고 여운이 없다	노고가 많다
수성水聲	순음脣音	우성羽聲	원급圓急 하고 유창 하다	생사가 짧다

　부귀한 목소리는 맑고 원만한 목소리, 굳세고 멀리 퍼지는 목소리, 느린 듯 굳센 목소리, 급하면서도 온화한 목소리, 길면서도 힘이 있는 목소리, 씩씩하면서도 절도 있는 목소리, 용이 소리를 길게 빼는 것 같고 호랑이의 울음같이 큰 목소리, 큰 종소리처럼 여운이 올라가는 목소리, 악어가죽으로 만든 북이 울리는 듯한 목소리, 작으면서도 산골짜기의 물소리처럼 높이 울리는 목소리, 사람은 작지만 훈燻(흙악기)과 지篪(대나무 악기)의 소리같이 소리가 넓고 큰 목소리이다. 훈과 지는 제례용 악기로 훈은 생명의 근원인 흙을 구어서 만든 옹기 악기이므로 그 소리는 땅의 소리이며 생명의 소리이다. 또 오행과 소리가 일치하는 목소리, 거문고의 곡을 타는 듯 항아리 안에서 소리가 울리는 듯하고 생황의 소리같이 크고 울림이 있는 목소리 등이다.

빈천한 목소리는 급하고 쉰 목소리, 느리고 낙숫물이 떨어지는 듯한 목소리, 깊으면서도 막힌 듯한 목소리, 낮으면서도 메마른 목소리 즉 허스키한 목소리, 크면서 흐트러지는 목소리 즉 깨진 징소리나 못쓰게 된 북의 울림 같아 갈라진 목소리, 거위나 기러기가 목메어 우는 목소리, 겨울까마귀가 새끼에게 먹이를 먹이는 소리와 같은 목소리, 병든 원숭이가 짝을 구하는 듯한 소리나 무리를 잃은 기러기 소리 같은 목소리, 큰 꿀벌이 시끄러운 소리는 내는 것이나 쇠파리의 산란한 소리같이 가는 목소리, 가을에 매미가 때늦게 시끄럽게 우는 것 같이 미친 듯한 목소리, 개가 짖는 소리 같기도 하고 양이 슬프게 우는 것이나 소가 우는 것 같은 목소리, 남자가 여자의 목소리를 내는 듯한 목소리, 몸은 큰데 작은 목소리, 소리를 멈추지 않았는데 기가 먼저 끊어지는 목소리 등이다.

좋은 목소리는 나지막하고 느릿하고 맑고 깨끗하여 울림이 멀리 퍼지고 깊고 침착하며 넓고 크다. 아랫배에서 나와야 좋고 목에서 내는 목소리는 좋지 않다. 목소리가 작든 크든 힘이 있어야 좋다. 목소리에도 가락이 있다.

좋지 않은 목소리는 유약하며 경박하고 탁한 된소리거나 부드러운 듯 막힌 소리이다. 빠르게 말하지만 처음과 끝이 없다. 들을 수 있지만 평범한 사람이라 실제로는 가난하고 천하다.

맑은 목소리는 좋은 사람이다. 기가 맑아 고귀하기 때문이다. 힘이 없는 목소리는 복이 없다. 평소 목소리에 힘이 없더라도 화가 났을 때 목소리가 커지는 것은 괜찮다.

목소리가 탁하면 어리석다. 깨진 징소리 같으면 마음의 씀씀이가 굽어 성공과 실패를 반복하면서 결국은 실패하여 외롭고 가난하게 된다.

낮고 걸걸하면서 쇳소리가 낀 듯한 목소리는 시랑지성豺狼之聲이라고 하는데 간교하고 남을 속이는 목소리이다. 쉰 듯하면 재산을 깨트리기 쉽고 일이 순조롭지 않다.

목소리가 크고 우렁차면 부유하고 귀하게 된다. 작고 약하면 마음이 나약하고 부드럽다.

웅장하고 깊은 목소리는 성격이 좋고 신뢰감을 주기 때문에 좋은 평가를 받는다. 인간관계와 업무에서 모두 뒤끝이 좋고 명쾌하여 믿고 일해도 좋을 사람이다.

소곤소곤한 목소리는 비밀이 많다. 상대를 잘 믿지 못한다. 큰일 도모에는 역부족인 사람으로 사업파트너로서는 적절하지 않다.

큰 소리로 떠드는 사람은 실속이 없다. 하지만 호인도 많아 대인관계가 넓다. 반면 중요한 결정은 확답을 받아 놓지 않으면 나중에 딴소리를 한다. 너무 큰 목소리는 장래의 운을 떨어트리기도 한다.

목소리는 종소리나 북소리처럼 울리고 여운이 있어야 한다. 음성이 끊어지지 않고 여운이 있는 것이 좋다. 메마르고 여운이 없으면 일시적으로 부자가 되더라도 재산이 곧 흩어지게 된다.

목소리가 아랫배에서 나면 지혜롭고 학문을 이루어 귀하게 된다. 목과 입에서 나면 고생이 많고 가난하고 천하여 평생 바쁘게 산다.

목소리가 끊어졌다 이어졌다 하면 성공과 실패의 기복이 있고 단명한다. 처음에는 나지막하고 약했지만 점점 낭랑해지는 사람은 처음에는 어려울지라도 나중에는 부자가 된다. 반대로 처음에는 낭랑하다 나중에 낮고 약하게 되면 처음에는 부유할지라도 나중에는 가난하게 된다. 막힌 듯한 목소리는 실제로도 막힘이 많다.

목소리가 그릇이 깨지는 듯하고, 항상 쉬어 있는 듯하며, 경망스럽다면 듣기에도 거슬리는 목소리이다. 지나치게 날카롭거나 축축하면 경계하는 게 좋다.

여자가 남자의 목소리이면 성격이 강하고 배우자운이 나쁘며 빈천한 생활을 하게 된다. 남자가 여자의 목소리이면 나약하고 우유부단하여 가난하게 된다.

여자의 목소리는 너무 얇거나 너무 굵어도 좋지 않다. 여자의 목소리가 둔탁하고 윤기가 없으면 남편과 자식에게 사랑을 받지 못한다.

몸집은 큰데 목소리가 작은 사람은 가난하고 천하며 수명도 길지 못하다. 몸집이 작지만 목소리가 우렁찬 사람은 부귀하고 장수한다. 귀엽고 사근사근한 목소리는 외유내강형이다.

13. 손

  손은 물건을 운반하는 기관이다. 동양에서는 얼굴을 중요시 하여 관상학이 발전하고 서양에서는 손을 중요시하여 수상학이 발달하였다.

  상법에서 손을 세분하면 손바닥은 범虎이 되고, 손가락은 용龍이 된다. 따라서 용이 범을 이기는 것은 당연하지만 범이 용을 이기면 불리하다. 손가락은 곧고 길어야 좋고 손바닥은 넓고 짧아야 한다. 귀목貴木에는 귀인의 손바닥에는 좋은 무늬가 있고 천인의 손바닥에는 좋은 무늬가 없다. 남자는 왼쪽 손을 여자는 오른쪽 손을 본다.

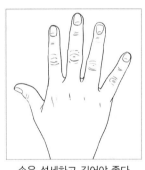

손은 섬세하고 길어야 좋다

  손은 섬세하고 길고 부드럽고 매끄러워야 좋다. 손바닥의 살이 뻣뻣하고 거친 것은 좋지 않다. 손가락도 죽순처럼 길어야 좋고 뼈마디가 불거져 나오지 않아야 좋다. 손가락 사이가

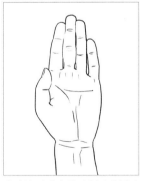

손가락 사이가 틈이 없어야 좋다

틈이 없어야 좋다. 손바닥 살이 두 텁고 가운데가 오목하게 들어가야 좋다.

손에 살이 많아야 좋다

손등에 혈관이 튀어나오지 않아야 좋다. 손가락 사이에 오리의 물갈퀴 같은 살이 있어야 재복이 있다. 손이 닭발처럼 딱딱하면 가난하고 무지하다.

손바닥의 혈색이 피부 안쪽으로 점점이 맑은 홍색으로 혈액이 있는 것이 좋다. 희기만 하거나 푸르게 보이는 것은 좋지 않다. 손바닥의 손금이 가늘고 섬세한 주름이어야 좋다. 손등에 부드러운 털이 있는 것이 지혜가 있어 좋다.

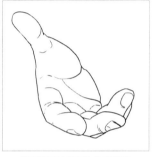
부드럽고 네모진 손바닥은
재복이 있다

손금이 위로 올라간 선 즉 세로금이 많아야 복록이 있고 옆으로 가로지르는 선 즉 가로금이 많으면 일생 고생이 많다. 가로금은 일의 중단과 좌절 그리고 실패 등 고생을 뜻하고 세로금은 행운을 뜻하기 때문이다.

다섯손가락 중 네 손가락은 손賓이라고 하는데 가운데 손가락인 중지가 주인이다. 따라서 중지는 주인이므로 곧고 반듯하며 길어야 좋고, 나머지는 손님이므로 고루 예쁘고 길어야 좋다. 그러므로 손가락이 한쪽으로 틀어지고 구부러지든가 너무 짧은 것은 좋지 않다.

수장手掌 부위도의 해설은 다음과 같다.

모지母指에 흠이 있거나 틀어지면 부모에게 해롭다. 조업祖業을 파산하고 모친이 병약하며 외가가 영락한다.

모지가 너무 짧은 사람은 성품이 무지하고 시비가 많다. 모지의 첫째 마디는 체력과 의지를, 둘째 마디는 심성과 정신을, 셋째 마디는 물욕과 사교성을 나타낸다. 셋째 마디는 손가락의 금성구에 맞붙어 있어 자세히 관찰해야 한다.

첫째 마디와 둘째 마디가 균등하면 지성적인 사람이고, 첫째 마디가 짧고 둘째 마디가 긴 사람은 두뇌는 좋지만, 의지가 박약하며 실천이 부족하여 사업보다는 학문 분야가 적합하다. 첫째 마디가 뒤로 젖혀진 사람은 수완은 좋지만 낭비가 심하다.

인지印指는 형제자매를 나타내는 부위이다. 인지에 흠이 있거나 틀어지면 형제에게 해가 있다. 아버지와 인연이 박약하고 친가가 몰락한다. 인지가 중지를 향해 구부러져 있으면 형제간이 자기에게 의존하므로 도움을 줘야 한다. 인지의 첫 마디는 종교심을 둘째 마디는 야심을 셋째마디는 지배력을 나타낸다. 따라서 각 마디의 발달 정도에 의해 운명적 성격이 결정된다.

중지中指는 자기 자신을 나타낸다. 흠이 있거나 틀어지면 본인에게 결함이 있다. 모친과 인연이 없다. 흉터가 있거나 좌우로 구부러져 있으면 독립심이 약하고 의타심이 많아 직업을 잃기 쉬운 사람이다.

약지藥指에 흠이 있거나 틀어지면 배우자에게 해가 있다. 처복이 없고 처가가 몰락한다. 약지가 중지를 향해 구부러져 있으면 처가 자기에게 의존하므로 처가를 도와줘야 한다. 약지의 첫 마디가 너무 길면 투기성이 많다.

소지小指에 흠이 있거나 틀어지면 자녀에게 해가 있다. 소지가 너무 짧으면 자식이 늦고 길면 일찍 둔다. 상처하고 자식마저 불효한다.

손가락 끝이 둥글고 탄력이 있으면 손재주가 많다. 손끝이 너무 뾰족하면 남자는 재운이 부족하고, 여자는 정조관념이 약하고 낭비벽이 있다.

손끝이 길고 두터우면 부귀하고, 엷고 뾰족하면 가난하다. 손끝이 둥글지만 딱딱한 사람은 어리석고 짧고 엷은 사람은 천한 사람이다. 손끝이 모가 지고 유연하면 일생 복록이 많고 장수한다.

손가락이 짧으면 잘못 없이 남에게 미움을 받는다. 손가락이 길어도 가로금이 많으면 하는 일마다 장애가 생겨 평생 고생을 한다. 손가락이 가늘고 부드러우면 청귀淸貴하고 손가락이 윤기 있고 부드러우면 복록이 많다.

손바닥에 거미줄처럼 잔금이 많아도 마음고생이 많고, 손금이 너무 없는 사람은 어리석고 무식하다.

손바닥은 큰데 손가락이 작은 사람은 가산을 잃고 객지에서 방황한다.

이빨로 손톱을 자주 물어뜯는 사람은 앞날이 밝지 않고 부모와 뜻이 맞지 않으며 마음이 우울하다.

몸이 큰데 손이 작으면 청빈하고, 몸은 작은데 손이 크면 복록이 있다. 몸이 큰데 유독 손이 작으면 재산을 모으기 어렵고, 몸이 작은데 거기에 손까지 작은 사람은 지혜가 결핍됐다.

손등이 거북등처럼 수북하면 평생 재복이 이어지고 손등에 말발굽 모양의 무늬가 있는 사람은 복록이 많다.

손이 길어 그 길이가 무릎까지 스치면 당대 영웅이 된다. 손은 길수록 성품이 인자하고 나누기를 좋아한다.

손이 짧아 허리까지만 닿으면 빈천하다. 손이 찬 사람은 인정은 많으나 운이 약하고, 따뜻한 사람은 인정은 적으나 운이 열린다. 따라서 향기롭고 따뜻하면 복록이 많고 식은땀이 흐르면 탁해 운이 막힌다.

손바닥이 담홍색인 손은 건강한 손으로 의록衣錄이 풍부하다. 누렇기가 황토와 같으면 빈천하고 신경질적이다. 검은빛을 띤 손바닥은 지모가 있다. 푸른 청색을 띠면 가난하고 시비와 구설이 있다. 백지처럼 희면 빈궁하고 검은 점이 있으면 다처무자多妻無子로 자식이 없다.

14. 손톱

손톱은 몸의 건강상태를 보는 축소판이다. 손톱의 모양과 색에 따라 몸 안의 질병을 판단할 수 있다. 손톱은 모나지 않고 살집을 파고들지 않아야 한다.

손톱 밑뿌리의 하얀 반월半月이 있어야 하고, 그 반월은 선명할수록 좋다. 하얀 반월이 작아졌거나 없어진 경우 영양이 결핍된 상태이다. 이때는 충분한 영양섭취가 필요하다. 또한 손톱은 주름과 반점이 없고 투명해야 좋다.

좁은 손톱은 약골 체질로 호흡기 계통과 폐가 약한 편이다.

끝이 부서지는 손톱은 영양실조나 몸속에 기생충이 있다는 징조이다. 갈라진 손톱은 갑상샘 질환과 관련 있다. 노란색을 띠면서 잘 부서진다면 곰팡이 감염일 가능성이 크다.

손톱의 하얀 반월은 심장의 상태를 말해 준다. 너무 커지면 혈압이 높아진 것이고 반대로 너무 작으면 심장 박동이 약해 저혈압에 걸릴 확률이 높다. 대체로 전체의 1/5이 알맞은 정도이다.

세로선이 그어진 손톱은 심적 고민과 문제가 있을 때 생긴다. 나이가 들면서 생기는 질환은 물론이고, 동맥경화와 관련이 있으므로 혈관계 질환이 있는 사람은 주의해야 한다.

위로 휘면서 자라는 손톱은 간장이 약할 때 나타난다.

물결무늬가 있는 손톱은 골다공증이나 염증성 관절염의 징후일 수 있다. 손톱 색깔이 변색되고, 손톱 안 피부가 불그스름한 갈색을 띤다.

손톱이 불룩하면 폐 관련 질환을 의심해야 한다. 삼각형 손톱은 예민한 성격으로 신경과민 증상이 있다. 허리가 약하므로 운동을 해야 한다.

검은색 세로 줄무늬의 손톱은 손톱 바닥에 양성의 검은 점이 생겼기 때문이다.

손톱은 색깔에 따라 건강상태를 보기도 한다. 핏기가 없고 푸른색이 돌 만큼 해쓱하며 창백한 손톱은 여러 가지 병이 있다는 적신호다. 빈혈, 울혈성 심부전, 간질환, 영양실조 증상이 있을 수 있다.

하얀색을 띠면서 끝에 검은색 테두리가 있는 손톱은 간에 문제가 있다는 신호다.

노르스름한 색을 띠면 곰팡이에 감염된 것이다. 심해지면 손톱 밑바닥이 안쪽으로 파고들거나, 손톱이 두꺼워지거나 깨져버린다. 갑상샘이나 폐질환, 당뇨병, 골다공증이 있음을 알려주는 것일 수도 있다.

푸르스름한 손톱은 몸이 충분한 산소를 공급받지 못하고 있음을 나타낸다. 폐렴처럼 폐에 감염이 있음을 암시하는 것일 수도 있다. 몇몇 심장질환과도 관련이 있다.

15. 발足

발은 위로는 온몸을 싣고 아래로는 대지를 딛고 백체를 운반하는 이동기관이다. 발은 더럽고 깨끗한 것을 정확히 가려 운신한다.

발은 땅과 같이 모지고 넓으며 지구와 같이 둥글고 바르며 살은 부드럽고 두터우며 윤택해야 한다. 좁고 틀어지고 엷은 모양은 빈천하다.

발바닥은 두텁고 금線이 많아야 하고, 발가락은 가늘고 길고 단정하면 좋다. 중단과 좌절 그리고 장애를 뜻하는 가로금 보다 발전과 개운을 뜻하는 세로금이 많아야 좋다.

발바닥이 판자처럼 평평하면 빈천하다. 검은 사마귀가 있으면 부귀하게 된다.

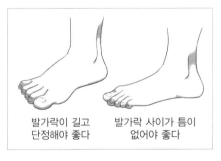

발가락이 길고 단정해야 좋다   발가락 사이가 틈이 없어야 좋다

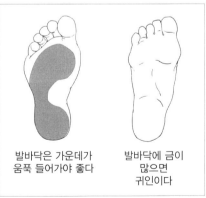

발바닥은 가운데가 움푹 들어가야 좋다   발바닥에 금이 많으면 귀인이다

족상에 곧은 직문直紋이 있는 사람은 운이 좋고, 화문花紋은 예술에, 구문龜紋은 문장재사에, 새 날개와 같은 금문禽紋은 외교술에 뛰어난 재주가 있다.

여덟 개에 소라문(둥근무늬)이 있으면 부귀하다. 하지만 열 발가락 모두가 소라문으로 돌아간 사람은 성격이 음흉하고 야비하다.

발가락이 길면 충량하고 단정하며, 가지런하면 지혜와 용기가 뛰어나 어진 사람이다.

발이 작고 두터우면 부귀하고 크고 얇으면 빈천하다. 발이 두터워도 틀어지면 고빈하고 두텁고 넉사四자로 모가 진 사람은 큰 부자가 된다.

발의 두께가 네치四寸를 넘는 사람은 대록을 얻는다.

발뒤꿈치가 둥글고 모지며 반듯한 사람은 복록이 자손만대에까지 미치고, 작고 뾰족하면 후사가 끊어진다.

남자 오리발은 어리석고 여자 오리발은 후첩의 상이다.

삼족공三足空 즉, 발가락이 짧고 발바닥이 패이고 뼈가 많이 튀어나오면 일생 빈천할 상이다.

엄지발가락 위뼈인 골로가 튀어나온 남자는 노년이 고독하고 자식이 없으며, 여자는 남편을 여의고 자식과 불화하여 노년이 가난하고 고독하다.

16. 흑자반점黑字斑點

흑자반점은 수목樹木에 비유한다. 나뭇결과 옹이와 같은 것이다. 흑자반점이 적시적소適時適所에 있다면 수목이 바람과 비에 잘 견딜 수 있는 것과 같은 이치이다.

점이 피부 밖으로 높이 나와 있는 것을 지痣(사마귀지)라 한다. 색이 검은 것은 흑지黑痣, 붉은 것은 적지赤痣이다. 피부 속에 묻혀 있는 것은 점點이라고 하고, 청색이나 황색을 띤 것을 반班이라 한다.

흑지는 칠흑漆黑과 같고 적지는 주사朱砂와 같아야 하며, 지와 점과 반은 숨은 곳에 생긴 것은 좋으나 노출된 곳에 생긴 것은 특별한 경우를 제외하고는 거의 흉하다.

크고 색이 없는 것은 염이라 하고 크거나 작거나 살갗에 솟아나지 않고 무색한 것을 오汚라 한다.

흑자반점에는 길과 흉이 있으니 복점을 건드리면 복록을 감하고 수명을 재촉하여 점을 뺀 후 3개월 후에는 운세의 하강을 피할 수 없다.

적색을 두른 것은 구설과 싸움이 있고, 흰색을 겸했으면 형액과 근심이 생기며, 황색을 띠었으면 물건을 잃어버리거나 도둑을 당한다.

따라서 골육이 맑고 희고 아름다우면서 흑지나 적지가 생긴 사람은 귀하나 피부가 거칠고 탁한 사람이 지가 생기면 빈천하다.

천중天中에 생긴 것은 남자는 아버지에게 여자는 남편에게 해롭다. 천중의 좌측 좌상 부위에 흑자가 있으면 실물한다.

천정天庭에 생긴 것은 어머니에게 좋지 않다.

사공司空에 생긴 것은 부모에게 해롭다.

고광高廣 부위에 있는 것은 부모형제 모두에게 해롭다.

산근山根에 있으면 본인에게 해롭다.

연상年上에 있으면 일생 빈곤하다.

수상壽上에 있으면 처자를 극한다.

준두準頭에 있으면 검난劍難을 예방해야 한다.

법령法令의 흑자가 왼쪽에 있으면 상부하고, 오른쪽에 있으면 상모한다. 여자는 반대이다.

인중人中에 흑자가 있으면 양처하기 쉽고 출세하는데 고독하다.

지각地閣과 대해大海의 흑자는 수액이 있다.

지각에 지가 있으면 전택田宅을 많이 둔다.

어미魚尾에 흑자가 있으면 시정市井에서 망한다.

부좌夫座 부위의 흑자는 상부하고 장남 부위는 장남을 극하고 중남 부위는 중남에게 소남 부위는 막내에게 해롭다.

금궤金匱 부위에 흑자가 있으면 파재한다.

상묘上墓에 흑자가 있으면 직업운이 약하다.

학당學堂에 흑자가 있으면 학문의 결핍이 있다.

명문命門 부위의 흑자는 화재를 당하고 일의 맺음이 없다.

귀 사이에 흑자가 있으면 물에 놀란다.

이마 위에 일곱 개의 흑자가 모여 있는 칠성문은 대귀하다.

태양太陽 부위의 흑자는 부부간에 좋은 일이 있다.

눈썹 가운데 흑자가 있으면 예술 분야에 두각을 드러낸다.

인당의 한가운데 흑자가 있으면 관록이 길하다.

귀안의 흑자는 장수하고 이륜耳輪의 흑자는 지혜가 많으며 이주耳珠
의 흑자는 재복이 많다.

배꼽 안의 흑지는 중년에 재복을 얻고 장수한다.

배꼽에 있는 흑자는 소귀小貴하다.

남자 귀두龜頭(음경)의 흑자는 귀하고 장수한다.

유방의 좌측이나 우측에 흑자가 있으면 축재의 운이 있고 중간에
있으면 귀한 아들을 둔다.

양물陽物의 상하에 흑자가 있으면 귀한 명이고 효자를 둔다.

눈동자의 흰자위에 있는 점은 비천하여 좋지 않다.

콧등의 점은 하는 일마다 막힌다.

입가에 흑자가 있으면 재산을 모으기 어렵다.

구각口角에 흑자가 있으면 직업이 불안하다.

입술 아래의 흑자는 자주 파재하고, 입 가운데는 주식이 넉넉하
고 다주多酒하며 혓바닥의 흑자는 거짓말을 잘한다.

눈썹 위에 흑자가 있으면 일생 빈궁하다.

작란雀卵(주근깨)이 얼굴에 있으면 처자에게 해롭고 법을 위반하며
공짜를 좋아하는 습성으로 인해 이권에 잘 개입한다.

여자의 작란은 상부극자傷夫剋子하고 수명이 짧으며 말년이 불길하

고 불리하다.

60세 이후의 검버섯은 장수할 신호이다.

마른 사람이 어려서 얼굴에 반斑(큰 점)이 생기면 수명을 재촉하고 살찐 사람이 반이 생기면 장수할 명이다.

승장承漿의 흑자는 취사醉死한다.

고광高曠과 척양尺陽 부위 좌측의 흑자는 객사한다.

보각補角의 흑자는 전사의 위험이 있고, 변지邊地의 흑자는 밖에 나가 죽고, 산림의 흑자는 집밖에서 상해를 당한다.

호골 부위의 흑자는 병역 중 죽고, 겁문劫門의 흑자는 칼에 찔려 죽는다.

코 옆의 점은 병고로 죽는다.

청로靑路의 흑자는 여행 중 상해로 죽는다.

간문奸門에 흑자가 있으면 칼침을 맞아 죽는다.

천정天庭 부위의 흑자는 수사水死한다.

최근 성형수술로 얼굴에 미용으로 점을 넣는 사람도 있다. 하지만 점이 얼굴에 보이는 것은 대부분 불길하고, 몸속에 숨은 것은 길하다. 특히 여자 얼굴의 흑자의 길흉을 요약하면 다음과 같다. 천중의 흑자는 어머니와 인연이 박약하고 남편에게 해롭다. 산근은 고독하고 빈곤하며 귀의 흑자는 총명하고 효성이 지극하다. 콧등의 점은 궁색하고 일마다 막힘이 많으며 천창의 흑자는 횡재가 있고 인중의 점은 자녀에게 해롭다. 입술의 점은 음란하고 혀끝의 점은 임기응변에 능란하다.

IV. 십이궁 ^{十二宮}

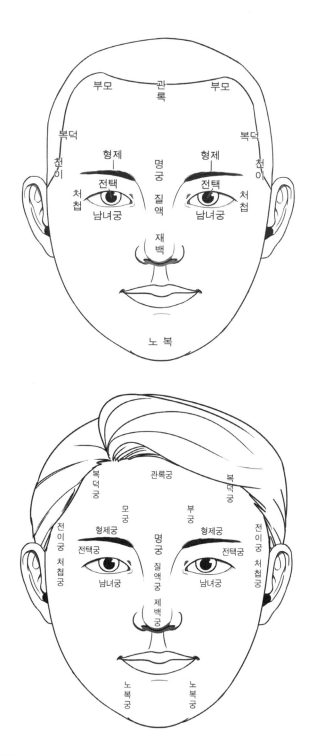

관상에서 십이궁이란 분야별로 상을 보는 방법을 말한다.

십이궁의 이름은 명궁命宮, 재백궁財帛宮, 형제궁兄弟宮, 전택궁田宅宮, 남녀궁男女宮, 노복궁奴僕宮, 처첩궁妻妾宮, 질액궁疾厄宮, 천이궁遷移宮, 관록궁官祿宮, 복덕궁福德宮, 부모궁父母宮이다.

십이궁은 부모와 형제, 배우자, 자식, 육친, 부동산과 재물, 운명과 복, 건강, 관록, 직업운, 거느리는 사람 등 사람이 살아가면서 중요하게 여기는 열두 가지를 분류하여 놓았다.

12궁	해당 부분	궁의 성질
명궁命宮	인당印堂	성공, 기회, 염원
재백궁財帛宮	준두準頭 천창天倉 지고地庫 눈目 관골顴骨	재복, 재운, 재산관리, 재부 능력
형제궁兄弟宮	양 눈썹	상호관계, 형제 유무, 대인 및 교우관계
전택궁田宅宮	양눈兩目 양 눈썹 사이의 위 눈꺼풀	주거환경, 가업, 명망, 선조의 유업, 조상의 유산
남녀궁男女宮	와잠臥蠶	육친간 정의 유무, 자녀의 능력 여부, 부부의 감정, 성적 능력
노복궁奴僕宮	지각地閣 금루金縷 수성水星 아래턱	사람과 교우, 자녀, 부하관계와 노년운
처첩궁妻妾宮	간문肝門−세로 어미魚尾−가로	부부생활, 정신과 육체생활, 연분 유무

질액궁疾厄宮	산근山根 연수年壽	질병과 재액, 건강과 수명, 질병과 재난의 저항 능력
천이궁遷移宮	천창天倉 산림山林 역마驛馬 변지邊地	외출시 안전, 가옥의 이사와 변동, 사람의 변동, 타인의 도움 여부
관록궁官祿宮	중정中正	공명, 사업 성패, 일처리 능력, 승진, 시험운
복덕궁福德宮	천창天倉 지고地庫 눈썹 위 복당福堂	수명, 정신, 재운, 자금회전 능력, 조상의 음덕
부모궁父母宮	일월각日月角	부모와 인연, 수명, 유전 여부

1. 명궁

명궁은 눈썹과 눈썹 사이에 있는 인당 즉 양미간을 말한다. 얼굴에서 두 눈과 더불어 가장 중요한 곳으로 일대 운명의 성쇠를 보는 곳이다.

인당은 넓고 평평하며 매끄럽고 밝으며 윤이 나는 게 좋고 너무 좁거나 너무 넓으면 나쁘다.

인당 부위에 점과 흉터가 없어야 하고 주름살도 좋지 않다.

눈썹이 서로 붙어 인당을 막는 것은 좋지 않고 산근이 잘 받쳐주어야 좋다.

명궁은 운명의 척도로 수명, 운수, 통솔력 등의 뜻을 지니고 있다. 명궁은 선천적 운명의 강약과 학식, 직업 등을 판단할 수 있는 곳이므로 좋은 명궁은 좋은 운명을 가지고 태어난 것이다. 따라서

| 좁은 인당 | 보통 인당 | 넓은 인당 |

얼굴이 전체적으로 좋아도 명궁에 결함이 있다면 인생의 전반에 걸쳐 문제가 있는 것으로 본다.

명궁이 넓고 두툼한 듯 밝고 윤기가 있어야 장수하고 좁은 사람은 건강이 약한 경우가 많다.

눈이 마음의 창이라면 인당은 마음을 반영하는 곳으로 인당의 형태가 좋고 넓은 사람은 마음이 너그럽다. 인당이 좁으면 시야가 좁고 이해심이 부족한 경우가 많다.

인당의 넓이는 주변 이목구비와 균형이 어떠한가를 봐야 하지만 손가락 두 개 폭 정도라고 할 수 있고 손가락 하나 넓이도 안 된다면 너무 좁은 것이다.

인당이 두툼하면 양적 영역인 정치, 경제, 스포츠, 군인 등 각종 활동적인 직업이 좋고, 인당이 좁고 움푹 들어갔으면 음적인 특성이 강하므로 정밀한 기능 영역인 종교, 철학, 예술, 교육 분야로 진출하는 것이 좋다.

인당이 너무 나오거나 너무 움푹 들어간 것도 좋지 않다. 많이 나오면 성격이 강해 식구들을 억누르고, 너무 깊은 경우 정신력이 약하고 질병으로 고생하며, 성격도 음울해질 수 있다. 이런 경우 사업을 하는 것보다 직장생활을 꾸준히 하는 것이 좋다.

인당에 세로로 바늘이 매달린 것처럼 가느다랗게 있는 주름을 현침문이라고 하는데 살아가면서 고난을 많이 겪게 되므로 좋지 않다. 굵고 진한 주름이 세로로 하나가 있을 때는 성격이 완고하고 강인하며 비교적 단순하고 구두쇠 기질이 있다.

나이가 들면 대개 인당의 양쪽으로 두 개의 주름이 생긴다. 하나

일 때 보다는 융통성이 있다. 주름이 셋 이상일 경우는 성격이 복잡하고 고민을 많이 하며 사소한 일에도 고민하는 경향이 있다.

인당의 색은 맑고 옅은 홍색이 좋다. 윤기가 없고 흐리면서 검은색, 탁한 붉은색, 검붉은색, 푸른색 등은 운이나 건강이 좋지 않다는 뜻이다.

탁한 붉은색을 띄면 구설수가 있고, 탁한 검정색일 경우

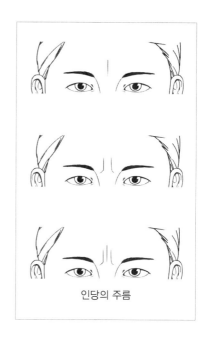

인당의 주름

건강에 유의해야 하며, 흑색이 진해지고 얼굴 사방이 검어지면 목숨이 위태롭다. 탁한 푸른색이 생기면 급속하게 건강이 나빠지거나 손재수도 있게 된다.

2. 재백궁

　재백궁은 금전궁으로 코의 위치를 말한다. 코는 얼굴의 중앙에 있으며 가장 높은 곳이므로 코가 잘생겨야 재운과 건강 그리고 의지력이 강하다. 『마의상법』에 의하면 천창天倉, 지고地庫, 금갑金甲, 정

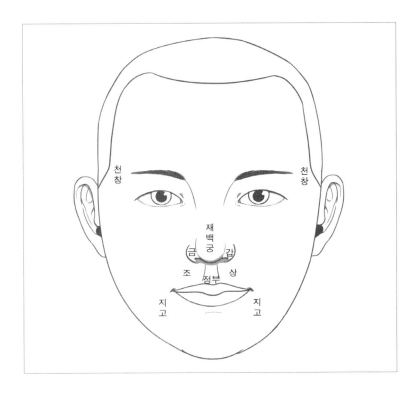

조井竈, 정부正部, 조상竈上를 모두 재백이라고 했다.

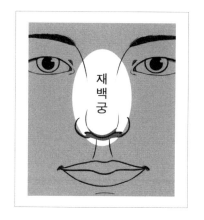

재백궁에서 재財자는 재물이란 의미로 돈과 재물 등의 동산動産을 보는 곳이다. 백帛자는 비단 백자인데 옛날에는 비단이 화폐 대용으로 사용되었던 때가 있었다.

코의 형태는 곧고 바른 모양으로 콧날이 휘거나 굴곡이 없어야 좋다. 옆에서 봐도 콧날이 반듯하고 직선의 형태를 이뤄야 한다. 눈과 눈 사이의 코의 뿌리가 되는 산근이 꺼지지 않아야 한다.

코는 인당에서부터 뻗어 내려와 그 기운이 뭉치는 곳인 준두가 둥글고 풍성해야 한다. 준두는 코에서 가장 핵심이 되는 부위로 살이 풍성해야 재복이 많다. 콧방울의 왼쪽을 난대라고 하고, 오른쪽을 정위라 하는데 양쪽의 콧방울이 두툼하게 받쳐주어야 한다. 준두가 좋아도 난대와 정위가 빈약하면 재산을 모으기 어렵다. 난대와 정위는 재물을 쌓아 두는 창고와 같다. 난대와 정위를 금갑이라고도 한다.

콧구멍이 적당한 크기로 너무 크거나 작지 않아야 한다. 코가 들려 콧구멍이 훤하게 보이는 것도 좋지 않다. 콧구멍이 너무 크면 낭비하는 경향이 있다. 반대로 콧구멍이 작으면 구두쇠 기질이 있다.

코의 피부는 맑고 깨끗하여야 하고, 색이 어둡거나 피부에 주름이나 점, 흉터가 없어야 한다.

콧등이 매의 부리처럼 휘고 준두가 뾰족하고 아래로 숙인 모양이면 마음이 각박하고 가난하다.

코에 살이 없는 것과 코의 중간에 뼈가 옆으로 퍼져 있는 것은 고독하면서 가난한 상이다.

코에 주름살이나 흉터 그리고 사마귀나 점들은 좋지 않다. 경제적인 어려움을 많이 겪게 된다.

코가 너무 높으면 성공과 실패를 여러 차례 겪게 된다.

3. 형제궁

형제궁은 두 눈썹을 말하는
데 형제자매의 관계를 본다.
눈썹은 단정하고 아름다워야
하는데 초승달처럼 아름답고
맑은 신월미新月眉도 좋다. 색

은 검고 윤택이 있어야 한다. 길이는 눈보다 길고 수려하여 난초 같
아야 한다. 숱은 적당해야 한다. 눈썹이 너무 빽빽하고 숱이 많은
것은 좋지 않다. 눈썹의 털이 한 방향으로 가지런하고 적은 듯하며
눈썹 사이로 피부가 보이는 것이 좋다. 색깔이 너무 짙고 탁하면 형
제간에 멀어지고 외로워지기 쉽다. 눈썹의 숱이 너무 적거나 눈썹
이 있어도 없는 것같이 보이는 경우는 형제간에 정이 없다.

눈썹이 중간에 끊어지거나 빠지지 않아야 하고 양쪽 눈썹이 붙지
않아야 한다. 눈썹이 끊어져 있으면 형제가 드물다. 눈썹이 일어
나 서 있거나 흩어지거나 회오리치는 형상은 형제간에 원수같이 지
내게 되어 좋지 않다. 눈썹이 눈을 가리듯 고리 모양으로 성기게 난
사람은 형제운이 고독하다. 양 눈썹의 모양이 같지 않으면 이복형
제가 있을 수 있다.

4. 전택궁

전택궁은 두 눈 특히 눈썹 아래의
눈두덩을 말한다. 태양과 태음이라
고 한다. 주로 주택과 부동산의 상
속관계를 본다. 전택궁이 아름답고
넓게 잘 발달한 사람은 일생을 좋은
주택에서 부동산을 많이 소유하며
산다.

전택궁이 좋지 못한 형상

전택궁은 눈만을 보는 것이 아니
다. 천창과 지고 부위도 같이 보고,
삼정과 육부도 봐야 한다.

전택궁

눈은 갸름하고 길고 부드러운 곡
선이면서 눈빛이 빛나고 윤기가 있어야 한다. 흰자위의 색이 희고
윤기가 있어야 한다. 흰자위의 검은 눈동자도 분명해야 한다. 천창
과 지고가 풍성해야 한다. 눈동자가 작고 검은 옻칠을 한 것과 같은
점칠지안點漆之眼이면 평생 재복이 강하다.

반면 흰자위에 붉은 핏줄이 생겨 검은 눈동자에까지 침범하는 것
은 꺼린다. 눈동자가 말라 있거나 붉게 충혈되면 재산을 지키기 어

렵다. 눈빛이 없고 몽롱하거나 취한 것 같은 눈은 부동산을 얻기 어렵다. 눈이 충혈되거나 색이 탁하게 되면 재산상의 어려움이 생긴다. 양쪽 눈이 다르게 생기고 눈동자가 돌출한 것은 재산이 있더라도 보전하기 어렵고 재산이 흩어지게 된다. 천창과 지고에 결함이 있는 사람은 재복이 약하다.

5. 남녀궁

남녀궁은 두 눈 바로 아래 뼈가 없는 부분으로 자손관계를 보는 곳이다. 마치 누에가 옆으로 누워 있는 것같이 좌우로 길게 약간 도톰하게 나와 있어 와잠臥蠶이라 하고, 그 아래쪽에 약간 들어간 부위가 누당淚堂이다. 남녀궁을 볼 때는 와잠이 기본이 되며, 귀와 인중 그리고 눈을 참고로 봐야 한다.

와잠은 약간 도톰하여 누에가 옆으로 누워 있는 듯해야 한다. 살집이 풍만하고 피부의 혈색이 좋으며 인중의 골이 또렷하면 아들을 두게 된다. 눈동자 부위가 꺼지지 않고 와잠이 밝고 윤이 나면 자식들이 귀해진다. 피부가 깨끗하고 주름이나 점, 사마귀 등이 없어야 한다.

눈 부위가 쑥 들어가 와잠 부위가 움푹 들어간 것은 좋지 않다. 검은 사마귀와 꾸불꾸불한 무늬가 있으면 늙어서 자손과의 사이가 나빠진다. 검은 점이나 주름은 자식을 극하는 형상이다.

색이 어둡고 탁한 것은 좋지 않다. 여자의 와잠이 너무 검고 탁하면 자궁에 이상이 있다는 신호이다. 피로하지 않은데 와잠 부위가 불룩해지고 홍색이나 푸른색을 띠면 임신 여부를 봐야 한다. 탁한

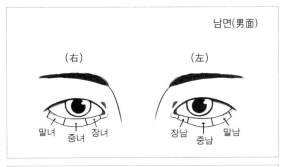

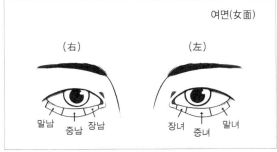

남녀궁

붉은색일 경우 출산에 어려움이 따른다.

　와잠에 볼록한 빈 살이 융기하여 있거나 우물정^{井}자 모양의 무늬가 있으면 자식운이 없거나 낳았어도 잃기 쉽다.

　와잠에 검푸른 색이 돌고 푹 꺼진 상은 성적과로^{性的過勞}와 성병장애를 의미하므로 좋은 자녀를 얻기 어렵다.

　입이 뾰족하거나 인중이 평평하거나 귀의 귓바퀴가 없는 경우는 자식운이 불길하다.

6. 노복궁

노복궁은 턱 전체 부위를 일컫는 지각을 말한다. 부하와 처첩愛情그리고 남녀 고용인과의 관계를 보는 곳이다. 아랫사람의 덕이 있는가도 본다.

노복궁을 볼 때는 지각 외에 입과 턱 전체를 참고로 본다.

지각은 전체적으로 풍만해야 하고 입의 양끝과 얼굴이 서로 조화를 이뤄야 한다. 피부가 맑고 깨끗한 것이 좋고 둥근 형태로 살이 두툼해야 한다. 이와 같은 지각은 권세가 있고 수완과 통솔력이 뛰어나 사람관계에서 앞서고 재운도 매우 좋다.

반면 턱이 꺼지거나 뒤로 물러나거나 너무 발달한 것은 좋지 않다. 뾰족하고 살이 빈약해도 좋지 않다. 아랫사람에게 덕을 베풀어도 덕이 없기 때문에 좋은 소리를 듣지 못한다.

지각과 턱의 색이 어두워지면 아랫사람으로 인해 손해를 보게 된다. 따라서 턱이 빈약한 사람은 전문업종에서 소규모의 사업을 하는 것이 좋다. 흉터나 주름이 있는 경우는 남을 부리는 부분보다는 월급 받는 입장이 좋다.

7. 처첩궁

처첩궁은 양쪽 눈 끝 즉 간문 또는 어미 부분이다. 눈꼬리의 윗선과 아랫선이 만나는 어미 부분에서 그 바깥쪽으로 머리카락 경계 부분까지가 처첩궁이다. 부부간의 인연이나 처첩의 복덕 유무를 판단하는 곳으로 배우자궁이라고 할 수 있다.

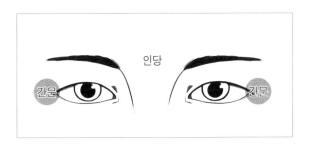

간문은 평평하고 꺼지지 않으며 살이 두텁고 피부는 맑고 윤기가 있어야 한다. 이와 같으면 남자는 착한 부인을, 여자는 어진 남편을 만나 원만한 부부로서 화목한 가정을 이룬다. 여기에 코와 관골이 조화를 잘 이루면 결혼 후에는 재복이 더욱 더 많아진다.

간문이 너무 깊이 들어가 있고 살이 없으며 얇은 것은 좋지 않다. 이성교제에 관심이 없어 혼기가 늦어지는 편이다. 미혼자는 이성을 만나게 될 때 간문 부위가 맑고 밝으면 좋은 상대를 만나게 된다. 간문 부위가 평평하고 풍만하면 이성 교제가 활발하고 간문이 들어간 경우는 중매나 소개 결혼이 많다.

기혼자는 간문의 기색이 좋지 않으면 부부 사이에 문제가 있거나 불만이 있다. 부부생활에 불만이 있을 때 남자는 왼쪽, 여자는 오른쪽 간문에 기색이 좋지 않으면 자신이 상대에게 불만이 있고 반면 남자의 오른쪽 여자의 왼쪽 간문의 기색이 나쁘면 상대측에서 불만이 있는 경우이다.

주름이 어지럽거나 점, 흉터 등이 있거나 항상 검푸른 빛이면 음탕하다. 검은 사마귀에 주름이 많으면 외정外情으로 곤란을 겪게 되는 경우가 생길 수 있다.

여자는 간문이 좋지 못하고 귀가 뒤집혀 있으면 이혼하는 경우가 많다. 배우자 문제를 볼 때 간문 이외에도 남자는 코와 입 그리고 관골을 살펴야 하고, 여자는 코와 이마와 관골 그리고 귀를 살펴야 한다.

8. 질액궁

질액궁은 인당의 바로 밑 눈과 눈 사이인 산근을 말하는데 건강상태를 보는 곳이다. 질병과 재난은 예고 없이 닥치기 때문에 사람의 일생은 무엇보다 건강이 우선이다.

산근 부위는 인당보다 약간 들어간 듯 높아야 하고 살이 적당해야 하며 코뼈가 드러나지 않아야 한다. 또 피부색이 맑고 윤기가 있어야 하며 주름이나 점, 흉터가 없어야 한다.

산근 부위가 무너진 것같이 가파르게 들어가 보이거나 산근이 끊어진 것으로 보이는 것은 좋지 않다. 산근이 약하면 평소 건강에 신경 써야 한다.

산근 부위에 살이 없어 뼈가 드러나 보이는 것은 건강뿐만 아니라 여러 가지 일에 어려움을 많이 겪게 된다.

산근 부위의 기색이 좋지 않은 것은 건강하지 못하다는 신호이고, 평소 색이 윤택하다 어두워지면 건강이 나빠진 것이므로 유념해야 한다. 산근에 평소 없던 주름이 생기면 건강에 적신호가 온 것

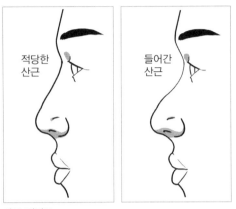

산근 적당도

으로 알아야 한다.

　산근은 건강을 보는 것 이외에도 중요한 의미가 있다. 산근이 충실하면 조상과 연결이 잘된 것으로 부모나 조상의 덕이 풍족하다.

　이마가 반듯하고 산근이 잘 발달하여 코와 연결이 잘되어 있으면 문장재사文章才士로서 세상에 이름을 떨친다. 인당과 산근이 넓으면 마음이 너그럽지만 좁으면 성격이 옹졸하고 포용력이 적다.

9. 천이궁

천이궁은 두 눈썹의 꼬리 부분에서 약간 위까지로 머리카락이 난 곳까지인 역마, 천창 부위이다. 천이는 옮긴다는 의미로 이사 등 여러 가지 이동 사항을 보는 곳이다.

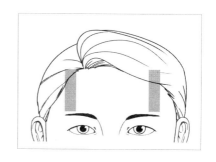

천이궁에서는 직장에서의 이동 사항도 보는 곳이다. 천이궁은 천창 부위만이 아니라 양쪽부터 양쪽 광대뼈 부위까지 꺼진 곳 없이 잘 이어져 있는가를 봐야 한다.

천이궁은 평평하여 꺼진 것이 없고 살도 풍만해야 좋다. 또 흉터나 점등이 없고 피부는 맑고 윤택해야 한다.

천이궁이 좋은 사람은 고위공무원이 될 수 있다. 샐러리맨이나 공무원은 천이궁이 좋아야 승진에 지장이 없다. 천이궁 부위가 평소보다 맑고 윤이 나면서 밝아지면 승진할 수 있다. 승진할 때는 눈썹 부위도 함께 밝아지는 것을 볼 수 있다.

천이궁이 쑥 들어간 듯 꺼지고 이마가 뒤로 물러난 데에다가 눈썹까지 서로 붙는다면 늙도록 주거문제에 고통이 있고, 조상으로부터 받은 재산이나 사업까지도 파경에 빠질 수 있다. 이런 경우 이동할수록 액이 많고 운이 나빠져 사업의 성패가 여러 차례 있게 된다.

천이궁이 꺼져 있는 사람은 한곳에 오래 살지 못하고, 자주 이사하게 되는데 천창 부위에 어두운 기색이 있을 때는 이사나 부동산계약 등을 하게 되면 손해를 보게 된다. 또 너무 어두울 때에는 여행을 가는 것도 좋지 않다.

10. 관록궁

관록궁은 이마의 중정 부위를 중심으로 한 이마 전체 부분을 말한다. 사회적 직위를 보는 자리이다. 중정이 꺼지고 맑지 못하고 어두우면 직업상 불안정하고 장애가 많아서 재산이나 지위, 명예에 불길한 영향을 끼친다.

남자의 이마가 넓으면 벼슬할 격이라는 말은 관상에서 나왔다. 고관에 이 부위가 발달한 사람이 많은 것은 사실이다. 여자의 이마가 넓고 잘 발달되어 있으면 훌륭한 남편을 맞이하고, 그 남편의 운을 일으켜 출세시킬 수 있다. 여자의 사회 진출이 활발한 현대에서는 남편을 출세시키는 운이 아니라 자신의 관록운으로 풀이된다. 더러 상대적으로 남편의 운을 제압하여 가정이 편치 못한 경우가 있다.

중정 부위는 평평하고 풍만하며 살이 두텁고 윤기가 있으며 점이나 흉터 등이 없어야 한다. 이마 전체의 형태가 입벽立壁이나 복간지상伏肝之像이면 관록에 영화가 있어 귀인의 자리에 있게 된다.

옆에서 볼 때 이마와 산근 그리고 준두까지 연결 선상의 뼈가 물소의 뿔과 같은 선으로 잘 발달하여 있으면 관직이든 회사생활이든 고위직에 올라갈 수 있다.

이마가 입벽지상이나 복간지상을 하고 이마의 중앙이 잘 발달한 것은 좋은 관록궁인데 여기에 일월각까지 잘 솟아 있으면 더욱 더 좋다. 또 이마의 중앙과 양옆에 세로로 뼈가 기둥과 같이 발달하여 있는 것도 아주 좋은 상이다.

여자는 삼정이 균등하고 관록궁이 좋으면 귀한 배우자를 일찍 만날 수 있다. 하지만 중정에 흉터가 있으면 결혼이 늦어진다. 관록궁에 흉터나 점 사마귀 등은 해가 된다. 중정 부위에 가로로 어두운 푸른 기색이 나타나면 직장을 잃게 된다.

11. 복덕궁

  복덕궁은 복덕福德을 보는 곳으로 주로 이마의 천창과 지고의 연결 상태를 보고 아울러 십이궁을 종합해 보는 것이 정법이다.

  이마가 뒤로 넘어가지 않고, 지각도 안으로 조공하여 이마를 바라보는 듯하고 관골이 코를 조응하는 형국이면 복록이 무궁할 상이다.

  이마의 양쪽 천창이 꽉 차듯 풍만하고 이마에서 턱까지 얼굴의 옆부분이 튀어나오거나 꺼진 곳이 없이 잘 이어져야 한다. 오성이 조공朝拱하고 오악과 사독이 맑고 밝아야 한다.

  이마와 턱이 무너져 서로 멀어지는 형상이 아니고 이마와 턱 그리고 관골이 코를 향해 기운을 보내는 것 같은 모양이 되어야 한다. 삼정, 육부, 오악, 사독 등 얼굴 전체가 잘 균형을 이루면 오복이 고루 갖춰진 상이다. 초곤노왕初困老旺 즉 턱은 둥글고 풍만한데 이마가 좁으면 초년에 고생을 하고, 반대로 만세풍상晚歲風霜 즉 이마는 넓고 잘생겼지만 턱이 뾰족하면 초년은 좋고 말년에 고생한다.

  천창 부위에 검은 기색이 있으면 모든 일에 막힘이 많으므로 이때는 이사나 부동산 계약 등을 하면 손해를 입게 된다. 재백궁과 전택궁을 볼 때 천창과 지고를 반드시 봐야 하는 것은 어느 한 부위만 발달해서는 제대로 이루어진 상이 아니기 때문이다.

12. 부모궁

부모궁은 눈썹 위의 일각日角과 월각月角 그리고 좌우 보골輔骨을 말한다. 이마 가운데의 위로부터 3/5 정도의 위치에서 양쪽을 만져보면 약간 도톰하게 뼈가 나온 부분이 있다. 왼쪽을 일각이라 하

부모궁(일각 월각)

고 오른쪽을 월각이라고 한다. 부모궁을 볼 때에는 코와 눈썹도 함께 봐야 한다.

일각과 월각이 높고 둥글어서 빛이 맑고 윤택하고 양쪽의 균형이 잘 맞아야 하며 어느 한쪽이 지나치게 높거나 낮지 않은 것이 좋다.

일각과 월각이 높고 살이 두툼하면 부모가 장수하지만, 일각과 월각이 낮게 꺼지고 어두우면 부모를 일찍 여의게 되거나 부모의 건강이 좋지 않아 불우한 처지에 놓이게 된다. 일각과 월각 중 한 곳이 꺼지면 부모 중의 한 쪽이 먼저 죽게 된다. 남자 기준으로 일각이 아버지이고, 월각이 어머니이다. 일각과 월각이 밝아지면 부모에게 좋은 일이 있게 된다.

검은색이나 흰색이 생기면 부모 사망이 걱정이 되고 푸른색을 띠면 부모에게 걱정과 구설 등의 재액이 생길 수 있다.

서자나 사생아, 첩에게서 태어난 이들 중에는 이마가 너무 좁고 한쪽으로 틀어져 있어 일각과 월각이 꺼진 경우가 많다.

좌측 눈썹이 높고 우측 눈썹이 낮으면 아버지는 있지만 어머니를 먼저 여의게 되고, 반대로 좌측 눈썹이 낮고 우측 눈썹이 높으면 아버지가 먼저 돌아가시고, 어머니는 개가하게 된다.

눈썹 끝이 이중으로 갈라져 있으면 양자로 가든가 아니면 서모나 의부 같은 두 부모를 모시게 된다. 코가 왼쪽으로 치우치면 아버지에게 문제가 있고, 오른쪽으로 치우치면 어머니에게 문제가 있다.

왼쪽 귀가 작으면 아버지에게, 오른쪽이 작으면 어머니에게 문제가 있다. 입이 새부리처럼 뾰족하고 머리카락이 낮으면 부모가 일찍 돌아가시게 된다.

일각과 월각의 모양이 각각 다른 사람은 대할 때 처음과 끝이 서로 다른 사람으로 결국에는 배신하게 된다.

V. 유년운기부위가

流年雲氣部位歌

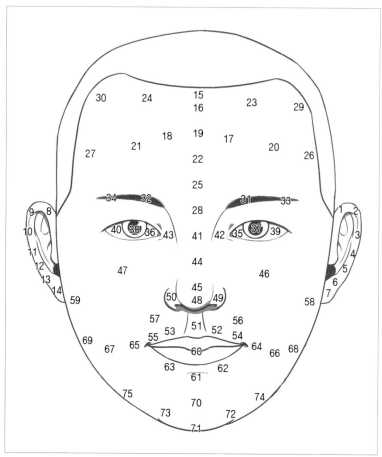

나이별 운세

　얼굴의 각 부위마다 그 해에 해당하는 유년이 있다. 그 부위를 자세히 보고 그 해의 길흉을 판단한다. 유년론은 일정한 시기의 운이 머물다 간다는 의미이다.

　연령별 운을 볼 때 부위와 나이가 적혀 있어도 그 부분만 보는 것이 아니다. 연관된 다른 부분까지 참고하여 판단해야 한다. 해당 나이의 운세 여부를 판단하기 위해서는 각 부위에 대한 인식을 전제로 한다. 처음 시작하는 부위는 귀이다. 『마의상법』에 의하면 남자는 왼쪽, 여자는 오른쪽에서 시작한다. 남자는 양체이고 여자는 음체로서 좌는 양이고 우는 음이기 때문이다. 음양의 기준에 의해 남자는 왼쪽에서 기수起數하고, 여자는 오른쪽에서 기수한다.

『마의상법』도 그렇지만 관상은 남자 위주로 나이별 운을 기록했다. 따라서 여자일 경우와 각 부위에서 좌우대칭되는 부분일 경우 오른쪽부터 봐야 한다. 여자의 경우는 반드시 좌우를 바꾸어 판단해야 한다.

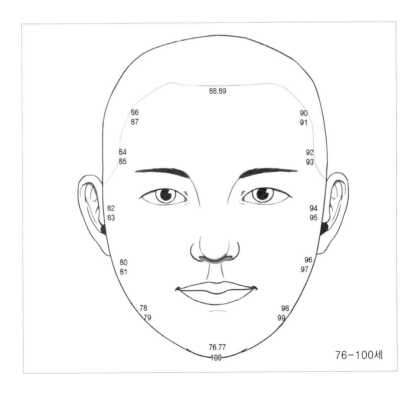

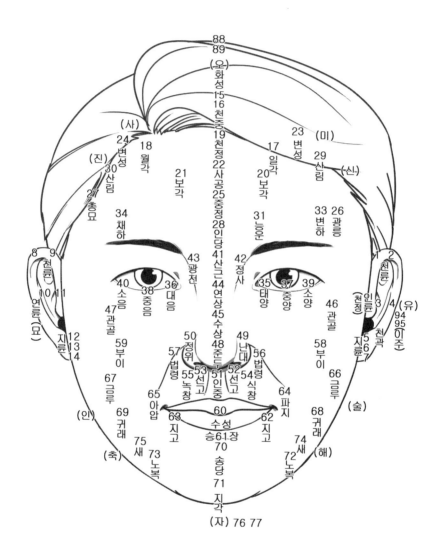

일반적으로 보는 방법

유년운기표

1.2 천륜	3.4 천성	5.7 천곽	8.9 천륜
10.11 인륜	12-14 지륜	15 화성	16 천중
17 일각	18 월각	19 천정	20 左보각
21 右보각	22 사공	23 左변성	24 右변성
25 중정	26 구릉	27 총묘	28 인당
29 左산림	30 右산림	31 능운	32 자기
33 번하	34 채운	35 태양	36 태음
37 중양	38 중음	39 소양	40 소음
41 산근	42 정사	43 광전	44 연상
45 수상	46 左관골	47 右관절	48 준두
49 난대	50 정위	51 인중	52 左선고
53 右선고	54 식창	55 녹창	56 左법령
57 右법령	58 左호이	59 右호이	60 수성
61 승장	62 左지고	63 右지고	64 피지
65 아압	66 左금루	67 右금루	68 左귀래
69 右귀래	70 송당	71 지각	72 左노복
73 右노복	74 左시골	75 右시골	76.77 子
78.79 丑	80.81 寅	82.83 卯	84.85 辰
86.87 巳	88.89 午	80.91 未	92.93 申
94.95 由	96.97 戌	98.99 亥	1살 부위로

귀 1~14살

양쪽 귀로 1~14살의 운을 본다. 1~7살까지는 좌측 귀, 목성을 보고, 8~14살까지는 우측귀, 금성을 본다. 남자는 왼쪽 귀부터 여자는 오른쪽 귀에서 시작한다.

1~4살이 지나면 귀의 영향이 없어지는 것이 아니다. 그 나이 때 신체 부위에서 영향을 상대적으로 더 받는다는 의미이다. 여자의 경우는 음의 성질로 인해 음체인 귀의 영향을 더 크게 받는다.

귀의 혈색이 밝게 투출하면 일찍이 신존명고身尊名高한다. 15세 전에 이주耳珠가 붉으면 일찍 출세하고 흰 것은 운이 늦고 검은 것은 수명을 재촉한다.

따라서 귀가 붉으면 조달복록早達福祿하고 희면 만지명성晩至名聲한다. 하지만 귀가 희어도 윤기가 없이 백분을 뿌려 놓은 듯이 희면 빈천하고 명윤하게 희면 귀한 명이지만 운이 다소 늦게 열린다.

1~2살 | 왼쪽 귀의 맨 윗부분인 천륜
3~4살 | 왼쪽 귀의 중간 부분인 천성 부위
5~7살 | 왼쪽 귀의 아래 부위인 천곽 부위

1~7살까지는 좌이에 해당하므로 먼저 천창과 지고를 보고 운의 길흉은 산근을 보고 판단한다.

8~9살 | 오른쪽 귀의 맨 위 천륜 부위
10~11살 | 오른쪽 귀 중간의 인륜 부위

12~14살 | 오른쪽 귀 아래 지륜 부위

8~14살까지는 우이에 해당하므로 좌이와 마찬가지로 천창과 지고를 보고 운의 길흉은 산근을 보고 판단한다.

나이별 운세를 보는 부분은 귀이다. 얼굴의 여러 부위 중 귀에서 시작한 의미는 무엇일까. 음양오행의 이치를 따른 것으로 짐작된다. 음양오행의 이치는 음이 양을 완전히 감싸고 난 후 양의 기운이 한 줄기로 뻗어 나온다. 하도河圖를 보면 북방의 1.6 수水로부터 시작한다.

그럼 왜 얼굴에서 북쪽인 턱에서 시작하지 않고 귀에서 시작한 것일까. 귀는 얼굴의 전면이 아닌 뒤쪽에 있어 음에 속하며 또 신장에 속하니 수水에 해당되는 측면에서 귀에서 시작한 것으로 본다.

이마 15~30살

이마는 15살부터 30살까지의 운세를 본다. 삼정 중 상정에 속하여 초년운을 보며 동시에 부모와 관록운을 본다.

15살 | 이마의 맨 위 발제의 가운데 부위 화성

16살 | 화성의 바로 아래 부위 천중. 15~16살의 운은 화성과 천중, 천정에 해당하므로 먼저 두 귀를 살핀 후 일각과 월각의 보좌를 살핀 다음 운의 길흉은 중정을 봐서 판단한다.

17~18살 | 이마의 한가운데 약간 위쪽 좌우에 두툼하게 나온 부위인 일각과 월각. 왼쪽이 일각으로 17살의 운세, 오른쪽이 월각

으로 18살. 일월각은 황명^{黃明}해야 하고 혼암^{昏暗}은 꺼린다. 일월각이 암체하면 형극하지만 밝고 깨끗하면 부모도 길하고 본인도 건강하다. 먼저 두 눈을 살핀 후 두 귀를 살핀다. 운의 길흉은 번성을 봐서 판단한다.

19살 | 천중의 바로 아랫부분 부위인 천정. 명윤하면 대길하고 혼암하면 관재^{官災}에 놀란다. 먼저 두 눈썹을 살핀 후 일월각을 보고 운의 길흉은 준두를 봐서 판단한다.

20~21살 | 일월각의 바로 옆 부위인 보각. 왼쪽이 20살, 오른쪽이 21살. 보각은 유년운뿐만 아니라 일생의 귀천을 결정할 수 있는 중요한 부위이다. 먼저 입을 보고 수상의 콧등을 살핀 후 운의 길흉은 천창을 봐서 판단한다.

22살 | 이마의 가운데 천중의 바로 아래 부위 사공. 사공은 정액^{正額}으로서 소부^{少府}와 연결하여 밝음을 필요로 한다. 명윤하면 애정 부분이 만족하고 결혼과 취직이 모두 길하다. 먼저 좌우귀를 보고 산근의 세력을 살핀 후 운의 길흉은 인중을 봐서 판단한다.

23~24살 | 이마 맨 위의 양쪽 가장자리 부위인 변지. 왼쪽 변지가 23살이고, 오른쪽 변지가 24살. 변지는 홍색이 묽은 것은 해롭지 않지만 짙으면 재앙이 따른다. 또한 적색도 흉하고 청색이 암체한 것도 불길하다. 먼저 두 눈을 보고 산림을 살핀 후 운의 길흉은 이마를 봐서 판단한다.

25살 | 이마의 가운데 인당의 바로 윗부분 부위인 중정. 중정은 관록궁으로서 좌우로 보각과 연결되어 있고 홍, 황, 자색을 필요로 한다. 먼저 두 눈썹을 보고 산근을 살핀 후 운의 길흉은 우이

를 봐서 판단한다.

26~27살 | 왼쪽 눈썹꼬리 쪽의 약간 위쪽으로 머리카락이 난 경계선 부위인 구릉은 26살, 오른쪽 눈썹꼬리 약간 위쪽의 머리카락이 난 경계선 부위인 총묘는 27살. 구능은 청암靑暗은 해롭지 않지만 홍, 적은 재앙이 있다. 먼저 우이를 보고 두 귀를 살핀 후 운의 길흉은 이마를 봐서 판단한다.

28살 | 눈썹과 눈썹 사이의 인당. 인당은 화위火位에 속하므로 홍, 황, 자색은 좋고 흑청은 꺼린다.

인당은 평생의 운명을 본다. 준두는 기색의 발처發處이고 인당은 기색의 취처聚處이기 때문에 매우 중요한 부위이다. 다른 부위가 좋아도 인당이 좋지 않으면 외화내허外華內虛이며 외부내빈外富內貧 격으로 실속이 없다. 먼저 두 눈썹을 보고 운의 길흉은 천창을 봐서 판단한다.

29~30살 | 산림은 귀에서 위로 6cm 정도 위 부위로 왼쪽 산림이 29살, 오른쪽 산림이 30살이다. 산림은 황색이 맑게 투출透出하면 좋고 암체한 것은 꺼린다. 맑고 청수해야 좋고 한번 탁하거나 어둠침침하면 재앙이 따른다. 먼저 두 눈을 보고 코를 살핀 후 운의 길흉은 입을 봐서 판단한다.

눈썹과 눈 31~40살

눈썹과 눈을 보고 31살부터 40살까지의 운세를 본다.

31~32살 | 왼쪽 눈썹의 머리 쪽이 능운凌雲으로서 31살, 오른쪽

눈썹의 머리 쪽이 자기紫氣로서 32살의 운을 지배한다. 눈썹은 미두나 미미만 따로 볼 것이 아니다. 먼저 두 눈을 보고 코를 살핀 후 운의 길흉은 연상을 봐서 판단한다.

33~34살 | 왼쪽 눈썹의 꼬리 쪽이 번하繁霞로서 33살, 오른쪽 눈썹의 꼬리 쪽이 채하彩霞로서 34살의 운을 지배한다.

삼양은 좌측 눈 즉 태양, 중양, 소양을 말하고, 삼음은 우측 눈 즉 태음, 중음, 소음을 말하는데 각각 3년씩 35~40살까지 6년간의 운을 지배한다. 먼저 이마를 보고 산근을 살핀 후 운의 길흉은 법령을 봐서 판단한다.

35살 | 왼쪽 눈의 안쪽 흰자위 부분이 태양.

36살 | 오른쪽 눈의 안쪽 흰자위 부분이 태음. 35~36살의 운은 두 눈인 태양과 태음에 해당하므로 먼저 두 귀를 보고 두 눈썹을 살핀 후 운의 길흉은 산림을 봐서 판단한다.

37살 | 왼쪽 검은 눈동자가 중양.

38살 | 오른쪽 검은 눈동자가 중음. 37~38살이 운은 두 눈의 검은 창인 중양과 중음에 해당하므로 먼저 두 눈을 보고 콧등을 살핀 후 운의 길흉은 양 관골을 봐서 판단한다.

39살 | 왼쪽 눈의 바깥쪽 흰자위가 소양.

40살 | 오른쪽 눈의 바깥쪽 흰자위가 소음.

삼양과 삼음은 홍색과 자색을 좋은 색으로, 광영光䌽을 중간색으로 치고, 맑은 백색을 일반적인 색으로 한다. 청색과 흑색과 암체의 색은 모든 일에 실패가 따른다. 메마르고 어두운 색은 수명을 재촉한다. 39~40살의 운은 두 눈의 흰 창인 소양과 소음에 해당하므로 먼저 입을 보고, 두 귀를 살핀 후 운의 길흉은 간문을 봐서 판단한다.

코와 광대뼈 41~50살

40대의 운세를 보는 데 중요한 곳은 코이다.

코가 복이 있게 생기고 광대뼈가 잘 보좌해 주어야 40대 전반의 운이 좋다.

41살 | 눈과 눈 사이의 코의 뿌리 부분이 산근. 먼저 주양柱陽인 뒷목을 보고 턱을 살핀 후 운의 길흉은 왼쪽 눈을 봐서 판단한다.
42살 | 왼쪽 눈과 산근 사이가 정사精舍.
43살 | 오른쪽 눈과 산근 사이가 광전光殿.

이 부위는 청, 흑, 적, 백색을 꺼리고 맑고 명윤한 것을 원한다.

42살 정사와 43살 광전의 운을 볼 때는 두 눈을 겸해서 봐야 한다. 먼저 이마를 보고 두 눈의 광채와 두 눈썹을 살핀 후 운의 길흉은 인당을 봐서 판단한다.

44살 | 코에서 산근의 바로 아래 부위인 연상年上.
45살 | 코에서 준두의 바로 위 부위인 수상壽上.

연상과 수상은 황금색이 나고 만면에 홍, 황, 자색이 돌면 재운이 날로 증가한다. 44~45살은 콧등인 연상과 수상에 해당하므로 먼저 두 눈을 보고 두 눈썹을 살핀 후 운의 길흉은 인당을 봐서 판단한다.

46~47살 | 왼쪽 관골이 46살, 오른쪽 관골이 47살로 양 관골은 젊을 때는 붉은 듯 화색火色이 있어야 하고, 노년에는 밝은 황색을 이어야 좋다. 관골은 평생 사회운을 보는 곳이다. 도화색이 있는 경우 남녀 불문하고 호색하여 부부운이 좋지 않다. 먼저 두 눈을 보고 코를 살핀 후 운의 길흉은 후양後陽인 뒷머리골을 봐서 판단한다.

48살 | 코끝은 준두 부위. 먼저 양 관골을 보고 두 눈과 치아를 살핀 후 운의 길흉은 입을 봐서 판단한다.

49살 | 왼쪽 콧방울은 난대蘭臺 부위.

50살 | 오른쪽 콧방울은 정위廷尉 부위.

준두는 명윤함을 원하고 청흑함을 꺼린다. 정조井灶는 난대 정위 옆 부위인데 적색이 띠면 재물이 흩어지고, 황색이 명윤하면 재물이 들어온다. 검거나 암체하면 손재와 구설이 따른다.

준두가 항상 붉고 적색을 띠는 사람은 머리는 비상하여 매사 도모하기를 좋아한다. 하지만 계획만 찬란할 뿐 일마다 성사하기 어렵고 동서남북으로 분주하기만 하다.

준두는 얼굴 정중앙에 위치하여 오행상으로 흙에 해당하는데 적색을 띠는 것은 불이 침범하여 땅이 메말라 만물이 자랄 수 없음과 같은 이치이다. 따라서 코가 적색으로 붉으면 머리가 출중해도 분주하기만 하고 유시무종有始無終 격이다. 술로 인하여 코가 붉어진 경우도 운명상으로는 똑같이 적용을 받는다. 49~50살의 운은 난대와 정위에 해당하므로 먼저 두 눈을 보고 두 귀의 수주垂珠를 살핀 후 운의 길흉은 입을 봐서 판단한다.

입과 주변 51~60살

51살 | 코의 아래 골이 진 부분인 인중人中. 먼저 이마를 보고 두 귀를 살핀 후 운의 길흉은 법령을 봐서 판단한다.

52~53살 | 인중 왼쪽 옆으로 콧구멍 아래 약간 두툼한 부위인 선고仙庫. 왼쪽 선고는 52살, 오른쪽 선고는 53살. 먼저 두 눈과 두 눈썹을 보고 운의 길흉은 인당을 봐서 판단한다.

54살 | 왼쪽 선고와 법령 사이 부위인 식창食倉.

55살 | 오른쪽 선고와 법령 사이 부위인 녹창祿倉.

말년의 대표적인 부위는 인중이다. 인중, 좌우 선고, 식창, 녹창이 황색과 자색으로 맑고 깨끗하면 모든 일이 잘 이루어지고 의식이 풍족하다. 이곳은 수성이므로 먼지 낀 듯한 진몽함을 크게 꺼린다. 명윤한 기색을 반긴다. 54~55살의 운은 식창과 녹창에 해당하므로 먼저 두 귀의 수주를 보고 두 눈썹을 살핀 후 운의 길흉은 법령을 봐서 판단한다.

56~57살 | 양쪽 관골 부위에서 턱 쪽으로 주름이 진 부위인 법령法令. 왼쪽 법령이 56살, 오른쪽 법령이 57살의 운을 지배한다. 법

령선을 일명 담사라고 하는데 홍색과 자색으로 맑게 띠면 모든 일이 길하다. 색이 황명黃明하고 백량白亮한 것도 길사吉事가 있다. 흑과 백의 두색이 나타나면 일의 중단과 재앙이 따른다. 홍색과 자색을 띠면 혈血의 작용이 활발하므로 좋다. 법령문은 자색으로 깔려도 좋고 흑색이 명윤해도 해롭지 않다. 먼저 코의 세력을 보고 운의 길흉은 인당을 봐서 판단한다.

58~59살 | 귓불 앞 부위인 호이虎耳. 왼쪽 호이가 58살, 오른쪽 호이가 59살. 귀래와 호이를 노복궁과 겸하여 하고下庫라 하는데 홍색과 황색이 나타나면 좋다. 먼저 두 눈을 보고 두 귀를 살핀 후 운의 길흉은 이마를 봐서 판단한다.

60살 | 입인 수성水星. 정구正口 즉 수성의 순내脣內는 암흑청을 꺼린다. 수성은 어른 아이를 막론하고 빛이 선명하게 밝아야 한다. 특히 입술은 붉은 것이 좋고 자색을 띠는 경우 남자는 노인에 한하여 길하다. 여자는 흰색을 남자는 청색을 빈천과 흉액의 징조로서 꺼린다. 입술이 항상 검푸른 사람은 남녀 모두 부부운이 박하다. 상처喪妻의 경우가 많다. 먼저 이마와 인당을 보고 운의 길흉은 수주를 봐서 판단한다.

61~70살

61살 | 입술 바로 아래 약간 들어간 곳인 승장承漿. 승장은 흑색이거나 황색이면 사망하고 백색이면 생生한다. 청靑한 것은 병을 앓는다. 승장은 50세가 넘으면 흰 것을 꺼리지 않는다. 소년에게 흑색이 나타나거나 항상 검으면 수액水厄의 상이다. 먼저 두 눈썹을

보고 두 귀를 살핀 후 운의 길흉은 법령을 봐서 판단한다.

62~63살 | 입꼬리 부위의 아래쪽 지고地庫. 왼쪽 지고가 62살, 오른쪽 지고가 63살. 지고는 어른 아이를 막론하고 검고 어두우면 재앙이 따르고 불길하다. 명윤한 백색이면 좋다. 먼저 두 귀를 보고 운의 길흉은 인당을 봐서 판단한다.

64살 | 왼쪽 입꼬리와 법령 사이 부위인 피지陂池.

65살 | 오른쪽 입꼬리와 법령 사이 부위인 아압鵝鴨. 64~65살의 운은 피지와 아압에 해당하므로 먼저 두 눈썹을 보고 인당을 살핀 후 운의 길흉은 입을 봐서 판단한다.

66~67살 | 피지 바깥쪽 부위인 금루金縷. 왼쪽 금루 66살, 오른쪽 금루 67살. 피지와 아압, 금루 부위는 희기가 맑은 구슬 같으면 그해 운수가 대길한다. 먼저 코를 보고 운의 길흉은 두 눈썹을 봐서 판단한다.

68~69살 | 호이 아래 부위 귀래歸來. 왼쪽 귀래는 68살, 오른쪽 귀래는 69살. 명윤한 것은 좋지만 암흑하면 질병이 생긴다. 먼저 인당을 보고 운의 길흉은 입을 봐서 판단한다.

턱 부위 70~75살

70살 | 입 아래 승장의 바로 아래 부위인 송당頌堂. 송당은 맑고 윤기가 흐르는 것을 반기고 메마른 것을 가장 꺼린다. 먼저 수염의 광채를 보고 눈썹의 미대眉薹를 살핀 후 운의 길흉은 입을 봐서 판단한다.

71살 | 얼굴의 맨 아래 부위인 지각地閣. 지각은 희고 홍紅한 것은

길하지만 흑색이 보이면 재앙이 따른다. 길게 윤택한 것이 좋다.

먼저 입을 보고 준두와 치아를 살핀 후 운의 길흉은 이마를 봐서

판단한다.

72~73살 | 지각의 바깥쪽 부위인 노복^{奴僕}. 왼쪽 노복이 72살, 오른쪽 노복인 73살. 노복궁은 명윤한 것이 좋고 황암^{黃暗}의 색도 해롭지 않다.

74~75살 | 귀 아래턱뼈가 각이 진 부위와 얼굴 맨 아래인 지각 사이의 중간쯤 되는 부위인 시골^{腮骨}. 왼쪽 시골이 74살, 오른쪽 시골이 75살.

76~99살 | 얼굴 주변을 12부위로 나누어 본다. 지각 아래에서 시작하여 돌아가면서 76~77세 자^子, 78~79세 축^丑, 80~81세 인^寅, 82~83세 묘^卯, 84~85세 진^辰, 86~87세 사^巳, 88~89세 오^午, 80~91세 미^未, 92~93세 신^申, 94~95세 유^酉, 96~97세 술^戌, 98~99세 해^亥로 본다.

모든 부위는 윤기 있고 깨끗하여 명랑하면 좋으나 메마르고 적암하여 건고^{乾枯}(생물의 물기가 마름)하면 좋지 않다.

VI. 얼굴 13부위

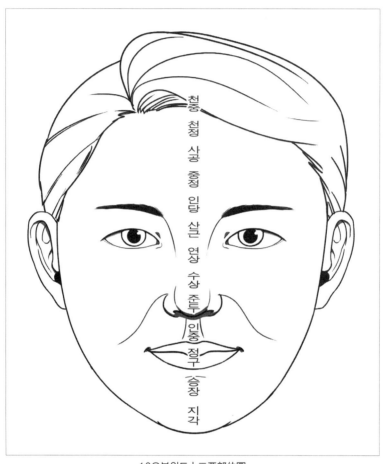

천중
천정
사공
중정
인당
산근
연상
수상
준두
인중
정구
승장
지각

13요부위도 十三要部位圖

얼굴을 이마의 맨 위에서부터 턱까지 모두 13부위로 구분하고 있다. 각 부위를 다시 10~12부위로 나누어서 138부위에 각각의 이름을 붙였다.

13부위는 유년행운의 중요한 관구로서 일생의 부귀와 화복과 관계가 있다. 13부위에서 다시 10~12부위로 나누었는데 유의해야 할

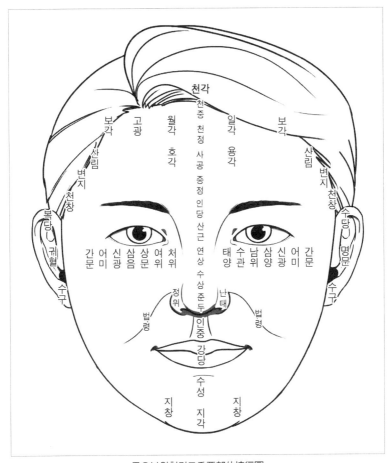

중요부위첩경도重要部位捷徑圖

것은 얼굴의 가로 부분 전체를 나누는 것이 아니라 얼굴의 중앙에서 그 부위의 가장자리까지를 나눈 것이다. 『마의상법』 13부위총도가를 기준으로 했다.

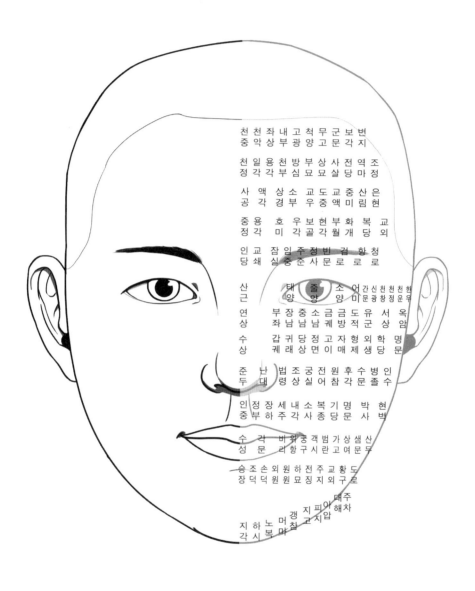

얼굴13부위

천중 10부위

이마 제일 위의 가운데 부분이 천중天中이다. 가로방향으로 중앙에서 가로를 순서대로 명칭을 붙이면 아래와 같다.

1	2	3	4	5	6	7	8	9	10
천중 天中	천악 天嶽	좌상 左廂	내부 內府	고광 高廣	척양 尺陽	무고 武庫	군문 軍門	보각 補角	변지 邊地

천정 11부위

이마를 세로로 4부위로 나누어 위에서 두 번째의 가운데 부분이 천정天庭이다. 일각 오른쪽을 용각龍角이라 하고, 용각의 반대쪽은 호각虎角이라 한다.

1	2	3	4	5	6	7	8	9	10	11
천정 天庭	일각 日角	용각 龍角	천부 天府	방심 房心	부묘 父墓	상묘 上墓	사살 四殺	전당 戰堂	역마 驛馬	조정 弔庭

사공 10부위

이마의 위에서 3/4부위의 중심을 사공司空이라고 한다.

1	2	3	4	5	6	7	8	9	10
사공 司空	액각 額角	상경 上卿	소부 少府	교우 交友	도중 道中	교액 交額	중미 重眉	산림 山林	은현 隱賢

중정 10부위

이마의 맨 아랫부분인 인당의 바로 윗부분이 중정中庭이다. 부월은 부극斧戟 또는 주극晝戟이라고도 표기된다.

1	2	3	4	5	6	7	8	9	10
중정 中庭	용각 龍角	호미 虎眉	우각 牛角	보골 補骨	현각 玄角	부월 斧鉞	화개 華蓋	복당 福堂	교외 郊外

인당 10부위

눈썹이 있는 부위의 중심이 인당印堂이다.

1	2	3	4	5	6	7	8	9	10
인당 印堂	교쇄 交鎖	잠실 蠶室	임중 林中	주준 酒樽	정사 精舍	빈문 嬪門	겁로 劫路	항로 巷路	청로 靑路

산근 11부위

양쪽 눈의 중앙 부위가 산근山根이다.

1	2	3	4	5	6	7	8	9	10	11
산근 山根	태양 太陽	중양 中陽	소양 少陽	어미 魚尾	간문 奸門	신광 神光	천창 天倉	천정 天井	천문 天門	현무 玄武

연상 11부위

산근의 바로 아래 코를 4부분으로 나누어 위에서 3/4정도의 부위가 연상年上이다.

1	2	3	4	5	6	7	8	9	10	11
연상 年上	부좌 夫座	장남 長男	중남 中男	소남 少男	금궤 金櫃	금방 禁房	도적 盜賊	유군 遊軍	서상 書上	옥암 玉庵

수상 11부위

코에서 2/4정도 준두의 바로 위가 수상壽上이다.

1	2	3	4	5	6	7	8	9	10	11
수상 壽上	갑궤 甲櫃	귀래 歸來	당상 堂上	정면 正面	고이 姑姨	자매 姉妹	형제 兄弟	외생 外甥	학당 學堂	명문 命門

준두 11부위

코끝 가장 높은 부위가 준두準頭이다.

1	2	3	4	5	6	7	8	9	10	11
준두 準頭	난대 蘭臺	법령 法令	조상 竈上	궁실 宮室	전어 典御	원창 園倉	후각 後閣	수문 守門	병졸 兵卒	인수 印綬

인중 11부위

코 아래 중심에서 골이 진 부위가 인중人中이다.

1	2	3	4	5	6	7	8	9	10	11
인중 人中	정부 井部	장하 帳下	세주 細廚	내각 內閣	소사 小使	복종 僕從	기당 妓堂	영문 媚門	박사 博士	현벽 縣壁

수성 11부위

입 부위가 수성水星이다.

1	2	3	4	5	6	7	8	9	10	11
수성 水星	각문 閣門	비린 比隣	위항 委巷	통구 通衢	객사 客舍	병란 兵蘭	가고 家庫	상여 商旅	생문 生門	산두 山頭

승장 11부위

입 바로 아래의 중앙이 승장承漿이다.

1	2	3	4	5	6	7	8	9	10	11
승장 承漿	조택 祖宅	손택 孫宅	외원 外院	임원 林苑	하묘 下墓	전장 田庄	주지 酒池	교외 郊廓	황구 慌坵	도로 道路

지각 10부위

얼굴의 가장 아래턱 끝 부위의 가운데가 지각地閣이다.

1	2	3	4	5	6	7	8	9	10
지각 地閣	하사 下舍	노복 奴僕	대마 碓磨	갱참 坑塹	지고 地庫	피지 陂池	아압 鵝鴨	대해 大海	주차 舟車

VII. 종합적 관찰 방법

1. 삼정 육부

삼정三停

관상에서는 얼굴을 가로로 3등분하여 상정上停, 중정中停, 하정
下停으로 나눈다. 상정은 초년운, 중정은 중년운, 하정은 말년운으
로 각각 관찰한다.

삼정이 균등을 이뤄 잘 발달되어 있으면 운세가 왕성하고, 그렇지
못하면 빈약하다. 삼정을 삼재三才라고도 하는데 다시 이곳을 13부위
로 세분하여 각 부위마다 깊은 뜻이 있어 운명을 나타내고 있다.

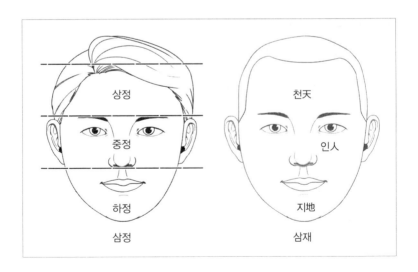

상정은 발제髮際에서 눈썹까지를 이른다. 중정은 눈썹에서 준두準頭까지, 하정은 코의 바로 아래 인중의 맨 위에서 턱의 맨 아랫부분까지이다. 발제는 이마 맨 위로 머리카락이 난 곳과의 경계선이고, 준두는 코끝에 둥글게 살점이 맺혀 있는 곳이다.

『마의상법』에 "삼정이 균등하면 부귀영현富貴榮顯"이라고 했다. 삼정은 머리털이 난 경계인 발제에서 눈썹까지의 세로 길이, 눈썹에서 코끝까지의 세로 길이, 인중의 맨 위에서 턱의 아랫부분까지 세로의 길이가 서로 같은가 본다. 삼정의 길이가 같으면 평생 의식衣食이 풍족하다고 봤다.

상정이 길고 중정이 짧거나, 하정이 짧아 얼굴의 균형이 깨지면 이목구비가 단정하더라도 그 복을 제대로 누릴 수 없다고 했다. 중정과 하정이 정상적이고 상정인 이마만 세로로 유난히 길어도 균형이 깨진 것으로 본다.

삼정의 길이가 같으면 기본조건은 갖춘 것으로 판단한다. 그 다음에는 육부를 살펴보고 상정, 중정, 하정에 결함이 없는가를 살핀다.

사람의 얼굴을 실제 관찰해보면 삼정의 길이가 같아도 결함이 없는 얼굴을 찾기는 쉽지 않다. 이마가 옆으로 좁고 뾰족하거나 어느 부분이 움푹 들어갔거나 피부가 거칠고 색이 어두운 것을 볼 수 있다.

균등한 삼정

삼정의 길이가 같은 경우 얼굴의 각 부위를 보고 그 부위가 의미하는 내용과 해당하는 시기의 좋고 나쁨을 봐야 한다.

모든 부위가 반듯하고 흉터나 흠집이 없으며 피부색과 빛이 좋으면 인생이 순탄하고 기본적으로 좋은 인생을 살아간다.

상정인 이마에 움푹 들어간 곳이나 상처가 있고 이마가 뾰족하면 삶이 비교적 순탄하지만, 초년에 일시적인 어려움이 있다고 판단한다. 중정에 결함이 있으면 중년기에 일시적인 어려움이 있다. 하정에 결함이 있으면 말년에 어려움이 따른다.

불균등한 삼정

삼정의 길이가 불균등하면 타고난 복이 삼정이 균등한 사람보다 적은 것으로 풀이된다. 타고난 복의 크기를 수치로 말할 수는 없지만, 다른 부위들도 관찰하여 종합적으로 판단할 때 적은 것으로 판단한다.

상정이 좁으면 초년의 운세가 좋지 않다. 윗사람의 인덕과 부모의 덕이 부족한 경우가 많다.

여자는 간문과 코와 더불어 배우자 복을 보는 부분 중의 한 곳이다. 이마가 좁으면 남편복이 부족한 경우가 많다.

중정이 짧으면 중년기의 운세가 좋지 않다. 중정은 배우자와 친구나 동료관계를 보는 곳이다. 중정이 약했을 때 남녀 모두 배우자의 덕이 부족하다.

하정이 짧으면 말년의 운세가 좋지 않다. 하정은 아랫사람과의 관계를 보는 곳으로 부하나 후배의 덕이 부족할 수 있다. 하정이 좋지 않으면 중년기에 얻은 재산을 잘 비축하여 부족한 말년을 대비해야 한다.

삼정은 육부와 함께 봐야 한다. 기본적으로 삼정의 길이가 같다면 다음으로 육부를 살핀다. 육부의 모습이 충실하여 꽉 찬 듯하고 꺼지거나 튀어나온 부분이 있는가를 봐야 한다.

육부를 보는 것은 세로로 여섯 부분이 서로 연결이 되어 있는가를 보기 위함이다. 연결되어 있지 않으면 그 만큼 복이 감해진다.

이마의 양쪽 가장자리와 양쪽 광대뼈 사이에 골격이 끊어진 것같이 들어간 곳이 있으면 좋지 않다.

육부에서 이마의 양쪽 가장자리는 천창상부天倉上府이다. 천창이란 하늘의 창고라는 뜻이다. 따라서 삼정이 같아도 천창 상부가 빈약하면 하늘의 창고가 작은 것이다. 작은 창고에는 재물을 많이 쌓을 수 없다. 이마가 반듯하게 가장자리까지 잘 발달해야 좋은 것이다. 다른 부위도 이처럼 살피면서 판단한다.

코는 일면지표一面之表로 사람의 얼굴을 대표한다. 자의식이 강한 사람을 콧대가 높다고 평하듯이 코는 사람의 주체성을 상징한다. 코가 반듯하고 주변 부위와 조화가 잘 이루어지면 귀한 사람이다. 반면 다른 곳은 빈약한데 코만 너무 웅장하게 크면 균형이 깨진 것으로 자의식이 너무 강해 좋지 않다.

턱은 지地에 해당하므로 반듯하고 널찍해야 재복이 많다. 비옥한 땅에서 농사를 지으면 풍성한 결실이 있듯이 자식 농사도 턱이 풍부한 것이 좋다.

육부六府

얼굴의 육부는 성벽과 같은 것으로 보골輔骨을 말한다. 이마의 양

쪽과 양쪽 광대뼈 그리고 양
쪽 턱 부분의 여섯 부위를
가리킨다. 천창상부天倉上府
는 이마의 양쪽 가장자리이
고, 관골중부顴骨中府는 양쪽
광대뼈 부위를 말하며 시골
하부腮骨下府는 양쪽 턱 부분
을 말한다.

육부는 모습이 충실하여

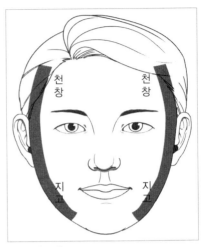

육부 보는 법

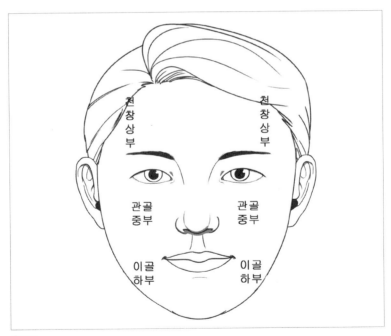

육부도

꽉 찬 듯하고 꺼지거나 튀어나오지 않아야 좋다. 『마의상법』에 "육부가 충실하고 균형이 맞으면 재산이 왕성하다"고 하였다.

이마의 양쪽 천창 부위가 높이 솟아 있고 꽉 차며 풍성하면 재복이 많고 출세할 상이다. 양쪽 광대뼈가 힘 있게 뻗어 있으면 호취갈산적 권세呼聚喝散的 權勢라 하여 입을 한 번 벌려 사람을 모았다 흩어지게 할 정도의 권세가 있다는 것이다.

양쪽 턱뼈가 안으로 솟아 있으면 말년에 재복이 많고 자손도 번성하며 많은 부하를 거느리게 된다. 육부는 여섯 군데가 기울거나 빠진 곳이 없이 균형을 이루는 것이 중요하다.

2. 오악 사독

오악五嶽

오악은 동악, 서악, 남악, 북악, 중악을 말한다. 얼굴의 높은 곳 다섯 군데를 중국의 산에 비유하였다. 태산泰山, 화산華山, 형산衡山, 항산恒山, 숭산崇山, 이렇게 5대 산에 부합시켜 지은 명칭이다. 여자는 동악과 서악이 이와 반대이다.

오악	명칭	부위
동악東嶽	태산泰山	왼쪽 광대뼈 부위
서악西嶽	화산華山	오른쪽 광대뼈 부위
남악南嶽	형산衡山	이마 부위
북악北嶽	항산恒山	턱 부위
중악中嶽	숭산崇山	코 부위

오악에서 악嶽은 큰 산을 말한다. 얼굴 다섯 군데에 나와 있는 뼈는 산처럼 웅장해야 한다. 중앙에 있는 코는 주인이 되는 위치이다. 삼재에서 코는 천지인 중 인이다. 따라서 코는 자기 자신을 의미한다. 오악은 주봉인 코가 잘 발달하고 거기에 맞추어 사악이 잘 보필하듯 자리를 잡고 있어야 좋은 상이다.

오악은 균형이 잘 잡혀 있는 것이 중요하다. 각 부분 살이 얇아서 뼈가 드러나는 것은 좋지 않다. 살이 적당히 감싸고 있어야 한다. 또 어느 부분이 너무 튀어나오거나 꺼져 있는 것은 좋지 않다.

＊중악(코)

높고 풍성하며 짧지 않아야 한다. 코가 너무 작으면 나머지 사악이 주인 없는 형상이 된다. 반대로 코만 크고 사악이 약한 것은 좋지 않다. 뼈가 드러난 것도 좋지 않다.

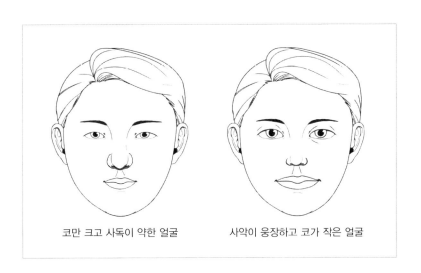

코만 크고 사독이 약한 얼굴　　　사악이 웅장하고 코가 작은 얼굴

＊남악(이마)

이마는 동물의 간을 엎어 놓은 것 같아야 하고, 어느 한곳 꺼진 곳이 없이 바르게 선 모습이 제일 좋은 상이다. 이마의 살집도 두툼해야 한다.

＊동·서악(양쪽 관골)

둥글고 풍만해야 한다. 가로로 퍼지거나 뾰족하면 좋지 않다. 풍성하지 않고 기운 것도 나쁘다. 여자는 양 관골이 지나치게 나오면 오히려 고독한 삶을 살게 된다.

＊북악(턱)

너무 뾰족하거나 뒤로 물러나면 좋지 않다. 턱이 풍성하고 약간 솟아 그 기운을 코로 보내주는 형상이 좋다.

사독四瀆

사독은 눈, 코, 귀, 입의 네 군데 깊은 곳을 강江에 비유한 것이다. 눈을 하독河瀆, 콧구멍을 제독濟瀆, 입을 회독淮瀆, 귓구멍을 강독江瀆이라 칭한다.

사독에서 독瀆자는 도랑독 또는 큰강독자로서 물길을 의미한다. 사독의 하河(강이름), 제濟(건너다), 회淮(강이름), 강江(강)의 의미도 모두 물길이라는 뜻을 갖는다.

하독河瀆인 눈은 강물처럼 갸름하고 길어야 한다. 굽이굽이 흘러가는 강물처럼 눈의 모양이 각지거나 직선이 아닌 곡선을 이루어야 좋다. 눈이 나온 것은 물이 넘쳐서, 반대로 너무 깊은 것은 고여 있어서 좋지 않다.

제독濟瀆인 코는 크고 곧아야 하며 삐뚤어지거나 만곡彎曲되지 않아야 한다. 둥글고 바르게 거두며 깨지거나 콧구멍이 드러나지 않아야 부를 축적할 수 있다.

회독准瀆인 입은 크고 각이 지고 입술은 붉고 두터우며 입 끝이 위쪽으로 향하는 것이 좋다. 윗입술과 아랫입술은 균형이 맞아야 하고 입술의 선이 깨끗해야 한다.

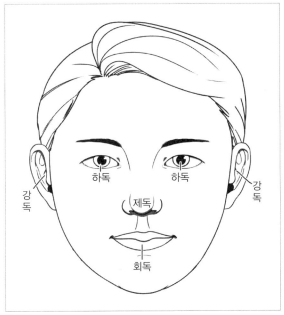

사독도

3. 오성 육요 오관

오성五星

인간은 우주에 비하여 소천지 격이다. 하늘에는 금金, 목木, 수水, 화火, 토土의 오성이 있고 인간에게도 이처럼 오성이 있음을 비유했다.

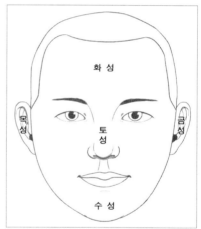

명칭	부위
금성金星	왼쪽 귀
토성土星	코
화성火星	이마
수성水性	입
목성木星	오른쪽 귀

＊화성火星

화성은 이마로서 입벽의 네모진 것을 얻어야 한다. 발제가 높으며 풍만하게 꽉 차고 널찍하면 관록이 있고, 일찍이 예능과 학문이 있으며 부모덕이 있어 좋은 가문에서 태어난 사람이다. 화성은 생명궁이므로 화성의 힘을 얻어야 장수할 수 있고 부동산 복이 있다.

이마에 내천川자 모양으로 뼈가 솟아 있으면 일찍 고위공직에 오를 수 있다.

뾰족하고 좁으며 주름살이 많은 것은 화성에 결함이 있는 것으로 여긴다. 공적과 명예의 길이 험난하고, 자식을 일찍 두기 어렵다. 의식이 평범하고 형제가 무정하다. 재산을 모으기 어렵고 장수하기도 어렵다. 부인을 잃고 재물을 깨트린다.

＊목성木星과 금성金星

오른쪽 귀가 목성이고, 왼쪽 귀가 금성이다. 귀가 희고 윤이 나면 평생 공직에 있을 수 있다. 양쪽 눈썹이 수려하고 단정하면 부귀영화를 누린다. 귓불이 입을 향해 들려 있으면 오복이 있고 부유하게 된다.

귀의 윤곽이 뚜렷하고 색이 희거나 선홍색으로 윤이 나야 한다. 귀가 크거나 작거나 간에 귓구멍이 넓고 모양이 단정해야 한다. 귀가 뒤집히지 않고 뾰족하지 않으며, 작거나 얇지 않고 눈과 눈썹보다 높으면 크게 귀해진다. 뾰족하고 뒤집힌 것은 결함으로 여긴다. 학식이 없고 부동산과 재물의 손실이 있다. 귀의 윤곽이 뚜렷하고 손가락이 귓구멍으로 들어갈 정도로 넓으면 총명하다.

＊토성土星

토성은 코이다. 두터우면 장수한다. 코는 양쪽 콧구멍이 드러나지 않아야 좋다. 연상과 수상인 콧등이 평평하고 차 있어야 한다. 단정하고 한쪽으로 치우치지 않고 이마에 이어져야 한다. 이런 사람은 토성이 입명人命한 것이다. 아울러 얼굴을 셋으로 나눠 꽉 차면 주로 복록과 장수함이 있다. 중악인 토성이 삐뚤어지고 준두가 뾰족한 것은 가난하여 가업이 적으며 사람됨이 곧지 않다. 갈고리나 매의 부리같이 굽어 있으면 마음이 간교하여 다른 사람에게 해를 끼칠 수 있다.

＊수성水星

수성은 입이다. 맑은 홍색으로 넓고 네모지면 삼공三公 벼슬을 한다. 인중이 깊고 입과 치아가 단정하면 재능과 학문이 뛰어나고 관록과 식복이 있다. 입술과 치아가 거칠고 입 꼬리가 아래로 처지며 누런색이면 가난하고 천하다. 선홍색이고 양쪽 입꼬리가 위를 향하면 문장이 뛰어나고 고위공직자가 된다. 입이 또렷하지 않고 이완이 되어 입꼬리가 아래로 처지고 뾰족하게 나오면서 얄팍한 사람은 아주 가난하다. 한쪽으로 치우쳐 있거나 삐딱하면 마음이 간사하다.

육요六曜

태양太陽(왼쪽 눈)과 태음太陰(오른쪽 눈)

태양과 태음은 양쪽 눈이다. 흑백이 분명하고 갸름하고 길어야 하며 검은 눈동자가 많고 흰자위가 적으면서 광채가 있어야 한다.

검은 눈동자가 적고 흰자위가 많으면서 노랗고 붉은색이면 태양과 태음에 결함이 있는 것이다. 부모와 처자에게 손해가 된다. 부동산을 깨트리고 재해가 많으며 단명한다.

태음은 검어야 하고 눈동자가 진한 색이면 관직이 있다. 태양은 빛나야 복록이 강하다. 양쪽 눈이 태양과 같이 분명하고 눈빛이 한결같으면 공무원으로서 고위직에 오른다.

명칭	부위
태양太陽	왼쪽 눈
태음太陰	오른쪽 눈
자기紫氣	인당
월패月孛	산근
나후羅睺	왼쪽 눈썹
계도計都	오른쪽 눈썹

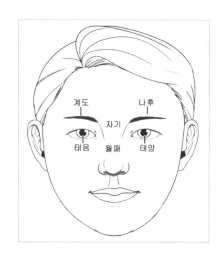

＊자기紫氣(인당)

자기는 인당을 말한다. 인당은 분명하고 주름이 없어야 한다. 구슬처럼 둥글고 도톰하면 현명하다. 은같이 흰색이면 부귀하고 노란색이면 재물이 넉넉하다. 인당이 좁고 평평하지 못하며 잔주름이

있는 것은 좋지 않다. 복록이 두텁지 않고 부동산 손실이 많다. 난대와 정위가 상응하면 말년에 관록이 있어 영화를 이루고 재복도 있다.

＊월패月孛(산근)

월패는 산근이다. 인당을 따라 바르게 아래로 내려오고 산근이 인

당보다 약간 낮은 듯 꺼지지 않은 것이 좋다. 광채가 빛나면 관록이 있다. 충신이 되고 말년에 고위관리가 된다. 좋은 부인을 얻는다.

　산근이 꺼지면 자손에게 불길하다. 공부를 많이 해도 이루는 것이 없고 재액이 많으며 사업을 해도 깨트린다. 산근이 좁고 뾰족하면 집안의 재산을 일찍 깨트리게 된다.

　＊나후羅睺(왼쪽 눈썹)와 계도計都(오른쪽 눈썹)

　나후와 계도는 양쪽 눈썹이다. 길면 식록과 천록이 있다. 눈썹이 가지런하면 처와 자식이 있다. 약간 성기고 검으며 고운 빛깔이 있으면서 눈보다 길어져 코뼈에 이어지면, 입을 것이 풍족하고 고위직에 오른다. 부모와 자식과 육친이 모두 귀하게 된다.

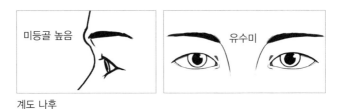

계도 나후

　양쪽 눈썹이 명궁인 인당에 들어가 서로 붙어서 이어지거나 눈썹이 노랗고 붉은색으로 짧으면 골육과 자식을 많이 누르고 악사하게 된다. 눈썹 부위에 살 붙은 것이 분명하고 삼양이 응하면 좋다. 두터운 정의로 유명세가 후세에까지 전한다. 눈썹이 아주 성기고 미릉골이 높게 솟으면 성급하고 흉악하며 횡포한 행동을 잘한다. 버드나무와 같이 늘어진 눈썹은 이성관계가 복잡해지기 쉽다.

오관五官

오관은 귀, 눈, 코, 입, 눈썹 등 다섯 곳을 말한다. 각자의 역할에 따라 이름을 채청관採聽官, 보수관保壽官, 감찰관監察官, 심판관審辨官, 출납관出納官으로 붙였다.

귀는 채청관, 눈썹은 보수관, 눈은 감찰관, 코는 심변관, 입은 출납관이 된다. 오관은 얼굴을 대표하는 부위들이다. 오관은 각 부위가 10년의 운을 주관한다.

*채청관採聽官

귀는 귓바퀴가 분명하고 빛깔이 선명하며 눈썹보다 약간 높은 것이 좋다. 또한 귓구멍이 크게 벌어지지 않는 것이 길하며 두텁고 딱 붙어 있어야 한다.

*보수관保壽官

눈썹은 넉넉하게 넓으며 약간 높은 듯이 위로 붙어야 한다. 모양이 곱고 빛은 맑고 윤기가 있으면 좋다. 눈썹의 미두에 살이 없어야 하고 꼬리인 미미는 거두어들이고 이마 가운데 높이 자리 잡은 게 길상이다.

*감찰관監察官

눈은 흑백이 분명하고 눈동자가 단정하며 광채를 머금은 듯 빛나고 모양이 가늘고 길어야 좋다. 눈에 깃든 신기인 안신은 감춰져 있어야 한다.

눈썹이 초생달과 같은 반월미^{半月眉}나 버드나무 가지 같은 유엽미^{柳葉眉}는 재자가인^{才子佳人}으로서 부족함이 없는 눈썹이다.

＊심판관^{審辨官}

코는 높고 풍족하며 반듯하여 구부러지거나 꺾이지 않아야 한다. 콧구멍은 드러나지 않고 준두가 뾰족하거나 오그라지지 않는 것이 좋다. 현담비로서 코의 모양이 쓸개주머니를 매달아 놓은 것 같으면 재복이 좋다.

＊출납관^{出納官}

입꼬리가 위로 향하고 오므리면 작고 벌리면 크며 웃어도 이가 보이지 않고 상하가 단정해야 한다. 입술은 붉고, 이는 희어야 좋다. 입술에 무늬가 많으면 잘못을 잘 감추고 비밀을 지킨다.

4. 상골 상육

상골相骨

뼈는 사람의 몸 안쪽에 감춰져 있다. 우주에 비유하면 금金, 은銀, 철鐵, 동銅 등 광물과 암석이 땅속에 묻혀 있는 것과 같다. 주택의 기둥이나 대들보와 같은 형상이다.

따라서 뼈는 둥글고 무거우며 높이 솟아야 한다. 또한 너무 드러나지 않고 모가 지거나 가볍거나 살이 부족하여 뼈만 앙상한 것은 좋지 않다.

뼈는 신체의 근간이 되는 중요한 역할을 하고 있다. 외부의 물리적인 충격으로부터 뇌와 심장 그리고 중요한 장부臟腑들을 보호한다. 뼈는 둥글고 단단하고 무거워야 하며, 각지고 약하며 가벼운 것은 좋지 않다. 뼈는 높이 솟은 것과 둥근 것은 좋지만 옆으로 퍼진 것과 모가 난 것은 좋지 않다. 뼈는 살이 적당히 쪄서 후덕해 보여야 복이 있다.

따라서 뼈는 토±인 살로 잘 감싸고 있어야 한다. 비쩍 말라 뼈가 여기저기 드러나 보이는 사람은 복이 없다. 뼈마디는 금석의 형상으로 가로로 퍼진 것은 좋지 않다. 둥글어야 하며 골격이 거칠지 않아야 한다.

말라서 뼈가 드러나지 않아야 하고 마르더라도 뼈를 잘 감싸고 있어야 한다. 살이 뼈를 감싸지 못하면 골로骨露로 어려운 일을 많이 겪는다. 살이 찌되 붉어질 정도로 찌면 안 된다. 일이 잘 풀리지 않는다. 살이 너무 찌지 않아야 하는데 너무 찌는 것은 죽을 징조이다.

뼈가 추위에 잔뜩 웅크린 것 같은 사람은 가난하지 않으면 수명이 짧다. 몸이 틀어지고 뼈가 썰렁하며 어깨가 오므러진 모습이다. 온전하지 못한 것으로 가난하면 오래 살지만, 부자가 되면 수명이 짧아진다. 따라서 가난하지 않으면 단명할 상이다.

일각 왼쪽과 월간 오른쪽에 곧게 선 뼈가 금성골이다. 일찍이 높은 벼슬에 오를 길상이다.

천주골天柱骨은 인당에서 천정으로 높게 솟은 뼈이다. 입신출세할 명이다.

천정부터 정수리까지 이어진 뼈는 복서골伏犀骨로 큰 벼슬을 할 상이다. 하지만 기골이 좋아도 색色이 응해야 균형을 이룬다. 재능을 갖추었더라도 모든 부위의 형태가 균형을 이루지 못하면 부귀해도 든든하지 못한 것이다.

관골은 권세를 주관하는 곳이다. 옥량골玉梁骨은 관골에서 귀까지 뻗힌 뼈로 수명을 주관한다.

관골에서 눈썹 위의 살쩍까지 높고 둥글게 뻗힌 뼈는 역마골驛馬骨이다. 객지에서 성공하고 개척운과 고관운이 있다.

이마의 가운데 양쪽으로 나온 뼈 중에 왼쪽 눈 위가 일각골日角骨, 오른쪽 눈 위가 월각골月角骨이다. 이곳이 힘 있게 솟아 일어나면 저항력과 투쟁력이 굳세 세상에 이름을 떨칠 상이다.

이마 가운데 양쪽 광대뼈가 잘 발달되어 둥글고 볼록한 모양의 뼈가 용각골龍角骨이다. 공명을 떨칠 상이다.

귀의 바로 위에 가지런히 솟은 뼈는 장군골將軍骨이다.

이마의 앞 뼈가 자라를 붙여 놓은 듯이 넓고 꺼진 데가 없이 둥글게 솟은 뼈가 거오골巨鰲骨이다.

어깨부터 팔꿈치까지의 뼈는 용골龍骨이고 팔꿈치부터 손목까지의 뼈는 호골虎骨이다. 용골이 임금이라면 호골은 신하이다. 그러므로 용골은 길고 크며 호골은 용골보다 짧고 가늘어야 한다. 뼈는 웅장하게 펼쳐져야 하고 둥글면서도 단단해야 하며 바르고 마디가 응해야 견실한 형상이다.

뼈와 살은 서로 균형이 맞아야 한다. 뼈는 양陽이고 살은 음陰이다. 음이 적으면 양이 의지하지 못한다. 기와 혈은 서로 응하는 것이다.

뼈와 살의 음양이 균등하면, 일찍 귀하게 되고 그렇게 되지 않아도 평생 부유하다.

뼈가 높이 솟은 사람은 단명한다. 뼈가 드러난 사람은 제구실을 하기 어렵다. 뼈가 부드럽고 약한 사람은 비록 수명이 길더라도 즐겁지 못하다. 뼈가 가로방향에서 옆으로 퍼진 사람은 흉하다. 뼈가 가벼우면 가난하고 천하며, 골격이 고상하지 못하고 천하게 보이는 사람은 어리석고 맑지 못하다. 골한자骨寒者는 가난하고 천하다.

골격이 외롭게 보이면 의지할 곳이 없다. 목형으로 파리하고 검푸른색을 띠며 머리의 양쪽이 튀어나오고 거칠면 고생이 많다.

수형이 머리의 양쪽이 뾰족하다면 부귀할 수는 없다.

화형으로서 머리 양쪽이 거칠다면 노비와 같이 천하고 덕이 없다. 토형이 크고 거칠고 두터운 피부를 가지면 자식이 많으면서 부자가 된다. 살과 뼈가 굳고 단단하면, 수명이 길더라도 즐겁지 못하다. 정수리와 이마에 뼈가 생겨나는 사람은 말년에 복록을 누린다.

귀한 사람은 뼈마디가 섬세하고 둥글고 길쭉하다. 뼈 위에 울퉁불퉁한 근육이 없고 살에 향기가 있다. 뼈 위에 힘줄이 엉키듯 하면 미천하고 근심이 많다.

얼굴의 뼈는 코뼈가 눈썹에 이어지고 관골이 옆으로 힘 있게 높이 뻗어있으며 이마뼈가 높이 솟은 것이 최상의 골격이다.

상육相肉

관상에서 살만 보고 길흉을 판단할 수는 없다. 다른 부위도 살펴야 한다.

살은 뼈를 보좌한다. 풍요로운 살은 피를 생生하고 뼈를 갈무리한다. 따라서 뼈는 금석金石이고 살은 토土이니 풍요로워야 한다.

풍요로운 살에는 조건이 있다. 견실하여야 한다. 살이 쪘더라도 손으로 잡을 때 탄력이 있어야 한다. 그냥 늘어진 살이나 탄력이 없이 무른 살은 풍요로운 살이 아니다.

따라서 살은 풍성하되 너무 살이 찌지 않아야 하며 마르되 너무 부족하면 안 된다. 살이 여유 있는 것은 음이 양을 이기는 것이요, 살이 부족한 것은 양이 음을 이기는 것이다. 음양이 서로 이기는 것은 치우친 것이다. 살은 단단하고 실하고 바르게 솟아 있는 것이 좋다. 살이 뼛속에 있는 것처럼 마른 것은 음이 부족한 것으로 좋지 않다.

살이 파리하게 말라서 뼈와 근육이 드러나는 것은 복록이 없다. 뼈는 살 밖으로 불거지지 않아야 한다. 드러나는 것은 음과 양의 조화에서 양이 넘치는 격이다.

사람이 살이 찌면 숨이 짧다. 그러므로 살이 너무 찌지 않아야 하고 뼈는 적어서는 안 된다. 갑자기 살이 쪄서 숨을 헐떡이게 되는 것은 단명할 수 있다. 살이 옆으로 퍼지지 않아야 한다. 퍼지면 성질이 억세고 치우친다.

살이 늘어지면 안 된다. 살이 늘어진 경우 성격이 유약하고 막힘이 있다. 살이 터서 어지러운 무늬가 생길 정도로 찌지 않아야 한다. 살이 쪄서 옆으로 삐져나오지 않아야 한다. 살이 꽉 차는 것은 죽음이 가까운 징조이다.

살이 향기롭고 따뜻하며 나쁜 냄새가 나지 않아야 한다. 살색은 맑고 깨끗하며 희고 윤기가 있어야 한다.

피부가 섬세하고 매끄럽게 고와야 하며, 희면서 혈색이 좋아야 한다. 살이 따뜻하여 차갑지 않아야 자식에게 좋다.

파리하게 마르고 살색이 어둡고, 피부가 건조해서 거칠고 윤기가 없으면 박복하다.

피부가 검고 냄새가 나며, 군더더기 살이 많은 것은 좋지 않다. 팔다리와 몸에 빛이 없고, 힘줄이 뼈와 합치지 못하고, 몸에 살이 없고, 피부가 살을 싸지 못하는 것은 단명할 신호이다.

검은색이 많고 홍색紅色이 적으면 막힘이 많다. 온몸에 두루 털이 많으면 성격이 급하고 억세다.

귀한 사람의 살은 섬세하고 매끄럽다. 붉고 흰빛이 한데 모이면 부귀가 온다. 마치 솜을 두른 것처럼 부드럽고 따뜻하면 평생 재앙이 적다.

VIII. 관상과 음양오행

오행에는 공간과 시간 개념이 있다. 방향과 계절 등 많은 것을 오행으로 분류한다.

五行오행	木목	火화	土토	金금	水수
方位방위	東동	南남	中央중앙	西서	北북
五嶽오악	오른쪽 귀 木星목성	이마 金星금성	코 土星토성	왼쪽 귀 金星금성	입 水星수성
十干십간	오른쪽 甲乙갑을	이마 丙丁병정	코 戊己무기	왼쪽 庚申경신	턱 壬癸임계
季節계절	春봄	夏여름	四季	秋가을	冬겨울
하루	아침	낮		저녁	밤
色색	靑청	赤적	黃황	白백	黑흑
臟器장기	肝臟간장 膽담	心腸심장 小腸소장	脾臟비장 胃위	肺臟폐장 大腸대장	腎臟신장 膀胱방광
五官오관	眼안[눈]	舌설[혀]	顔안[얼굴]	鼻비[코]	耳이[귀]
五感오감	視覺시각	味覺미각	觸覺촉각	臭覺후각	聽覺청각
五常오상	仁인	禮예	信신	義의	智지
五情오정	怒노	喜희	思사	哀애	恐공
五星오성	歲星세성	熒惑星 형혹성	辰星진성	太白星 태백성	辰星신성
五音오음	角각	徵치	宮궁	商상	羽우
數수	3.8	2.7	5.10	4.9	1.6
支持지지	寅卯인묘	巳午사오	辰戊丑未 진술축미	辛酉신유	亥子해자
五氣오기	風풍	晴청	曇담	雷뢰	雨우
五事오사	貌모	視시	思사	言언	聽청

五體오체	筋근	脈맥	肉육	骨골	毛皮모피
五臭오취	羶후 [노린내]	焦초 [탄내]	香향 [향기]	腥성 [비린내]	朽후 [썩은내]
五蟲오충	鱗蟲인충	羽蟲우충	裸蟲나충	毛蟲모충	介蟲개충
五卦오괘	震진	離리	艮간	兌태	坎감
五味오미	酸산	苦고	甘감	辛신	鹹함
五神오신	靑龍청룡	朱雀주작	勾騰구등	玄武현무	白虎백호

역학과 오행

역학易學에서 역易은 바뀌고 순환하는 원리를 말한다. 해와 달 그리고 별이 뜨고 지며, 자전하고 공전한다.

봄, 여름, 가을, 겨울이 순환한다. 싹이 돋고 낙엽이 지고 다시 싹이 나고 낙엽이 진다. 사람도 생노병사生老病死한다. 시공時空 속에서 우주와 만물의 변화 원리를 탐구하는 것이 역학이다.

역학은 4800년 전 복희씨가 황하黃河에서 나온 용마龍馬의 등에 있는 상象을 보고 하도河圖를 그린 것으로 시작되었다고 한다.

그 후 4100년 전 하우씨가 하도낙서河圖洛書로 발전시켰고, 하夏나라와 은殷나라를 거쳐 주周나라 문왕에 이르러 주역으로 정리되었다. 이후 노자, 동중서, 추연으로 이어져 음양오행의 체계가 정립되었다.

1. 음양

보통 남자와 여자를 말할 때 '남녀'라고 표현한다. 남자를 먼저 말하고 뒤에 여자를 의미하는 글자를 붙였다. 그런데 음양에서는 여성을 의미하는 음을 먼저 쓰고, 나중에 남자를 의미하는 양을 붙여 사용했다.

이는 무극無極에서 황극皇極으로 또 황극에서 태극太極으로 다시 태극에서 양의兩儀로 분화되는 과정에서 음의 순서가 먼저였다는 것에서 유래된 것으로 본다.

『주역』「설괘전」에 '고시 역유태극 시생양의故是 易有太極 是生兩儀' 즉 역에 태극이 있고, 태극은 양의 즉 음양을 생한다고 했다. 『주역』「계사전」 상편에는 '일음일양지위도一陰一陽之謂道' 음과 양이 곧 도道라 했다.

주자의 『태극도설』은 음정陰靜, 양동陽動이라 표시되어 있다. 음기와 양기가 순환하는 우주의 본체에 대하여 설명하고 있다.

주자는 "무극에서 태극이 나왔고 태극의 움직이고 멈춤에 따라 양의가 생긴다. 음양의 음과 양이 순환하여 목, 화, 수. 금, 토의 오행이 생긴다"고 했다.

다섯 가지의 기운이 사계절에 운행하므로 오행은 음양이며 음양은 태극이고, 태극은 무극에서 나온 것이라고 설명한다. 음양은 역학 관련 분야의 기초이며 상대적인 개념이다. 우주와 자연과 인간 관계의 관찰에는 상대적인 개념이 필요하다.

음양의 상대성

밝은 것은 양陽이고 어두운 것은 음陰이다. 태양은 양이고 달은 음이다. 양지는 양이고 그늘은 음이다. 시간에 따라 양지와 음지가 바뀌어 아침에 양지로서 양이었던 곳이 오후에는 그늘로서 음이 된다. 맑은 날은 양이고 흐린 날은 음이다.

높은 곳은 양이고 낮은 곳은 음이다. 하늘은 양이고, 땅은 음, 산은 양이고, 평지는 음이듯 비교하여 위에 있으면 양이고 아래에 있으면 음이 된다. 사람의 몸에서 머리는 위이므로 양이고 발은 아래이니 음이다. 얼굴에서 이마는 양이고 턱은 음이다.

튀어나온 것은 양이고 움푹 들어간 것은 음이다. 얼굴에서 코와 이마 등 나온 부위는 양이고, 눈과 귀 등 움푹 들어간 곳은 음이다. 각 부위에서 높은 곳을 뜻하는 것은 먼저 양이 된다.

뜨거운 것은 양이고 차가운 것은 음이다. 건조한 것은 양이고 축축한 것은 음이다. 불은 양이고 얼음은 음이다. 낮은 양이고 밤은 음이다. 여름은 양이고 겨울은 음이다. 봄과 여름에서는 봄은 음이고 여름은 양이다.

움직이는 것은 양이고, 멈춰 있는 것은 음이다. 앞으로 나가는 것은 양이고 뒤로 물러나는 것은 음이다. 위로 올라가는 것은 양이고 아래로 내려가는 것은 음이다. 확산되는 것은 양이고 수축되는 것은 음이다.

단단한 것은 양이고 부드러운 것은 음이다. 밖은 양이고 안은 음이다. 앞은 양이고 뒤는 음이다. 얼굴에서 앞쪽에 있는 눈, 코, 입은 양이고 뒤쪽에 있는 귀는 음이다.

만약 앞 부위와 뒤 부위의 성격을 볼 때는 우선 앞 부위에 있는 성격이 밖으로 드러나기 때문에 앞부분을 말하고 그 다음에 뒷부분의 숨겨진 성격이거나 잘 드러나지 않는 성격으로 판단한다.

일례로 입의 성격이 다정하게 생겼는데 귀가 냉정하게 생겼다면 밖에서 활동하거나 표현을 할 때 다정한 표현을 잘한다. 하지만 속마음은 냉정함을 잃지 않는다. 따라서 겉으로 드러나는 태도가 다정하니까 좋다고만 판단하지 말고 냉철한 속마음을 놓쳐서는 안 된다.

가벼운 것이 양이고 무거운 것은 음이다. 투명하고 맑은 것이 양이고 흐리고 탁한 것은 음이다. 종전에는 양은 좋은 것으로 음은 나쁜 것으로 규정한 경우가 많다. 따라서 음에 속한 것은 나쁜 것으로 말했다. 하지만 수렵과 채집 그리고 농경시대가 아닌 산업과 융합의 시대인 현대에서는 꼭 그렇지 않는 상대적 개념을 적용해야 한다.

홀수는 양이고 짝수는 음이다. 오행을 숫자로 표시할 때 음양을 구별할 수 있다. 일례로 수水는 1과 6인데 1은 홀수이므로 양이고, 6은 짝수로서 음이다. 그 결과 1은 양의 수, 6은 음의 수가 된다.

음陰	양陽
암暗[어두움]	명明[밝음]
음지陰地[그늘]	양지陽地
야夜[밤]	주晝[낮]
담曇[날씨가 흐림]	청晴[날씨가 맑음]
탁濁[탁하고 흐림]	청淸[맑고 투명함]
월月[달]	일日[태양]
저底[낮음]	고高[높음]
후後[뒤]	전前[앞]
우右[오른쪽]	좌左[왼쪽]
하下[아래]	상上[위]
이裏[속, 안]	표表[겉, 바깥]
하강下降[내려감]	상승上昇[올라감]
퇴退[뒤로 물러섬]	진進[앞으로 나감]
응축凝縮[모여서 엉김]	확산擴散[흩어져 나감]
정靜[움직이지 않음]	동動[움직임]
유柔[부드러움]	강剛[굳셈]
약弱[약함]	강强[강함]
중重[무거움]	경輕[가벼움]
냉冷[차가움]	온溫[따뜻함]
한寒[춥고]	난暖[덥고]
습濕[습함]	건乾[건조함]
동冬[겨울]	하夏[여름]
평지平地[들판]	산山[산]
여자女	남자男
노인老人	소년少年
우수偶數[짝수]	기수奇數[홀수]

음양의 구별은 생각보다 모호한 부분이 많다. 뜨거운 불은 위로 확산되고 올라가므로 양이고, 응축되고 아래로 흘러내려가는 물은

음이다. 하지만 불은 빛을 내며 타고 불꽃의 내부는 흐리고 탁하므로 음의 성질을 가지고 있기도 하다. 물 또한 투명하고 맑으므로 양의 성질도 있다.

남녀를 놓고 볼 때도 그렇다. 외모에서 여자는 유연하므로 음이고 남자는 강하므로 양이다. 그러나 여자는 남자보다 강한 생명력을 가지고 있어 외유내강하므로 내면은 양이다. 여름은 덥지만 습도가 높아 건습으로 따지면 음을 내포한 것이고, 겨울은 날씨가 춥지만 건조하므로 건습으로 따지면 양이다. 양에 음이 내포되기도 하고 음에 양이 내포되어 있는 경우도 있다.

따라서 체體와 용用에 의해서 음양의 구별이 다르게 되어야 한다. 어떠한 상황을 설명하느냐에 의해 음양을 구별해야 한다. 또한 어떤 것이 음이면 그것에 대하여 다른 어떤 것은 양이라는 상대적인 개념으로 음양을 이해해야 한다. 음양을 이해해야 오행도 이해하기 쉽고 사상과 팔괘에 대한 이해도 수월하다. 음양은 역학의 기본이고 구별하는 방법은 상대적인 기준으로 판단해야 한다.

음양의 이론은 역학의 이론이다. 동양에서는 유학이 사회의 근본 사상이었다. 학식이 일정 정도에 이르면 역학을 알아야 그 다음 단계의 공부를 할 수 있었다.

『근사록』 첫 머리에 역학 원리가 나오는 것이 그러한 실례이다.

동양사상의 이해에는 역학에 대한 이해가 필수적이었다. 동양의 제왕들은 계절에 따라 취침 장소까지 오행의 방위에 일치되도록 했다. 또한 왕조가 바뀔 때도 음양오행을 정치적으로 이용했다. 전 왕조가 목木에 해당되었으면 바뀐 왕조는 화火에 해당되는 것을 강조했다.

정치, 경제, 사회 문화 등 모든 부문에서 역학이 사용되었다. 역학은 우주변화의 원리라고 봤기 때문이다. 이런 역학을 단순히 미신으로 치부하면 동양에 대한 이해를 할 수 없다.

그럼 관상에서 음양오행에 대한 이해가 필요한가. 음양오행과 사상 팔괘에 대한 지식을 개괄적으로라도 알아야 관상을 이해하고 판단할 수 있다.

역학은 동양에서 실제 생활에도 사용되었고, 철학적인 개념도 내포하고 있으므로 동양의 사상과 사회를 알고 이해하는 데 필수적인 항목이다.

2. 오행五行

오행도 음양의 원리처럼 변화의 원리이다. 사람과 우주변화의 원리를 설명할 수 있다. 변화의 원리를 다섯 종류의 상象으로서 설명하는 것이므로 복합적인 개념을 가진다. 오행에는 공간과 시간 개념이 있다. 방향과 계절 등 많은 것을 오행으로 분류한다.

오행은 목木 화火 토土 금金 수水 모두 다섯 가지이다. 숫자를 십진법으로 사용하고 있는 것과 다섯 가지를 예로 드는 것은 손가락이 한 손에 다섯 개씩 있어 양손으로 계산할 수 있는 기본 숫자가 열 개인 것과 밀접한 관계가 있다. 다섯이라는 수는 한쪽 손에 있는 손가락의 숫자로 앞에서 배운 홀수는 양이라는 사실과도 관련이 있다.

오행에서 오五와 십十은 토土를 의미하며, 사람은 땅위에서 살고 죽으면 흙으로 돌아간다고 말한다. 다섯이라는 숫자는 익숙하면서도 기본적인 숫자이다.

주변에 다섯 가지로 예를 들어 말하는 것이 상당히 많다. 일례로 다음과 같은 것들이다.

오감五感: 다섯 가지 감각(시각, 청각, 후각, 미각, 촉각)
오곡五穀: 다섯 가지 곡식(쌀, 보리, 콩, 조, 기장)

오관五官: 사람의 다섯 가지 감각기관(눈, 코, 귀, 입, 피부)

오륜五倫: 삼강오륜의 오륜

오미五味: 다섯 가지의 맛(맵고, 짜고, 달고, 시고, 쓴 맛)

오방五方: 다섯 방향(동, 서, 남, 북, 중앙)

오복五福: 다섯 가지 복(장수, 부자, 명예, 건강, 자식)

오색五色: 다섯 가지색(파랑, 빨강, 노랑, 흰색, 검정)

오성五性: 다섯 가지 성정(기쁨, 화냄, 욕심, 두려움, 근심)

오음五音: 다섯 가지 음(궁, 상, 각, 치, 우)

오장五臟: 다섯 가지 장기(폐, 심장, 간장, 위, 신장)

오행은 다섯 가지를 말하는데 원소元素, 형形, 형型, 질質 등의 개념을 쓰지 않고 행行의 개념을 빌려 오행五行으로 표현한 의미는 무엇인가.

글자 행行은 '나아간다'는 의미 즉, 진행한다를 뜻한다. 역易이 변화의 원리이고, 그 의미를 나타낼 수 있는 글자가 행이었던 것이다. 우주변화의 원리와 생물과 물질에 대한 설명을 고정된 의미의 용어로 설명하려면 그 개념 전달에 많은 어려움이 따를 것이다. 오행에는 시간과 계절, 방위와 공간, 삼라만상의 의미를 함축하고 있다. 다섯 가지로 변화하며 순환하는 개념을 표시하기 위해 행의 의미를 붙였을 것으로 보인다.

3. 오행의 기원

일반적으로 오행을 설명할 때 하도河圖와 홍범洪範을 말한다. 하도
는 약 5000년 전 중국의 황하에 나타난 용마龍馬의 등에 그려져 있었
다는 도형이고, 홍범은 중국 전국시대의 음양오행가가 저술한 것으
로 추정되는 책이다.

정확한 기원에 대해서는 논란이 일고 있다. 중국의 사송령은 음
양오행의 기원은 의문이 많다고 했다. 그는 "해안과 변방 문화의 요
소가 융화되어 나타난 것이다."라고 말했다.

또한 오행의 사상을 세운 황제는 "중국의 내륙문화에서는 그 자취
를 찾아볼 수 없는 해안문화의 화신이다" 라고 했다.

4. 오행과 음양

『태극도설太極圖說』에 의하면 "태극이 음양을 낳고, 음양의 변화에
의하여 오행이 생겨난다"고 했다.

　　오행일음양야五行一陰陽也
　　음양일태극야陰陽一太極也
　　태극본무극야太極本無極也
　　오행은 곧 하나의 음양이고, 음양은 곧 하나의 태극이며, 태극
은 본래 무극이다.

　　무극과 태극 그리고 음양과 오행은 한가지로 순서에 따라 세분
하여 설명해 나가는 것이다.無極＝太極＝陰陽＝五行

5. 하도와 오행

하도^{河圖}를 숫자로 바꾸어서 배치를 하면 다음과 같다. 오행의 숫자는 수^水 1.6, 목^木 3.8, 화^火 2.7, 토^土 5.10, 금^金 4.9이다.

하도의 숫자 배치는 북쪽 1.6(수), 동쪽 3.8(목), 남쪽 2.7(화), 중앙 5.10(토), 서쪽 4.9(금)가 있다.

```
                        남
                        7
                        2
동      8      3    5 10     4      9      서
                        1
                        6
                        북
```

『태극도설』에 보면 "태극이 움직여서 양을 낳았다"라는 것은 혼재되어 있던 음과 양 중에서 가볍고 맑으며 움직이는 양이 먼저 뭉치는 것을 말한다.

양의 움직임이 극에 이르러 멈추면 다음으로 음이 형성된다. 음

은 탁하고 무거운 것으로 양의 위를 둘러싼다. 양이 음에 둘러싸여 움직이고 멈추는 가운데 압축되면서 압력이 높아진다. 압축된 양의 힘이 음의 약한 곳을 뚫고 한 가닥으로 분출된다. 이때 한 줄기로 분출되는 상은 나무의 씨에서 새싹이 나오는 상과 같으므로 목木이 라고 한다.

한 줄기로 분출되어 뻗어가던 양의 기운이 압력을 잃게 되면 양의 본래 특성대로 상승하며 확산해 나간다. 이 모습이 마치 불이 타오 르며 확산하는 상과 같으므로 화火라고 한다.

상승하며 확산되던 기운은 무한정이 아니다. 어느 순간에 다시 수렴되기 시작한다. 상승하며 확산하는 더운 기운과 수축하며 하강 하는 차가운 기운은 상반된 것이다. 이런 과정을 이루기 위해 중재 할 수 있는 중화中和로운 기운이 필요하다. 편향되지 않고 중재하는 중화작용을 하는 상이 토土이다.

분출되어 확산하며 상승하던 양의 기운이 토의 중화작용으로 다 시 수축하며 하강하기 시작한다. 이를 음이 양을 감싼다. 수축하강 하며 표면부터 수렴되는 상을 금金이라고 한다.

양이 음에 둘러싸이며 수축하강하던 상태에서 완전히 음기에 수 장되어 응고하게 되는 상이 수水이다. 수의 응고작용에 의하여 압축 되고 힘이 축적되면 어느 순간에 다시 분출하게 된다. 이처럼 일동 일정一動一靜하는 과정이 반복되면서 우주와 만물이 순환한다.

6. 오행형 원리

사람은 수水의 정靜을 받고, 화火의 기氣를 내려받아 사람이 된다. 정이 합해진 뒤 신神이 생기고, 신이 생긴 후 형태가 갖춰진다.

오행의 성질은 곡직曲直, 윤하潤下, 염상炎上, 종혁從革, 가색稼穡이고, 쓰임의 용用은 외모와 말하는 것과 보는 것과 듣는 것과 생각하는 것이다. 그리고 응應은 비오는 것과 화창한 것과 추운 것과 따뜻한 것과 바람 부는 것을 말한다.

오행이 아니면 하늘과 땅이 변화를 이룰 수 없고 사람도 육체를 이룰 수 없다. 사람의 몸은 소우주로서 하늘과 땅의 양이 펼쳐지고 음은 스며드는 것이다.

말이 많고 성급하고 크게 귀한 것이 염상炎上[火] 이면 능한 일이다. 더디고 느린 것에 가깝고 영화롭고 창성하는 것이 가색稼穡[土]의 정신이다.

움직여 길吉을 만나고 서로 바른 도를 본받아 높은 경지에 올라 사람이 받들고 본받는 것이 윤하潤下[水]이다. 정직하고 굳은 지조가 있으므로 사람이 따르는 것이 종혁從革[金]이다.

7. 오행형과 색

			붉은색				
			화				
			(남)				
			7				
			2				

푸른색	목	(동)	8	3	5 10 중앙 토 노란색	4	9	(서)	금	흰색

			1				
			6				
			(북)				
			수				
			검정				

오행에서는 그 근원을 알아야 한다. 홍, 황, 흑, 백은 각각 배속된 것이 있다. 살찌고 마르고 길고 짧은 것도 각기 그 이치에 합하는 것이다.

『영대비론』에 의하면 "오행을 살찌고 마르고 길고 짧은 것을 나누어 본다 할지라도 반드시 오행 중의 청, 황, 적, 백, 흑의 본원에 합해져야 한다"고 했다.

『신농경』에서는 방향을 동, 서, 남, 북 그리고 중앙으로 나누고 색을 정했다.

동방은 목에 속하니 푸른색, 서방은 금에 속하니 흰색, 남방은 화에 속하니 붉은색, 북쪽은 수에 속하니 검정색, 중앙은 토에 속하니 노란색이다. 따라서 금형은 각이 지고 하얗다. 수형은 둥글고 검다. 목형은 빼어나고 푸르다. 화형은 뾰족하고 붉다. 토형은 두텁고 노랗다.

8. 오행형五行形

오행형은 사람을 다섯 가지로 분류하여 보는 방법이다. 목형木形,
화형火刑, 토형土刑, 금형金刑, 수형水刑으로 분류한다.

오행형을 판단하는 기준은 얼굴 윤곽, 몸의 형태와 살찐 정도, 골
격 형태, 음성, 걸음걸이와 앉아 있는 모습 등을 살펴 종합적으로
어떤 형에 속하는지 판단한다.

대부분 한 가지 형에 속하는 경우보다는 두 가지 이상의 형이 섞
여 있는 경우가 많은데 이때는 가장 많은 특징을 갖춘 형이 그 사람
의 오행형으로 본다.

목형木形

목형의 얼굴은 갸름하고 길며 머
리와 얼굴이 말라 보인다. 코는 바
르고 길며 눈도 갸름하고 길다. 입
술은 맑은 홍색으로 가는 주름이 있
으며 머리카락과 수염은 모두 수려
하다.

몸은 전체적으로 길쭉길쭉 하다.

목형

어깨와 등이 곧고 바르며 허리는 마르고 둥그렇다. 살은 잘 찌지 않으며 마른 편인데 살이 적은 듯 하지만 부족하지는 않다. 팔과 다리도 길쭉하고 마른 편이다.

깨끗한 피부에 손과 손가락이 가늘고 길쭉하며 손금 또한 가늘고 윤택하다. 얼굴과 체형이 너무 모나고 둥글면 금기金氣가 많이 혼잡된 형상으로 금목金木의 상극을 의미하므로 허명무실한 격이다. 이름은 있으나 성패가 다단하여 분주하면서도 큰 성공과 결실이 없다.

골격은 전체적으로 수려하고 긴 느낌을 주며 견고하고 마디가 굳은 듯하다. 어깨는 퍼진 느낌이고 가슴을 내민 듯 바르다. 마른 체격이면서도 위엄이 있고 늠름한 기상이다.

음성은 건조한 듯 하지만 맑아 사방으로 멀리 퍼진다. 조금 강한 듯 높으면서 청초하고 고상하다.

걸음걸이는 유연하고 부드러운 느낌을 준다. 움직이고 멈추는 것이 온유하고 오랫동안 걸어도 꼿꼿한 자세이다.

목형의 특징은 진취적인 이미지로서 강한 생명력을 느끼게 한다. 부드럽고 유연하면서도 목적을 위해서는 강한 힘을 발휘한다. 기본 성질은 인자하여 측은지심이 많고 정직하다.

하지만 난관을 헤쳐 나가는 힘이 매우 강하다. 부러지면 부러졌지 굽히지 않는 선비의 모습을 느끼게 한다. 목표 달성의 의지가 강하다 보니 포용력이 부족해 질 수 있다.

학문에 뜻을 두면 경지에 도달한다. 적성에 맞는 일을 찾아내면 전문가가 되어 주변을 의식하지 않고 멈추지 않는다. 목형이 무언가에 관심을 집중할 때는 비켜 서주는 지혜가 필요하다.

화형火刑

화형의 얼굴은 긴 편이고, 머리와 이마가 뾰족한 편이다. 위가 뾰족하고 아래가 넓은 듯하며 얼굴은 붉다. 눈은 나온 듯하고 코는 들린 편이다.

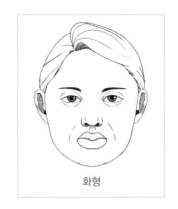

화형

입은 작으며 입술이 나와 있고 이가 보인다. 귀는 높게 위치하며 뒤집혀 있다. 머리카락과 수염이 약간 붉은 색이며 수는 적은 편이다.

몸은 마르고 피부는 붉은 편이다. 몸도 얼굴과 같이 어깨는 좁은 편이고, 배와 허리는 어깨보다 넓은 듯하다. 골격은 위쪽이 좁고 아랫부분은 넓어 골격과 근육이 고르지 못하다.

화음은 타듯이 세차고 건조하며 격렬하다. 불꽃이 요란하게 타오르는 소리와 같다.

걸음걸이는 빠르고 뛰는 듯한 느낌을 주는데 약간 톡톡 튀며 걷는 것 같다.

특징은 화의 기를 많이 받아 금의 정화인 이齒를 극하므로 아래쪽이 넓되 삼각형은 될 수 없다. 타오르는 불꽃처럼 동적으로 날렵한 외모이지만 에너지를 강력히 발산하는 힘을 갖고 있다.

화형은 불의 밝은 성질로 인해 예절을 중시한다. 무례한 행동에는 거칠게 반응한다. 하지만 뒤끝이 길지는 않다. 금방 화내고 금방 풀리니 화를 낼 때는 잠시 져 주는 것이 한 방법이다.

낙천적인 성격으로 잘 웃고 화도 잘 내며 잦은 감정변화로 변덕스러워 보여 신임을 얻지 못하는 경우가 많다. 동적인 분야에서 성공하는 확률이 높다.

성질이 조급하여 신기가 노출된다. 그에 따라 오관이 모두 드러나 보인다. 오관이 모두 드러나 있으면 흉이 반대로 길吉격으로 바뀌어 오로전격이 된다.

그러나 오로전격五露全格이 되지 못하고 한두 군데만 드러나 보이면 결함이 되므로 처음에는 좋지만 나중에는 결과가 좋지 못하다. 중년과 말년에 파란이 일게 된다.

토형土刑

얼굴은 각진 듯이 둥글고 머리와 얼굴은 두텁고 크며 안색은 옅은 황색이다. 입이 크고 입술과 턱이 두툼하다.

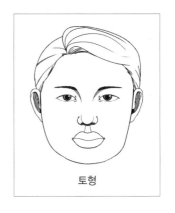

토형

몸은 중후하고 피부와 살집도 두툼하다. 전체적으로 묵직하고 안정된 느낌이다. 등은 거북이 등과 같이 약간 둥글게 보이지만 앞에서 보면 바르며 허리가 견실하고 두툼하다. 손과 발도 두툼하다.

반면 뼈가 드러나고 살집이 얇으면 빈천한 격이다. 소리가 가늘고 약하면 단명한다. 거동이 경망하고 걸음걸이가 가벼워 보이면 경박한 상으로 신의가 부족하다.

골격은 묵직하고 살이 뼈를 두텁게 감싸고 있는 형상이다.

음성은 깊으면서 두텁고 묵직하게 가라앉는다. 깊은 항아리가 울리듯 한다.

걸음걸이는 묵직하면서도 가뿐한 느낌을 준다. 걸음이 느린 편이고 앉은 자세는 중후하고 안정된 느낌을 준다.

특징은 토기가 많아 토인 살이 두터우므로 중후한 형상이다. 어떤 일에도 잘 동하지 않는 묵직함을 느끼게 한다. 그러나 움직이면 묵직한 가운데 가뿐한 느낌을 주며 느린 듯하면서 은근히 빠르다. 신중하고 자상하므로 태산같이 안정된 형상은 심모와 기량을 헤아리기 어렵다. 마음속에 무슨 생각을 하는지 잘 드러나지 않는다.

실수하는 일이 적어 신용을 중시하고 약속을 하면 손해를 보더라도 지키는 편으로 사업을 하여 성공하는 사람이 많다. 웬만한 실수는 용납하는 포용력이 있다. 하지만 신뢰를 저버리는 것은 참지 못한다.

금형金刑

얼굴은 갸름한 듯 길면서 네모반듯하다. 얼굴과 이마 턱이 모두 방정하고 짜임새 있고 단정하다. 코와 입, 귀도 단정하게 네모진 형태로 얼굴색은 희다. 눈썹과 눈이 청수하고 이는 고르고 튼튼하다.

몸의 형상이 네모지다. 어깨와 허

금형

리 등 손발이 모두 네모진 형상이다. 살이 단단한 듯하면서 피부는 흰색이다. 허리와 배가 반듯한 원통형이다. 손이 짧고 작으며 네모지다.

골격은 전체적으로 각이 진 형상이다. 골격이 실하고 살이 많지 않지만 마르지는 않았다. 모습이 맑고 다리가 길지 않지만 전체적으로 단단하고 아담한 느낌이다. 골격 자체가 비뚤어지거나 한쪽으로 치우쳐 원만함이 모자라면 좋지 않다.

금음은 여운이 있어 멀리 가되 일그러지지 않고 윤택하면서 메마르지 않은 편이다. 금의 소리는 높고 화창하다.

걸음걸이는 절도가 있다.

특징은 턱 부분이 꽉 차고 각이 진 모습이다. 차갑고 단단한 금속의 내면에 부드러움이 숨겨져 있는 것처럼 겉으로는 강하고 고집이 세다.

그러나 마음속에는 따뜻함이 숨겨져 있는 외강내유형이다. 확실한 용도를 갖고 청하는 도움에는 의외로 잘 응한다. 금형은 의리를 강조한다. 무엇이든 잘못된 점을 고치는 데 재능이 있어 개혁을 잘한다. 외모와 성품이 단정하여 청렴한 무관이 많다.

수형水刑

얼굴은 머리와 얼굴이 살쪄 동그랗다. 눈, 코, 귀, 입이 동그랗고 살이 쪄 있다. 눈썹이 무성하고 얼굴은 검은 편이다.

몸은 항아리와 같이 동그란 형상으로 살이 잘 찌는 형이다. 손도 동그랗고 살이 통통해 보인다. 뒤에서 보면 약간 숙인 듯하고, 앞에

수형

서 보면 약간 위를 보는 것 같다.

골격은 뼈와 살을 비교하면 살이 풍성한 편이다. 일반적으로 키는 크지 않다.

수형의 음성은 둥글고 맑으며 급하면서도 여운이 있다. 소리가 작으면 산골짜기에서 샘물이 소용돌이치며 여울져 흐르는 것 같고, 크면 바다의 파도가 넓게 흐르는 것 같다.

걸음걸이는 빠른 편이고 종종걸음을 한다. 바지런한 듯하면서도 움직임과 멈춤에 너그러움이 있다.

특징은 통통하고 부드러운 외모에 기본 특성인 지혜가 있다. 투명한 물이지만 깊은 물속은 잘 모르듯이 오행형 중에 수형이 속을 알기 가장 어렵다.

어리숙 하고 멍청하게 보이지만, 실상은 그 기교나 계략에 있어 뛰어나다. 머리가 좋고 판단이 빠르고 임기응변에 능하다. 학자나 금융인 중에 많다.

밖에서는 부지런히 움직인다. 하지만 집에서는 그 반대이다. 오행형 중에서 기본적으로 복이 가장 많은 형이다. 지레 겁을 먹고 과잉반응을 하는 경우가 있다.

빠른 판단과 행동으로 실수하지 않도록 유의해야 한다. 기억력이 좋기 때문에 일관성 있게 말을 해야 한다. 위압적인 행동으로 불안을 느끼게 하면 자기방어를 하게 된다.

9. 오행형 상생상극

오행 간의 작용은 생하는 것과 극하는 것이 있다. 오행의 변화는 이 두 가지 작용으로 변화가 생긴다. 오행의 상생상극은 다섯 가지 씩 모두 열 가지이다.

오행의 상생은 어떤 오행이 다른 오행을 생하게 하는 것이 상생이다. 상생관계는 목생화木生火, 화생토火生土, 토생금土生金, 금생수金生水, 수생목水生木이다.

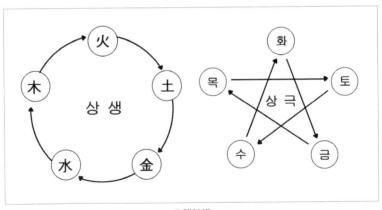

오행상생

火
南
7
2
木　東　　8　　3　　5 10 토　　4　　9　　西　金
1
6
北
水

　목형의 사람이 몸의 체형이 수에 속하면 수를 얻었으므로 수생목水生木이 되어 상생으로 좋다고 본다. 또 기색에서 수에 속하는 부분에 생을 해주는 기색이 뜨는 것은 나쁘지 않다. 정확한 판단에는 다른 것도 봐야 하지만 일반적으로 나쁘지 않는 것으로 본다.

　하지만 생생生生이라고 하여 모두 좋은 것은 아니다. 생을 받는 입장에서는 힘을 받으니 좋지만 생을 주는 쪽은 힘을 주게 되므로 약해진다. 목생화木生火가 되어서 목형의 사람은 힘이 약해진다.

　오행이 다른 오행을 이기는 것이 상극相剋이다. 상극관계는 목극토木剋土, 토극수土剋水, 수극화水剋火, 화극금火剋金, 금극목金剋木이다.

　나무의 뿌리는 흙을 뚫고 들어가니 목극토木剋土이다. 흙으로 둑을 쌓거나 연못을 메울 수 있으므로 토극수土剋水이다. 물로 불을 끄니 수극화水剋火이다. 불은 쇠를 달구고 녹일 수 있으니 화극금火剋金이다. 일례로 얼굴에서 이마는 화火이다. 이마에 검은 기색이 나타나면 수극화水剋火가 되어 좋지 않은 일이 생긴다. 기색 관찰에서 극이 되는 것은 좋지 않다.

오행의 상생과 상극은 모두 필요하다. 단순히 상생은 좋고 상극은 나쁘다고 봐서는 안 된다. 어떻게 쓰이느냐에 따라 좋을 수도 있고 나쁠 수도 있다.

상생을 비유하여 볼 때 나무는 물이 부족하면 말라 죽지만 물이 너무 많아도 뿌리가 썩게 되고 홍수가 날 정도면 나무도 쓸려 나간다.

어떤 오행의 힘이 부족할 때 생을 해주는 오행을 만나면 좋다. 하지만 생함이 너무 많으면 나쁜 결과를 가져온다. 생함의 힘도 적당해야 하고 부족하거나 넘치는 것은 좋지 않다.

상극에 비유하여 볼 때 나무를 자를 때 도끼는 나무를 쳐서 나무를 죽이므로 해롭다. 하지만 집을 지을 때 톱과 대패는 네모반듯한 목재를 만들어주니 금을 극하는 금의 힘은 유용하다.

관상수를 키울 때 가지를 적당히 치면 잘 자라 좋은 모양이 나오지만 너무 많이 치면 제대로 자랄 수 없다. 극함도 적당히 작용하면 좋은 작용으로 나타난다.

오행의 원리는 시간과 공간을 모두 담고 있다. 시간의 흐름과 위치의 변화에 따라 오행의 힘이 다르게 작용하고 필요한 것도 바뀌게 된다. 오행의 상생상극은 상황에 따라 해가 되기고 하고 득이 되기도 한다.

오행형에는 어떤 오행형이 있는 가운데 다시 오행의 상생상극이 있다. 오행형은 대개 여러 형이 혼합 된 경우가 많아 한 가지 오행형만으로 말하기는 어렵다.

오행형 가운데 어느 하나의 형으로 설명될 수 있는 형이면 귀하지 않은 것이 없다. 두 가지 이상의 형이 혼합되어 있으면 그중 중심이 되는 형을 취한다. 그런 후 상생과 상극하는 것이 무엇인가를 본다.

수가 금을 띠고, 목은 수를 띠고, 화는 목을 띠고, 토는 화를 띠는 것이 상생이다. 반면 금이 목을 겸하고, 목이 토를 겸하고, 토가 수를 겸하고, 수가 화를 겸하고, 화가 금을 겸하는 것은 상극이다.

목형은 마르고 곧다. 머리 골격이 여위었다. 코는 바르고 곧으며, 눈은 가늘고 길다. 손과 손가락이 가늘다. 얼굴에 주름이 많고, 머리카락과 수염은 모두 맑다. 어깨와 등이 곧고 바르다. 색이 푸르고 기가 수려하다.

목형은 눈이 빼어나고 수염이 수려하며, 입술은 맑은 홍색으로 가는 주름이 있다. 몸은 곧바르고 길다. 허리는 마르고 둥글다. 손금은 가늘고 윤택하다. 한쪽으로 치우쳐 깎이거나 마르고 얄팍한 것은 좋지 않다. 살과 근육이 불거져 나오는 것과 뼈가 드러나거나 머리가 뾰족해서는 안 된다.

목형에 약간의 화기를 띠면 목화통명木火通明의 상이다. 토적금홍土赤金紅이면 좋지 않다. 목형이 금金을 띠면 작게 쓰인다. 금이 중하여 목이 깎이면 쉴 사이 없게 된다.

목형은 푸르고 마르고 길기 때문에 마른 것을 싫어하지 않는다. 목형은 긴 것을 주로 하며 다섯 가지 긴 것을 얻고, 기색이 섞이지 않고 정신이 어지럽지 않으며 움직이고 멈춤이 온유하다. 오래 걸어도 곧바르다.

화형이 입이 큰 것은 수극화水剋火하는 형상이라 좋지 않다. 따라서 입이 크고 배가 큰 것을 막힌[滯] 것이라 한다.

성품이 모가 지고 마른 체형으로 수려하게 길고 마르면서도 위풍이 있으며, 눈과 눈썹에 수려한 기가 있으면 중임을 맡을 사람이다. 또 살이 너무 찌고 눈빛이 탁하고 피부가 거친 것과 등이 얇고 허리가 부드럽고 널찍하면 좋지 않다.

거듭 금기가 있어 극을 당하는 것이 심해지면 더럽혀지고 썩은 것 같아 가난하지 않으면 수명이 짧다.

화형은 위가 뾰족하고 아래가 넓다. 행동은 조급하다. 머리카락과 수염은 붉으면서 숱이 적다. 코는 당긴 활과 같고 귀는 높다. 귀의 윤곽은 뒤집히고 색이 밝고 홍색이다. 입이 큰 화형은 수극화水剋火하는 형상이라 좋지 않다. 따라서 입이 크고 배가 큰 것을 막히는 체滯라고 한다.

화형은 총명하다. 홍색의 윤택한 광채가 나면 집안을 일으킨다. 다만 귀함은 무관의 직책에 있다. 만금萬金의 부는 여의치 않다.

화형은 코가 높아야 한다. 각이 지면 자식이 있고 그렇지 않으면 자식이 적다. 외모는 삼정이 뾰족함을 갖추고 신체는 모두 정靜하지 않다. 얼굴에서 다시 두려운 것은 수성이 침범하는 것이다. 오로五露를 다 갖추지 못하면 위치가 기운다. 몸집은 살이 거칠고 또 밖은 가늘다.

화형은 붉고 뾰족하고 드러나기 때문에 뾰족한 것을 싫어하지 않는다. 화형은 밝은 것을 주로 하며 다섯 가지가 노출된다. 기색이 섞이지 않고, 정신이 어지럽지 않다. 움직이고 멈춤이 세차게 일어난다. 총명하고 민첩하다.

토형은 무겁고 견실하다. 목은 짧고 머리가 둥글다. 골격과 살이 완전하다. 뼈가 드러나고 살이 얇고, 빛이 어둡고 음성이 가늘며 걸음이 가볍다. 기색이 어둡고 막히면 토격과 토성을 얻지 못한 토형이니 가난하지 않으면 천하다.

두텁고 묵직하여 자세가 바르면 신의가 높다. 등이 풍성하며 허리가 두텁고 색은 황금색이다. 얼굴이 두텁고 뼈가 묵직하여 신이 굳건하고 태산처럼 안정감이 있다. 성실하고 빈말을 하지 않는다.

토형은 노랗고 돈후하다. 두텁고 실한 것을 싫어하지 않는다. 토형은 묵직하고 실한 것을 주로 한다. 오장五藏의 기를 얻으며 기색이 섞이지 않고, 정신이 어지럽지 않으며, 움직이고 멈춤에 묵직함을 유지하고, 오래 누워 있어도 편하고 넉넉하다.

금형은 네모반듯하다. 귀, 이마, 얼굴, 코, 입, 턱, 허리 등과 손발이 모두 희고 단정한 네모 형태를 이루며, 색이 희고 기는 맑아야 한다. 코, 준두, 눈에 적색을 띠는 것은 좋지 않다.

토에 금이 묻혀 있는 상이면 재난을 많이 당한다. 가벼우면 가정을 깨트리고 중하면 사망이다.

금형은 화가 왕성한 것은 꺼린다. 기가 맑고 차가운 색이며 또한 미세하게 화기가 있는 것이 적절하다.

차가운 금을 화로써 제련製鍊 하여 크게 쓰이게 된다. 네모 바르고 삼정이 구비되면 부귀와 영예가 있다. 금형이 화가 왕성해 탁하여 맑지 못하고 얼굴에 일그러짐이 많으면 가난하다. 관직에 나간다 해도 크게 되지 못하고 명성을 얻지 못한다.

금형은 희고 네모지다. 각진 것을 싫어하지 않는다. 금형은 네모진 것을 주로 하며 다섯 가지 각진 것을 얻어도 기색이 섞이지 않고 정신이 어지럽지 않으며 움직이고 멈춤에 규모가 있으며 오래 앉아 있어도 단정하고 묵직하다.

수형은 둥글게 살이 찌고, 살이 무겁고 뼈가 가볍다. 얼굴과 몸, 손, 귀, 눈, 입 모두 둥글게 살이 쪘다. 색이 검고 윤이 나고 기가 정靜한 것이 수형이다.

색은 검되 윤이 나야 한다. 수형의 사람은 뼈가 바르고 살이 실해야 한다. 몸이 살찌고 얼굴이 둥글다.

뒤에서 보면 엎드린 것처럼 굽은 듯하고 앞에서 보면 위를 보는 것 같다. 배와 엉덩이가 둥글고 손가락과 손바닥이 살찌고 각이 진 듯 둥글다.

기가 거칠고 색이 어두운 것은 마땅치 않다. 뼈가 드러나고 살이 뜨고 피부가 가루와 같이 흰 것은 좋지 않다. 색이 붉고 수염이 없는 것과 피부가 차우면서 매끄러운 것은 모두 자식이 없다.

눈이 크고 눈썹이 거칠고 둘레가 동그란 원 같아야 한다. 색이 검고 기가 막히지 않으면 저절로 복이 들어온다.

수형은 검고 살찌고 둥글다. 살찌는 것을 싫어하지 않는다. 수형은 둥근 것을 주로 한다. 다섯 가지 둥근 것을 얻고, 기색이 섞이지 않으며, 정신이 어지럽지 않고, 움직이고 멈춤이 너그럽다. 오랫동안 행하여 나뭇가지가 자라는 것처럼 사방으로 퍼져 통한다.

10. 오행형의 길흉

오행길五行吉

금金이 토土를 만나면 결실이 풍족하다. 색이 희고 기가 맑은 것이 금이고, 뼈와 살이 두텁고 실한 것이 토이다. 금이 두터운 토를 만나 꿈을 이룬 것이다.

목과 수는 서로 상생한다. 부귀가 함께하고 문장이 꽃피며 큰 인물이 된다. 형체가 마르고 바른 것이 목이고 색이 검고 맑은 것이 수이다.

수가 금이 생하여 주는 것을 얻으면 이익과 명예를 함께 누릴 수 있다. 원만한 지혜와 바른 행동으로 막힘이 없고 알찬 결실을 얻는다. 살찌고 뼈가 가벼운 것이 수형이고, 색이 희고 맑은 것이 금형이다. 수가 금의 생을 얻는 격이다.

화火가 목木을 만나면 비약적으로 발전한다. 젊은 나이에 고위공직자가 되고 공을 세워 그 명성이 사방에 퍼진다. 기색이 붉고 활발한 것이 화이고, 형체가 바르고 곧은 것이 목이다.

무기병정戊己丙丁은 따뜻하고 아름다운 것이 나은 것이며 그 도道를 서로 낳고 이룬다. 형체가 두텁고 묵직한 것이 토이고, 기색이 선명한 불꽃 같은 것이 화이다. 이것이 기를 얻은 토이니 쉽게 발생한다.

오행흉五行凶

금형이 목木을 띠면 자르고 깎아서 네모를 이룬다. 초년에는 막히고 주춤거리지만 말년에는 뛰어나게 된다.

몸의 형상이 각이 지며 길고 바른 것은 갑목甲木이다. 몸의 형상이 파리하고 약하여 엷게 깎인 형상을 한 것은 을목乙木이다. 기가 맑고 네모반듯한 것이 금으로 금형목질金形木質이다. 목형에 금이 많으면 평생 괴롭고 빈한하다. 기가 엷고 색이 흰 것이 금이다. 크지 않고 가는 나무는 금이 와서 갈고 깎는 것이 좋지 않은 격이다.

수형이 토를 만나면 홀연히 집과 재산을 날린다. 병과 고통이 매년 떠나지 않아 평생토록 막힘이 많고 매사가 더디다. 살이 찌고 뼈가 둥근 것이 수水이고 노란 기색을 띠는 것은 토土이다. 둥글고 살이 찐 사람이 노란 기색을 띠면 수형이 토를 만난 것이다.

화형이 수의 성질을 가지면 양쪽이 서로 함께하지 못한다. 부인과 자식을 극파하고 재물이 남는 것이 없다. 머리와 코가 뾰족하고 귀와 눈이 드러나는 것이 화火이다.

토형으로 목기가 중하면 되는 일이 없다. 만약 일찍 죽지 않는다면 실의에 찬 인생을 살아가게 된다. 형체가 돈후하고 뼈가 무겁고 상이 실한 것이 토이다. 수염이 진하고 많으며 어지러운 것이 목이 중한 것이다.